Recommender Systems

추천 시스템 입문

| 표지 설명 |

표지 그림은 인도 팔색조Indian pitta (학명: *Pitta Brachyura*)라는 조류의 일종입니다. 참새목 팔색조과로 분류되며 몸 길이는 약 20cm 정도입니다. 주로 인도에 서식하고 인도 중부부터 북부의 네팔 산기슭에 걸쳐 번식하며 겨울에는 인도 남부, 스리랑카로 건너와서 겨울을 지냅니다. 등은 푸른 빛이 도는 초록색, 배는 노란색, 엉덩이는 빨간색입니다. '팔색조'라 불리는 이름 그대로 색채가 풍부한 새입니다. 날개에는 선명한 파란색도 섞여 있어 나는 모습이 매우 아름답습니다.

추천 시스템 입문

개인화된 콘텐츠 제공을 위한 추천 시스템 설계부터 UI/UX, 구현 기법, 평가까지

초판 1쇄 발행 2023년 5월 8일

지은이 가자마 마사히로, 이즈카 고지로, 마쓰무라 유야 / **옮긴이** 김모세 / **펴낸이** 김태헌
펴낸곳 한빛미디어(주) / **주소** 서울시 서대문구 연희로2길 62 한빛미디어(주) IT출판2부
전화 02-325-5544 / **팩스** 02-336-7124
등록 1999년 6월 24일 제25100-2017-000058호 / **ISBN** 979-11-6921-098-0 93000

총괄 송경석 / **책임편집** 홍성신 / **기획 · 편집** 이윤지 / **교정** 김희성
디자인 표지 박정우 내지 박정화 / **전산편집** 다인
영업 김형진, 장경환, 조유미 / **마케팅** 박상용, 한종진, 이행은, 김선아, 고광일, 성화정, 김한솔 / **제작** 박성우, 김정우

이 책에 대한 의견이나 오탈자 및 잘못된 내용에 대한 수정 정보는 한빛미디어(주)의 홈페이지나 아래 이메일로
알려주십시오. 잘못된 책은 구입하신 서점에서 교환해드립니다. 책값은 뒤표지에 표시되어 있습니다.

한빛미디어 홈페이지 www.hanbit.co.kr / 이메일 ask@hanbit.co.kr

지금 하지 않으면 할 수 없는 일이 있습니다.
책으로 펴내고 싶은 아이디어나 원고를 메일(writer@hanbit.co.kr)로 보내주세요.
한빛미디어(주)는 여러분의 소중한 경험과 지식을 기다리고 있습니다.

Recommender Systems

추천 시스템 입문

O'REILLY® Ⅱ 한빛미디어
Hanbit Media, Inc.

지은이 소개

지은이 가자마 마사히로 風間 正弘

도쿄 대학 대학원에서 추천 시스템에 관해 연구했고 졸업 후에는 리크루트Recruit와 인디드Indeed 에서 추천 시스템 개발과 프로젝트 매니지먼트를 경험했다. 거기서 개발한 알고리즘을 추천 시스템 국제 학회 RecSys에서 발표했다. 현재는 유비Ubie 주식회사에서 데이터 사이언스 조직을 세우고 다시 의료 분야 머신러닝 상품 개발에 매진하고 있다.

지은이 이즈카 고지로 飯塚 洸二郎

쓰쿠바 대학 대학원에서 수리 최적화에 관해 연구했고 졸업 후에는 야후 주식회사에 입사했다. 현재는 주식회사 구노시Gunosy에서 추천 시스템을 개발하고 있다. 쓰쿠바 대학 대학원(사회인 박사)에 재학 중이다. 추천 시스템에 관해 연구하고 있으며 추천 시스템 국제 학회인 RecSys 및 관련 학회에서 계속 논문을 투고, 발표하고 있다.

지은이 마쓰무라 유야 松村 優也

교토 대학 대학원에서 추천 시스템에 관해 연구했고 졸업 후에는 원티들리wantedly 주식회사에 입사해 추천 시스템 개발팀 설립 멤버가 되었다. 현재는 같은 팀의 리더로서 개발부터 프로젝트·프로덕트 매니지먼트까지 폭넓게 책임을 맡고 있다. RecSys2020의 자매 워크숍인 RecSys Challenge 2020에서 3위에 입상했다.

옮긴이 소개

옮긴이 김모세 creatinov.kim@gmail.com

대학 졸업 후 소프트웨어 엔지니어, 소프트웨어 품질 엔지니어, 애자일 코치 등 다양한 부문에서 소프트웨어 개발에 참여했다. 재미있는 일, 나와 조직이 성장하고 성과를 내도록 돕는 일에 보람을 느끼며 나 자신에게 도전하고 더 나은 사람이 되기 위해 항상 노력하고 있다. 지은 책으로『코드 품질 시각화의 정석』(지앤선, 2015)이 있고, 옮긴 책으로는『제대로 배우는 수학적 최적화』(한빛미디어, 2021),『그림으로 공부하는 TCP/IP 구조』(제이펍, 2021),『애자일 컨버세이션』(에이콘, 2021) 등이 있다.

지은이의 말

아마존Amazon의 'Customers who viewed this item also viewed(이 상품을 본 사람은 이런 상품도 봤습니다)', 유튜브YouTube '맞춤 동영상', 트위터Twitter '팔로우 추천'과 같은 추천 기능은 많은 서비스에 포함되어 있습니다. 이런 추천에 따라 무심결에 상품을 구매하거나 늦은 밤까지 동영상을 본 경험이 있을 것입니다.

추천 시스템은 정보화 시대로 불리는 오늘날 여러 방면에서 널리 활용되고 있습니다. 유튜브에는 수많은 콘텐츠가 매일 새롭게 업로드되고 아마존에는 매일 새로운 상품이 추가됩니다. 방대한 아이템 가운데 사용자가 원하는 것을 직접 하나하나 고르기에는 너무나 많은 시간이 걸립니다. 그래서 대량 아이템을 다루는 서비스에는 추천 시스템이 필수 기술로 활용되고 있습니다.

사실 추천 시스템은 예전부터 주위에 있었습니다. 예를 들면 레스토랑의 추천 메뉴, 서점의 인기 도서 순위도 일종의 추천 시스템입니다. 우리는 매일 무엇을 먹고 어떤 방송을 볼지 등 여러 의사 결정을 합니다. 늘 선택의 기로에 서 있기 때문에 의사 결정에 도움이 되는 추천 정보가 필요합니다. 정보화 시대가 도래하며 일상에서 결정을 해야 하는 횟수가 늘었고 선택지가 다양해짐에 따라 추천 시스템에 대한 수요도 점점 높아졌습니다.

추천 알고리즘도 비약적으로 발전했습니다. 이제까지 활용했던 인기도 순위 같은 획일적인 추천이 아니라 개개인의 흥미나 관심에 부합하는 맞춤형 추천이 가능해졌습니다. 최근 추천 시스템은 나보다 나를 더 잘 알고 있으며 참신하고 가치 있는 것을 소개해줍니다. 추천 시스템 덕분에 다양한 상품이나 콘텐츠 가운데 내가 선호하는 것을 빠르게 선택할 수 있습니다.

사용자가 선호하는 아이템을 빠르게 보여줌에 따라 사용자 만족도가 높아지면 이는 매출 및 회원 수 증가로 이어집니다. 넷플릭스Netflix에서는 사용자의 80%가 추천 시스템이 제안한 콘텐츠를 시청하며 아마존에서는 매출의 35%가 추천 시스템을 경유해 발생한 것이라고 합니다. 추천 시스템은 '있으면 좋은 기능'이 아니라 서비스에 '없어서는 안 되는 기능'입니다. 추천 시스템 국제회의 The ACM Conference on Recommend Systems(RecSys)도 매년 규모가 커지고 업계 참가자도 증가하면서 주목받고 있습니다.

정보화 속도가 빨라질수록 추천 시스템은 점점 중요해질 것입니다. 하지만 실제로 서비스에 적용하려고 하면 다양한 문제에 직면하게 됩니다. 프로젝트 구성원은 어떻게 꾸려야 좋은가, 어떤 추천 시스템을 조합해야 하는가, 어떤 데이터를 사용해야 하는가, 배포 전 온라인에서 추천 시스템을 평가하기 위해서는 어떻게 해야 하는가 등의 문제입니다.

이 책은 추천 시스템을 도입하고자 하는 독자나 조직이 우선적으로 읽어야 할 입문서를 목표로 집필되었습니다. 저자들은 RecSys에 연사로 참여한 경험이 있으며 기업에서 실제 서비스의 추천 시스템을 개발하고 있는 머신러닝 개발자입니다. 이 책은 또한 저자들이 경험한 추천 시스템 도입 성공 사례와 실패 사례를 살펴보면서 어떤 서비스에 추천 시스템을 조합하고 적용할 것인가에 중점을 두고 구성되었습니다. 따라서 각 추천 알고리즘을 자세히 파고드는 대신 알고리즘 개요와 실무 활용 방법을 중심으로 설명합니다. 알고리즘을 좀 더 자세히 알고 싶다면 본문에서 소개한 책이나 논문을 참고하기 바랍니다.

이 책이 여러분의 서비스에 적합한 추천 시스템을 개발하는 데 도움이 되면 좋겠습니다.

저자 일동

옮긴이의 말

우리는 매일 잠에서 깨어나 다시 잠들 때까지, 심지어 잠들어 있을 때도 끊임없이 무언가를 선택하고 결정합니다. 이 책을 읽는 지금도 여러분은 시시각각으로 선택하고 결정을 내립니다.

선택과 결정은 여러 가지 정보를 토대로 이뤄집니다. 우리를 둘러싼 수많은 정보 가운데 선택까지 이어지는 정보는 어떻게 주어지는 것일까요? 어떤 정보가 결정에 영향을 미칠까요? 그리고 누가 어떤 정보를 우리에게 제공하기 위해 노력하고 있을까요?

이 책에서는 서비스에 다양한 추천 알고리즘을 적용할 때 만나게 되는 여러 가지 문제를(프로젝트 팀 구성, 조합할 시스템, 사용할 데이터, 추천 시스템 온라인 평가 등) 다룹니다. 우리가 생각하는 것보다 훨씬 오래 전부터 우리 곁에 존재했던 추천 시스템의 역사, 매일 사용하는 넷플릭스나 아마존 같은 거대한 시스템에 추천 시스템이 조합되어 있는 사례도 알아봅니다. 이를 통해 여러분은 단편적인 시각으로 바라보았던 추천 알고리즘을 다양한 방법으로 실무에 활용할 수 있게 될 것이며, 여러분이 가진 데이터를 고객에게 추천하는 방법에 대해서도 통찰력을 얻을 수 있을 것입니다.

번역을 통해서 유익한 지식을 공유할 수 있게 해주신 하나님께 감사드립니다. 또한 좋은 책을 번역할 수 있도록 도와주신 한빛미디어 김태헌 대표님, 교정 및 편집에 힘써주신 이윤지 편집자님도 고맙습니다. 마지막으로 번역하는 동안 한결같은 마음으로 지지해준 아내와 세 딸에게도 감사를 전합니다.

김모세 드림

내용 구성

이 책은 총 8개 장으로 이루어져 있으며 장별 내용 구성은 다음과 같습니다.

- 1장에서는 추천 시스템의 개요와 역사를 몇 가지 사례와 함께 설명합니다. 그리고 추천 시스템 종류를 간략하게 알아보고 검색 시스템과의 차이도 설명합니다.

- 2장에서는 추천 시스템 개발에 필요한 팀원과 프로젝트 진행 방법을 설명합니다.

- 3장에서는 추천 시스템의 UI/UX에 관해 소개합니다. 추천 아이템을 제시하는 방법에 따라 클릭 횟수나 구입 횟수를 늘릴 수 있기 때문에 사용자 경험 설계는 중요합니다.

- 4장에서는 대표적인 추천 알고리즘인 협조 필터링과 내용 기반 추천을 설명합니다. 그리고 추천 알고리즘에 입력되는 평갓값 데이터를 암묵적인 것과 명시적인 것으로 나누어 소개합니다.

- 5장에서는 인기도 추천과 행렬 분석 알고리즘에 관해 각각 설명하고 실제 서비스에 조합할 때 주의해야 할 점에 대해서도 살펴봅니다. 그리고 MovieLens라는 영화 데이터셋을 사용해 각 알고리즘을 적용하는 코드도 소개합니다.

- 6장에서는 뉴스 전송 추천 시스템을 예로 들어 추천 알고리즘을 실제 서비스에 조합할 때 시스템을 어떻게 구성하는지 설명합니다. 서버 구성과 배치 처리 구조, 로그 설계 등 추천 시스템 아키텍처에 관해 살펴봅니다.

- 7장에서는 다양한 추천 시스템 평가 지표를 설명합니다. 간단한 예측 오차 같은 지표뿐 아니라 추천한 아이템의 다양성을 측정하는 지표나 의외성을 측정하는 지표도 살펴봅니다.

- 8장에서는 앞서 다루지 못한 추천 시스템 국제회의, 편향 제거, 인과 추론 등을 살펴봅니다.

대상 독자

이 책은 추천 시스템 개발이나 추천 알고리즘에 관심 있는 다음과 같은 독자를 대상으로 합니다.

개발자 또는 데이터 과학자

1장~3장에서 추천 시스템 개요를 파악하고 자신의 서비스에 적절한 사용자 경험을 생각해보세요. 4장에서는 추천 시스템 구조에 관해 전체적인 이미지를 파악하고, 5장에서는 공개한 코드를 참조해 서비스 데이터에 반드시 적용해보기 바랍니다. 실제 데이터로 추천 시스템을 만들어봄으로써 각 추천 시스템의 차이에 관해서도 깊이 이해할 수 있습니다.

6장은 서비스에 추천 시스템을 조합할 때 데이터베이스나 API를 설계하는 데 참고하면 좋습니다. 7장에서는 온라인에서 몇 가지 평가 지표를 사용해 추천 알고리즘을 검증하고 자신이 서비스하는 데이터에 적절한 평가 지표와 추천 알고리즘을 찾아보세요. 그리고 추천 시스템을 실제로 배포하고 사용자의 목소리를 듣거나 행동 로그를 분석함으로써 추천 시스템과 평가 지표에 관해 한층 더 깊이 이해할 수 있습니다. 최종적으로는 서비스의 핵심이 되는 오리지널 추천 시스템 개발로 이어지기를 바랍니다.

프로덕트 매니저 또는 UI/UX 디자이너

먼저 1장~3장을 읽고 추천 시스템의 개요를 파악합니다. 1장~3장에는 수식이 포함되어 있지 않으므로 수식에 익숙하지 않아도 읽을 수 있습니다. 2장은 자사 서비스에 추천 시스템을 개발한다고 상상하면서 읽으면 도움이 될 것입니다. 그리고 3장은 추천 시스템의 사용자 경험을 설계할 때 참고해보세요. 4장, 5장은 수식과 시스템을 다루지만 각각의 개요만 파악하더라도 함께 추천 시스템을 만드는 개발자나 데이터 과학자와 원만하게 소통할 수 있을 것입니다.

연구자 또는 학생

1장~3장에서 추천 시스템의 개요를 파악하고 4장, 5장의 추천 시스템 알고리즘을 중심으로 읽으면 좋습니다. 이 책에서는 알고리즘을 자세하게 설명하지 않지만 5장에서 소개하는 알고리즘은 라이브러리를 사용한 코드를 공개해두었습니다. 알고리즘을 활용하면서 각 알고리즘의 특징을 확인할 수 있습니다. 알고리즘을 더 상세히 알고 싶다면 본문에 인용한 논문이나 책을 참고하기 바랍니다. 이 책으로 추천 시스템을 학습한 뒤 새로운 연구로 이어진다면 더없이 기쁠 것입니다.

예제 소스

이 책에서 소개한 코드는 다음 URL에서도 제공합니다.

- https://github.com/moseskim/RecommenderSystems

일러두기

- 이 책에 쓰인 서비스명은 시간이 지남에 따라 달라질 수 있습니다.
- 이 책에 쓰인 시스템명, 제품명은 모두 각 회사의 상표 또는 등록명입니다. 또한 ™, ®, © 기호는 생략했습니다.
- 참고 문헌은 제목 앞뒤에 『』기호를 넣어 구분했으며 번역서가 있을 때는 번역서로 표기했습니다.

CONTENTS

CHAPTER 1 추천 시스템

CHAPTER 2 추천 시스템 프로젝트

CHAPTER 3 추천 시스템의 UI/UX

CONTENTS

CHAPTER **4 추천 알고리즘 개요**

CHAPTER 5 추천 알고리즘 상세

CONTENTS

CHAPTER **6 실제 시스템과의 조합**

CHAPTER **7 추천 시스템 평가**

CONTENTS

CHAPTER 1

추천 시스템

1장에서는 유튜브나 아마존 같은 실제 서비스 사례를 소개하면서 추천 시스템의 개요를 설명합니다. 또한 추천 시스템을 도입하는 서비스가 많은 이유는 무엇인지, 사용자에게 어떤 가치를 전달할 것인지 등 추천 시스템의 역할도 살펴봅니다.

1.1 추천 시스템

추천 시스템은 우리가 다음에 무엇을 하면 좋을지 의사 결정을 지원하는 기술로 주변의 다양한 서비스에 포함되어 있습니다. 아마존의 'Customers who viewed this item also viewed(이 상품을 본 사람들은 이런 상품도 봤습니다)'(그림 1-1), 유튜브 '맞춤 동영상', 트위터 '팔로우 추천', 스포티파이 '추천 플레이리스트' 같은 추천 시스템을 대부분 경험해봤을 것입니다.

그림 1-1 아마존의 추천 예시

막대한 양의 상품이나 동영상 중에서 사용자가 직접 키워드를 입력해 좋아하는 것을 찾도록 하는 것은 매우 어렵습니다. 그러나 추천 시스템 덕분에 사용자는 특별히 키워드를 입력하지 않고도 마음에 드는 아이템을 만날 수 있습니다.

한편 기업 입장에서는 사용자에게 아이템 구입에 도움을 주는 것과 동시에 더 많은 상품을 팔거나 긴 시간 동안 웹 서비스 안에 머무르도록 할 수 있습니다. 넷플릭스는 추천 시스템을 중심으로 설계되어 있으며 사용자가 키워드를 입력해 검색하지 않아도 선호하는 작품을 시청할 수 있는 사용자 경험을 제공합니다(그림 1-2). 아이템 제시 방법에도 다양한 노력이 포함되어 있습니다. 해당 아이템을 추천하는 이유를 제시하거나 사용자가 주로 시청하는 시간대 또는 사용하는 기기 등도 고려해 추천합니다.

그림 1-2 넷플릭스의 추천 예시

이 책에서는 추천 시스템을 '여러 후보 가운데 가치 있는 것을 선정해서 의사 결정을 지원하는 시스템'이라 정의하고 설명합니다. 이는 추천 시스템 연구의 일인자인 조지프 콘스탄[1]이 말한 '얼마나 가치 있는지 특정할 때 도움을 주는 도구'라는 정의에『情報推薦システム入門(정보 추천 시스템 입문)』(共立出版, 2012) 1절에 실린 '추천 시스템 분류의 큰 목적은 사용자의 (온라인)의사 결정을 지원하는 시스템을 구축하는 것이다'라는 내용을 조합한 것입니다.

....

1 Joseph A. Konstan, "The GroupLens Research Project", https://files.grouplens.org/papers/Konstan-Summer-01.pdf

추천 시스템 정의에서 '여러 후보 가운데 가치 있는 것을 선정한다'의 의미를 알아보겠습니다. 가치를 정의하는 방법에 따라 다양한 추천 알고리즘이 제안됩니다. 단순하게 열람 횟수가 많은 상위 10개의 인기 아이템을 선택하는 방법, 사용자가 과거에 구입한 것과 유사한 것을 선택하는 방법 등이 있습니다. 각 알고리즘은 계산은 빠르지만 예측도가 떨어지거나, 축적된 데이터 양이 충분해야 예측 정확도를 높일 수 있는 등 장단점이 다양합니다. 따라서 비즈니스 목적에 맞춰 알고리즘을 적절하게 선택해서 사용해야 한다는 의미입니다. 2장에서 비즈니스 목적에 맞는 추천 시스템 개발 진행 방법에 관해 설명합니다. 그리고 각 추천 알고리즘의 개요와 특징은 4장과 5장에서 살펴봅니다.

추천 시스템 정의에서 '의사 결정을 지원한다'는 것은 선택한 아이템을 사용자가 실제로 열람 또는 구입하도록 제시하는 것이 중요하다는 의미입니다. 사용자에게 가치 있는 아이템을 추출했다 하더라도 그 결과가 적절하게 제시되지 않으면 사용자는 해당 아이템에 대해 반응하지 않습니다. 이 시점에서 아이템을 어떤 단계로, 어떻게 사용자에게 도달하도록 할지 설계하는 것이 의사 결정 지원에서 중요합니다. 웹 사이트에서 추천 아이템을 표시할지, 메일로 보낼지, 스마트폰 푸시 알림을 보낼지 등을 고려해야 합니다. 그리고 상품을 구입한 시점에 다른 아이템을 추천할지, 상품을 살펴보는 중에 추천할지 등의 시점도 중요합니다. 웹 서비스에서의 사용자 경험을 고려해 의사 결정을 지원할 추천 아이템 제시 방법도 검토해야 합니다. 이에 관해서는 3장에서 자세히 설명합니다.

1.2 추천 시스템의 역사

애초에 추천 시스템은 어떻게 탄생한 것일까요? 1990년대 인터넷의 발전과 함께 다양한 것이 정보화되고 거기에 접근할 수 있게 되며 여러 후보 가운데 가치 있는 것을 선정하는 기술이 중요해졌습니다. 제록스 팔로알토 연구소PARC의 연구자 골드버그Goldberg는 대표적인 추천 알고리즘의 하나인 협조 필터링을 처음으로 조합한 추천 시스템을 제안했습니다. 팔로알토 연구소는 마우스, 이더넷, 레이저 프린터 등을 발명한 것으로도 유명합니다. 골드버그가 제안한 추천 시스템은 태피스트리Tapestry[2]라 불렸으며 날로 늘어나는 전자 메일 중에서 유익한 메일을 선택하

---

2 David Goldberg, et al. "Using collaborative filtering to weave an information tapestry," Communications of the ACM 35.12(1992): 61–70

는 것이었습니다. 단순한 필터 처리만으로는 유익한 메일을 찾아내는 것이 어렵기 때문에 협조 필터링을 사용한 메일 스코어링scoring을 제안했습니다.

그 뒤 아마존 같은 전자상거래 사이트가 등장했고 방대한 상품에서 사용자가 원하는 상품을 제공하는 기술로 추천 시스템이 활용되었습니다. 2006년에는 넷플릭스가 10억 원 상당의 상금을 걸고 추천 알고리즘 경쟁 대회를 개최했으며 전 세계 186개 국가에서 4만 팀 이상이 참가 등록했습니다. 이 대회에서는 10억 건의 영상 평가 데이터가 공개되었는데 이처럼 대규모 데이터셋이 공개된 것은 처음이었으며 이를 계기로 학계나 업계에서 대규모 데이터에 대한 예측 정확도를 효율적으로 높일 수 있는 추천 시스템 연구가 가속되었습니다(자세한 내용은 부록 A 참고). 2007년에는 The ACM Conference on Recommender Systems(RecSys)라는 추천 시스템 국제회의가 처음으로 개최되었습니다. 2007년 참가자는 120명 정도였지만 2019년에는 그 수가 1,000명을 넘었고 학계와 산업계에서 참가자가 매년 증가하고 있습니다. 추천 시스템은 '있으면 좋은 기능'이 아니라 '없으면 안 되는 기능'으로써 추천 시스템 중심의 서비스 설계가 이루어지는 경우도 늘어나는 추세입니다.

트위터, 넷플릭스, 아마존, 애플과 같은 기업에서는 추천 시스템을 전문으로 개발하는 추천 시스템 개발자라는 인력도 채용합니다. 추천 시스템에 대한 주목도는 이렇게 해가 갈수록 높아지고 있습니다.

1.3 추천 시스템의 종류

다음으로 추천 시스템의 종류를 알아봅시다. 추천 시스템은 입력(데이터 입력), 프로세스(추천 설계), 출력(추천 결과 제시)의 3요소로 정리할 수 있습니다(그림 1-3).[3]

---

3 Joseph A. Konstan, "Recommender systems: Collaborating in commerce and communities," Tutorial at ACM CHI2003 (2003).

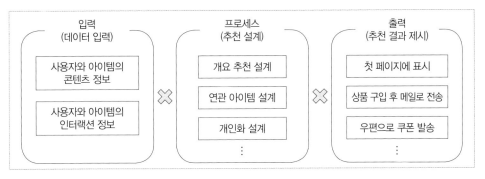

그림 1-3 추천 시스템의 3요소

1.3.1 입력(데이터 입력)

추천 시스템에 사용하는 데이터는 주로 **콘텐츠**contents와 **인터랙션**interaction 두 종류가 있습니다.

사용자와 아이템의 콘텐츠 정보

사용자의 콘텐츠 정보는 나이, 성별, 주소 등 프로필 정보입니다. 서비스에 따라서는 회원 등록 시 선호하는 카테고리나 가격대를 설문으로 수집하는 경우도 있으므로 그 정보도 포함합니다. 아이템의 콘텐츠 정보는 카테고리, 상품 설명문, 발매일, 가격, 제작자 등입니다. 이 정보들은 기본적으로 사용자나 아이템이 추가되었을 때 서로 연결되는 콘텐츠 정보에 해당합니다. 콘텐츠 정보를 이용하는 추천을 **내용 기반 필터링**content-based filtering이라 부릅니다.

사용자와 아이템의 인터랙션 정보

인터랙션 정보는 사용자가 서비스 안에서 행동한 이력 데이터를 말합니다. 열람, 구입, 북마크, 평가 등이 아이템에 대한 인터랙션 데이터입니다. 이 데이터는 사용자가 서비스 안에서 행동할수록 축적됩니다. 인터랙션 정보를 사용하는 추천을 **협조 필터링**collaborative filtering이라 부릅니다.

콘텐츠 정보보다는 인터랙션 데이터가 실시간으로 업데이트됩니다. 따라서 후자의 인터랙션 데이터를 사용한 협조 필터링이 사용자의 기호를 더 반영하여 클릭이나 구입을 유도할 수 있는 추천 방법이 되는 경향이 있습니다. 한편 신규 사용자나 신규 아이템은 행동 이력 데이터가 없으므로 전자의 콘텐츠 정보를 사용한 내용 기반 필터링으로 추천하는 경우가 많습니다. 신규 사용자나 신규 아이템 데이터가 적어 추천이 어려워지는 것을 **콜드 스타트 문제**cold start problem라 부르며 실제로도 많이 직면합니다.

1.3.2 프로세스(추천 설계)

입력 데이터를 활용해 추천하는 방법은 다음 3가지가 있습니다.

개요 추천(개인화 없음)

개요 추천은 [그림 1-4]의 아마존 판매 순위와 같이 신규 아이템순, 낮은 가격순, 높은 인기순 등 모든 사용자에게 동일한 내용을 제시합니다. 개인화가 적용된 추천에 비해 기술은 매우 간단하지만 업종에 따라서는 개인화를 적용한 것보다 클릭률이나 구매율이 높은 경우도 있습니다. 예를 들어 미디어에서는 정보의 신규성이 중요하며 신규 정보순으로 가격이 높습니다. 그리고 모두가 보고 있는 정보를 보고 싶다는 욕구도 높아서 인기순으로 가격이 높습니다. 뉴스 사이트와 같이 아이템이 빠르게 바뀌는 경우에도 효과적입니다. 그러나 아이템이 바뀌지 않는 경우에는 항상 같은 아이템이 인기도나 신규 아이템순으로 나타나기 때문에 별로 효과적이지 않습니다.

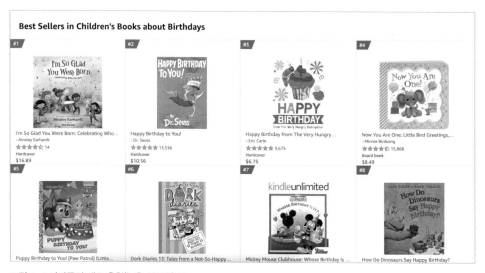

그림 1-4 아마존의 개요 추천(높은 인기순) 예

연관 아이템 추천

연관 아이템 추천은 [그림 1-5]와 같이 아이템 페이지 아래쪽에 표시되는 경우가 많습니다. '이 아이템을 확인한 사람은 이런 아이템도 확인했습니다', '관련 아이템'과 같이 표시됩니다. 사용자가 사이트 안에서 체류하는 시간을 늘리고 원하는 아이템을 쉽게 만나게 합니다.

연관 아이템 설계에는 각 아이템 사이의 유사도를 사용합니다. 유사도 설계에는 아이템 설명문이나 카테고리 정보 등 콘텐츠 정보를 기반으로 설계한 내용 기반 필터링 방법과 사용자 행동 이력을 기반으로 함께 확인하기 좋은 아이템을 유사한 것으로 설계하는 협조 필터링 방법이 있습니다. 일반적으로 협조 필터링 방법이 내용 기반 필터링 방법에 비해 카테고리나 키워드로는 표현할 수 없는 아이템의 분위기나 콘셉트를 유사도에 반영한 경우가 많습니다.

그림 1-5 연관 아이템 추천 예(아마존)

아이템 유사도를 판단할 때도 비슷한 아이템일 가능성이 높을 때 유사도가 높다고 판단하는 관점과, 함께 구입될 만한 아이템일 가능성이 높을 때 유사도가 높다고 판단하는 관점이 있습니다. 예를 들면 프린터 구입을 검토할 때 사용자는 성능이나 가격이 유사한 프린터를 제안받고 싶을 것입니다. 하지만 프린터를 구입한 후에는 대응하는 카트리지와 같은 소모품이 제시되면 좋겠다고 생각할 수 있습니다. 경우에 따라 해당 아이템과 관련해 표시해야 할 아이템 종류가 다르므로 이를 고려해 연관 아이템 추천 구조를 설계하는 것이 중요합니다.

그리고 해리 포터 문제Harry Porter Problem라 불리는 문제가 있습니다. 특정 시기에 많은 사람이 해리 포터 서적을 다른 아이템과 함께 구입함에 따라 모든 아이템의 추천 아이템으로 항상 해리 포터가 추천되었습니다. 이렇듯 인기 아이템의 영향을 제거해야 할 경우도 있습니다.

개인화 추천

마지막으로 개인화 추천입니다. 개인화 추천은 [그림 1-6]처럼 사용자의 프로필이나 행동 이력을 기반으로 각 사용자에 맞춰 추천하는 것입니다. 개인화 추천은 콘텐츠를 기반으로 하는 방법과 인터랙션 데이터를 활용하는 방법이 있으며 두 가지를 모두 사용하는 방법도 있습니다.

콘텐츠 기반으로 추천할 때는 나이나 거주지 등의 프로필 정보를 기반으로 그에 맞는 아이템 그룹을 설계합니다. 예를 들어 구인 추천의 경우 사용자가 살고 있는 위치에서 가까운 구인 정보를 필터링해 추천합니다.

사용자와 아이템의 인터랙션 데이터를 기반으로 추천할 때는 협조 필터링 등의 방법을 사용해 사용자의 과거 행동 이력으로부터 추천 아이템을 계산합니다.

그림 1-6 개인화 추천 예시(아마존)

사용자 행동 이력을 기반으로 추천하는 방법 중에서도 열람 이력을 그대로 표시하는 추천은 구현 비용이 적은 방법입니다. 아마존이나 유튜브에서도 과거에 열람한 아이템이 제시되는 경우가 있습니다. 이는 구현 비용이 낮은 것에 비해 효과가 높습니다. 특히 동영상이나 음악 사이트 등 한 번 열람한 것을 다시 열람하는 경우가 많은 사이트에서 효과적입니다. 그리고 전자상거래 사이트와 같이 아이템을 열람한 뒤 어느 정도 시간이 지난 후에 구입하는 서비스에서도 리마인더 기능으로 효과적입니다.

그림 1-7 열람한 아이템 표시(아마존)

그 외에도 열람 이력과 연관 아이템 추천 구조를 조합해서 사용하기도 합니다. 사용자가 마지막에 열람한 아이템과 비슷한 아이템 그룹을 연관 아이템 추천 구조로 추출해 이들을 메일로 보내기도 합니다. 이 방법은 연관 아이템 추천 구조를 하나만 가지고 있어도 되므로 운용하기 쉽고 간단하게 개인화할 수 있습니다.

일반적으로 사용자와 아이템의 인터랙션을 활용한 개인화 추천 시스템은 사용자의 흥미나 기호를 실시간으로 반영하기 때문에 클릭이나 구입 예측 성능이 높습니다. 따라서 각 기업의 서비스에서도 이 데이터를 사용한 추천 시스템 개발에 노력을 기울이고 있습니다. 5장의 알고리즘 설명에서도 이 추천 시스템을 주로 다룹니다.

1.3.3 출력(추천 결과 제시)

마지막으로 사용자에게 추천 아이템을 제시하는 방법에 관해 살펴보겠습니다. 비즈니스에서 제시 방법은 매우 중요하며 좋은 추천 아이템을 설계해도 제시 방법이 나쁘면 사용자의 행동을 이끌어낼 수 없습니다. 웹 사이트에서 제시하거나 메일을 발송하고 우편으로 추천 아이템 쿠폰을 보내는 등 다양한 방법으로 아이템을 사용자에게 도달하도록 할 수 있습니다. 그리고 추천 이유를 곁들이거나 적절한 시점을 예측하는 등 제시 방법도 다양합니다. 자세한 제시 방법에 관해서는 3장에서 설명합니다.

입력(데이터 입력), 프로세스(추천 설계), 출력(추천 결과 제시)의 3요소라는 틀에서 몇 가지 대표적인 추천 구조에 관해 설명했습니다. 추천 시스템을 도입할 때 반드시 이 틀에서 생각해 보기 바랍니다. 현재 어떤 데이터가 있는지, 어떤 알고리즘을 사용하면 비즈니스에 영향을 줄 수 있는지, 어떤 제시 방법을 사용해야 사용자가 행동할지를 정리해보면 새로운 시각으로 볼 수 있을 것입니다.

1.4 검색 시스템과 추천 시스템

앞서 추천 시스템의 종류에 관해 설명했습니다. 추천 시스템과 비슷한 것으로 검색 시스템이 있습니다. 많은 웹 서비스에 추천 시스템과 검색 시스템이 모두 포함되어 있으며, 추천 시스템 개발 시 검색 시스템과 역할 차이를 이해하는 것은 매우 중요합니다.

1.4.1 검색 시스템

검색 시스템은 다양한 문장이 디지털화됨에 따라 개발된, 키워드를 입력해서 원하는 문장을 찾아내는 기술입니다. 초기 검색 시스템에서는 검색 키워드와 완전히 일치하는 키워드를 포함한 문자를 찾았습니다. 그 뒤 유사어를 포함한 것도 검색 대상이 되었으며 키워드에서 사용자 의도를 파악해 검색 결과를 연관순으로 정렬함으로써 정보를 효율적으로 검색할 수 있게 되었습니다.

그리고 검색 시스템은 웹 사이트 검색에 사용되는 방법으로 구글 창업자가 발명했으며 **페이지 랭크**Page Rank[4]라 불리는 알고리즘이 많이 알려져 있습니다. 문장의 단어 정보뿐만 아니라 웹 사이트의 페이지 사이에 존재하는 링크 정보를 사용해 중요한 링크가 더 많이 모인 웹 사이트일수록 중요도가 높다고 판단하는 것입니다.

오늘날 검색 시스템은 구글 웹 페이지 검색이나 아마존 상품 검색, 트위터 게시물 검색처럼 많은 서비스에 포함되어 있습니다.

---

4 Lawrence Page, et al. "The PageRank citation ranking: Bringing order to the web," Stanford InfoLab (1999).

그림 1-8 검색 시스템 예(구글)

1.4.2 검색 시스템과 추천 시스템 비교

검색과 추천은 모두 '많은 아이템에서 가치 있는 아이템을 선택'하는 것이지만 사용자는 이 둘을 다른 목적으로 사용하며 '**Pull 타입**'인지 '**Push 타입**'인지로 설명되기도 합니다.

표 1-1 검색 시스템과 추천 시스템 비교

	검색 시스템	추천 시스템
사용자가 미리 마음에 드는 아이템을 파악하고 있는가	파악하고 있는 경우가 많음	파악하고 있지 않은 경우가 많음
키워드(쿼리) 입력	입력 있음	입력 없음
연관 아이템 추천 방법	입력된 검색 키워드로 사용자 의도 추측	사용자 프로필이나 과거 행동으로 추측
사용자의 자세	능동적	수동적
개인화	개인화하지 않는 경우가 많지만 최근에는 개인화 서비스가 증가하고 있음	개인화하는 경우가 많음

검색에서는 사용자가 원하는 것을 미리 파악하고 있으며 검색 키워드(쿼리)를 입력해 능동적으로 알고자 하는 정보나 상품을 많은 후보 가운데 끌어냅니다(Pull 타입). 검색에서는 쿼리의 의도를 읽어 연관도가 높은 아이템을 표시하는 것이 중요합니다. 그리고 검색 쿼리가 같다면 사용자에 관계없이 같은 결과를 반환하는 것이 전형적입니다. 하지만 최근에는 검색 결과를 개인화하는 경우도 증가하고 있습니다.

한편 추천에서는 사용자가 원하는 것을 미리 명확하게 파악하고 있지 않더라도 사용자는 검색 키워드 등을 입력하지 않으며 사용자가 좋아하는 상품을 시스템이 제시합니다(Push 타입). 아마존이나 유튜브에서는 사용자가 명확한 의도를 갖고 웹 사이트를 방문하지 않았어도 이제 까지의 행동 이력을 기반으로 아이템을 추천해줍니다. 그렇게 때문에 사용자는 몰랐던 아이템 을 만나기도 합니다.

그리고 음악이나 패션 아이템을 찾을 때는 해당 아이템의 분위기를 언어로 잘 표현할 수 없는 경우가 있습니다. 그런 경우 텍스트 형식의 검색에서는 사용자가 좋아하는 아이템을 찾기가 상 당히 어렵습니다. 추천으로는 언어화하기 어려워도 비슷한 취향의 아이템을 선호하는 사람의 기호는 비슷한 경우가 많으므로 사용자가 과거에 열람했거나 구입한 아이템과 분위기가 비슷 한 아이템을 추천할 수 있기 때문에 좋아하는 아이템을 더 쉽게 만나게 할 수 있습니다.

검색과 추천은 한쪽만 조합해서는 충분하지 않으며 서로 협력할 필요가 있습니다. 이를테면 아 마존이나 유튜브, 넷플릭스 같은 서비스에서도 검색과 추천 시스템을 모두 포함하고 있습니다. 사용자가 특정 키워드로 검색하고 아이템 상세 페이지를 열람하면 '이 아이템도 추천합니다'라 고 표시됩니다. 이를 통해 사용자가 사이트 안을 돌아다님으로써 더 마음에 드는 아이템과 만 날 수 있게 됩니다. 그리고 유튜브나 아마존은 홈 화면에 추천 아이템이 제시되어 있어 사이트 에 방문했을 때 굳이 검색 키워드를 입력하지 않아도 마음에 드는 아이템을 알 수 있습니다.

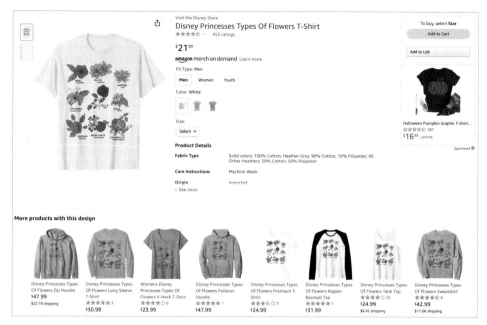

그림 1-9 아마존의 의류 추천 예: 분위기가 비슷한 의류가 추천됨

검색과 추천 사용 비중은 서비스에 따라 다릅니다. 넷플릭스에서는 추천 시스템을 경유한 시청이 80%[5], 아마존에서는 추천 시스템을 경유한 매출이 35%[6]라고 알려져 있습니다. 검색과 추천 시스템을 어떻게 조합할 것인지는 비즈니스 모델이나 사용자 경험 설계에 따라 다릅니다.

그리고 최근에는 검색 결과를 개인화하는 서비스나 연구가 늘고 있습니다. 구글에서 같은 키워드로 검색해도 사용자에 따라 결과가 달라지는데 이는 사용자 프로필 정보나 과거 행동 이력으로 검색 결과를 개인화하기 때문입니다.

추천 시스템은 사용자의 과거 행동 이력에서 기호를 추출하는 기술을 발전시켜 왔습니다. 그 기술을 활용해 검색 키워드만으로는 알 수 없는 사용자의 의도를 한층 더 정확하게 추측하려는 연구가 증가하고 있습니다. 그렇기 때문에 검색 시스템 관련 일을 하는 분들도 추천 시스템의 구조를 이해해두면 검색 시스템을 개선하는 데 도움이 될 것입니다.

---

5 Carlos A. Gomez-Uribe, and Neil Hunt. "The netflix recommender system: Algorithms, business value, and innovation," ACM Transactions on Management Information Systems (TMIS) 6.4 (2015): 1–19.

6 Blake Morgan, "How Amazon Has Reorganized Around Artificial Intelligence And Machine Learning", Forbes, July 16 (2018).

1.5 정리

추천 시스템은 '여러 후보 가운데 가치 있는 것을 선정하고 의사 결정을 지원하는 기술'로써 정보화 시대에 그 중요성이 높아지고 있습니다. 방대한 아이템 중 가치 있는 아이템을 선택하는 알고리즘으로는 인기도 기반 랭킹 알고리즘이나 협조 필터링 등이 있습니다. 추천 시스템을 조합할 때는 사용자 경험과 비즈니스 가치를 명확히 설계한 후 비즈니스의 목적에 맞춰 적절한 추천 시스템을 도입하는 것이 중요합니다. 다음 장에서는 비즈니스를 위한 추천 시스템 프로젝트 진행 방법에 관해 설명합니다.

## CHAPTER 2

추천 시스템 프로젝트

2장에서는 추천 시스템 프로젝트를 어떤 팀과 어떤 프로세스로 진행하는지에 관해 설명합니다.

2.1 추천 시스템 개발에 필요한 3가지 스킬

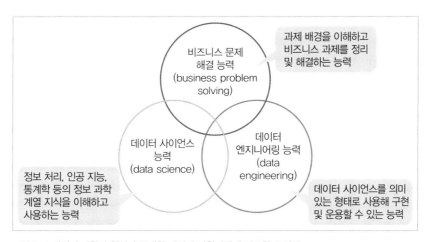

그림 2-1 데이터 과학자 협회가 공개한 데이터 과학자에게 필요한 스킬셋
(참고: 2021년도 스킬 정의 위원회 활동 보고 2021년판 스킬 체크 & 태스크 리스트 공개, https://www.datascientist. or.jp/symp/2021/pdf/20211116_1400-1600_skill.pdf)

일반 사단법인 데이터 과학자 협회(https://www.datascientist.or.jp/)에서는 데이터 과학자에게 필요한 스킬셋으로 '비즈니스 문제 해결 능력', '데이터 사이언스 능력', '데이터 엔지니어링 능력'의 3가지 스킬이 필요하다고 정의했습니다. 추천 시스템 개발에서도 이 3가지 스킬은 중요하며 어느 하나도 빼놓을 수 없습니다. 구체적으로 왜 3가지 스킬이 필요한지 살펴봅시다.

비즈니스 문제 해결 능력

먼저 비즈니스 관점에서 추천 시스템을 도입함으로써 무엇을 기대할 수 있는지 정의하는 것이 중요합니다. 경우에 따라서는 추천 시스템이 필요하지 않거나 인기순 추천만으로도 충분합니다. 구체적으로는 추천 시스템을 도입함으로써 사용자의 어떤 행동 변화를 기대하는가에 관한 Key Goal Indicator(KGI) 또는 Key Performance Indicator(KPI) 책정이 매우 중요합니다. 클릭률, 구입률, 체류율, 트위터 게시 수 등 어떤 사용자의 어떤 행동을 최대화하고 싶은지에 따라 구현할 추천 시스템이 달라집니다. KPI를 책정할 때는 대상 시스템에 관해 숙지하고 서비스상에서의 사용자 행동에 관해 깊이 이해해야 합니다.

예를 들어 유튜브에서는 사용자의 전체 시청 시간을 KPI로 보고 이를 최대화할 수 있도록 서비스가 설계되어 있습니다.[1] 시청 시간이 KPI이므로 사용자가 마지막까지 시청할 수 있도록 동영상을 추천하는 것이 중요합니다. 원래 유튜브에서는 시청 동영상 수를 KPI로 해서 진행했지만, 섬네일 이미지가 매력적인 동영상들만 추천되는 문제가 발생했습니다. 그래서 KPI를 시청 시간으로 변경했습니다. 그때는 동영상 시청에 대한 각각의 로그를 세세한 단위로 얻을 수 없었기 때문에 정확한 시청 시간 로그를 얻을 수 있도록 로그도 정비했습니다.

KPI를 책정할 때는 현재 얻은 데이터에서 생각하지 말고 사용자 행동의 본질을 담은 지표부터 검토한 후 만약 해당 데이터가 없다면 개발자와 협력하면서 로그를 정비해나가야 합니다.

데이터 사이언스 능력

비즈니스 목표를 달성하기 위한 이상적인 추천 시스템을 실제로 구현 가능한 추천 시스템으로 만들어내는 과정에서 데이터 사이언스 능력이 중요합니다. 요구되는 데이터 사이언스 능력은 다루는 데이터의 양과 종류, 비즈니스에 필요한 추천 시스템의 구현 복잡도에 따라 다릅니다.

....

[1] Eric Meyerson, "YouTube Now: Why We Focus on Watch Time," YouTube Creator Blog (2012).

한번에 이상적인 추천 시스템을 만드는 것이 아니라 우선 전통적인 방법을 사용해 얼마큼의 정확도가 나오는지 확인하고 이상과 현실의 차이가 너무 크지 않은지 검토하여 적정 비즈니스 관련 부서와 커뮤니케이션하는 것이 중요합니다. 그리고 그 시행 착오 과정에서 데이터의 성질이나 각 추천 알고리즘의 장단점을 파악하는 것이 중요합니다. 이런 전체적인 데이터 사이언스의 지식을 갖춤으로써 시행 착오 시간을 줄일 수 있습니다.

구체적인 스킬로는 파이썬이나 SQL 등을 사용해 데이터를 가공하고 알고리즘을 구축해야 합니다. 인기 상품이나 신규 상품을 추천하는 단순한 추천 시스템의 경우는 SQL만으로도 구축할 수 있습니다. 협조 필터링이나 콘텐츠 기반의 추천 알고리즘은 일반적으로 사용할 수 있는 형태의 오픈 소스 소프트웨어로 공개된 것도 많으며 이들을 사용해 만들 수도 있습니다. 범용적인 추천 알고리즘에서 아이템이나 사용자 정보를 충분히 고려할 수 없을 경우, 독자적으로 정식화한 추천 알고리즘을 검토하고 그것을 코드로 만들어야 합니다. 그때는 추천 알고리즘에 관한 논문을 조사하거나 그것을 자사 데이터에 적용할 수 있도록 수식이나 코드를 개선하는 등 고도의 데이터 사이언스 능력이 필요합니다.

데이터 엔지니어링 능력

추천 시스템을 실제 서비스에 조합할 때는 다양한 비즈니스 요건을 고려해 구현하고 시스템을 안정적으로 가동시켜야 합니다. 예를 들어 하루에 한 번 메일로 사용자에게 추천 상품을 추천할 경우를 생각하면 모든 사용자에 대한 추천 리스트 작성 연산이 24시간 안에 종료되어야 합니다. 훌륭한 추천 모델을 만들었더라도 계산하는 데 100시간이 걸린다면 실제 비즈니스에서 사용할 수 없습니다. 따라서 계산이 빠르게 완료되도록 처리를 병렬화하거나 데이터베이스 설계, 튜닝 등을 해야 합니다. 그리고 매일 추천 시스템에 사용하는 데이터를 가공하고 추천 목록 작성 연산을 수행하며 추천 목록을 데이터베이스에 저장하는 일련의 처리(파이프라인)를 조정해야 합니다. 이런 작업들을 안정적으로 가동시키기 위해서는 고도의 데이터 엔지니어링 능력이 필요합니다.

추천 시스템 구축에 필요한 3가지 스킬은 앞에서 설명한 것과 같습니다. 이 3가지 스킬을 모두 갖춘 사람은 많지 않으며 대부분의 기업에서는 각각의 스킬을 가진 사람들이 긴밀하게 협조하면서 추천 시스템을 구축합니다. 대기업에서는 비즈니스 부서, 데이터 사이언스 팀, 데이터 기반 팀과 같이 3가지 역량별로 팀이나 부서가 나뉘어 있기도 합니다. 스타트업 기업처럼 직원 수가 적은 경우에는 소프트웨어 개발자가 모든 업무를 담당하고 먼저 단순한 추천 시스템을 만들기도 합니다.

2.2 추천 시스템 프로젝트 진행 방법

이번에는 앞에서 설명한 3가지 역량을 가진 사람이나 팀이 협업하여 프로젝트를 진행하는 방법에 대해 프로세스를 7단계로 나눈 후 전자상거래 사이트를 개선하는 구체적인 예를 살펴보겠습니다.

1 과제 정의
2 가설 수립
3 데이터 설계/수집/가공
4 알고리즘 선정
5 학습/파라미터 튜닝
6 시스템 구현
7 평가 및 개선

주로 1, 2, 7을 비즈니스 부서에서 담당하며 3, 4, 5, 6, 7은 데이터 과학자나 데이터 개발자가 맡아 프로젝트를 진행합니다. 스타트업 기업 등 사람이 적은 경우에는 한 명의 개발자가 모든 것을 담당해서 개발하기도 합니다.

2.2.1 과제 정의

자사 사이트에 시스템을 도입하고 싶을 때는 먼저 '매출을 2배로 올리고 싶다', '회원 등록을 2배로 늘리고 싶다'와 같이 비즈니스상의 목적을 명확히 해야 합니다. 예를 들어 1개월 매출을 2배로 늘리고 싶은 경우 그것을 한층 더 잘게 나누어 사용자 1명당 매출을 2배로 할 것인가, 사용자 수를 2배로 할 것인가 등 비즈니스 지표(KPI)를 결정해나갑니다. 그리고 KPI의 목표와 현재의 차이를 확인한 뒤 현재 자사 사이트의 과제를 정리하고 적절한 조치를 검토합니다.

예를 들어 아마존과 같은 전자상거래 사이트에서 1개월 매출을 2배로 만들기 위해 1인당 매출을 KPI로 하고, 그것을 2배로 늘리는 목표를 결정했다고 가정해봅시다. 1인당 매출을 2배로 만들기 위해서 어디를 늘릴 수 있는지 분석합니다. 분석에는 데이터를 사용해 분석하는 정량적 방법과 사용자와 인터뷰하는 정성적 방법이 있습니다.

정량적 분석에서는 웹 사이트 사용자의 행동 로그 데이터를 분석함으로써 '애초에 검색한 사용자가 적다', '검색하는 사용자는 많지만 최고 검색 결과 페이지에서 이탈하고 만다'와 같이 현재 상태의 과제를 알 수 있습니다. 한편 '어째서 애초에 검색한 사용자가 적은가', '어째서 최초 검색 결과 페이지에서 이탈하는가'와 같은 이유에 대해서는 데이터로 조사하는 것보다 직접 사용자에게 물어봤을 때 시사점을 알 수 있는 경우가 많습니다.

사용자 인터뷰에서는 '어떤 단어로 검색하면 좋을지 몰라 도중에 그만둬버렸다', '검색 결과 화면에서 각 아이템의 타이틀만 표시되어 아이템을 일일이 클릭해 확인하기 어려웠다'처럼 로그만으로는 알 수 없는 잠재적인 사용자의 심리 상태에 관한 인사이트를 얻을 수 있습니다.

데이터와 사용자 인터뷰를 모두 활용해 현재 상태의 과제 정확도를 높이고 이번 비즈니스 목표를 달성하기 위한 각 과제의 중요도를 결정합니다. 여기서는 중요도가 [표 2-1]과 같이 결정되었다고 가정하겠습니다.

표 2-1 과제와 중요도

과제	중요도
어떤 단어로 검색해야 좋을지 모르겠다.	2
검색 결과 화면의 각 아이템 정보가 충분하지 않다.	3
검색 결과 화면에 아이템이 너무 많이 표시되어 원하는 아이템에 도달하기 어렵다.	4
각 아이템의 상세 화면에서 해당 아이템과 비슷한 아이템을 알 수 없다.	4

데이터 분석 및 사용자 인터뷰 결과, 다음 두 가지 과제가 중요한 것으로 판별되었다고 가정하겠습니다.

- 너무 많은 아이템이 표시되어 원하는 아이템에 도달하지 못해 이탈률이 높다.
- 각 아이템의 상세 화면에서 해당 아이템과 비슷한 아이템을 알 수 없어 이탈률이 높다.

2.2.2 가설 수립

다음으로 각 과제를 해결하는 방법과 그것을 실현하기 위한 비용을 검토하고 **비용 대비 효과**Return On Investment (ROI)가 높은 이니셔티브부터 실행합니다.

표 2-2 각 대응책의 우선 순위

과제	대응책	중요도	비용	우선 순위
어떤 단어로 검색해야 하는지 알 수 없다.	단어 제안 기능을 구현한다.	2	보통	낮음
어떤 단어로 검색해야 하는지 알 수 없다.	검색 단어의 예를 몇 가지 표시해둔다.	2	작음	보통
검색 결과 화면에 각 아이템의 정보가 충분하지 않다.	검색 결과 화면에 각 아이템의 정보를 충분히 나타낸다.	3	작음	보통
검색 결과 화면에 너무 많은 아이템이 표시돼 원하는 아이템에 도달할 수 없다.	검색 결과를 선호하는 순으로 정렬한다.	4	작음	높음
각 아이템의 상세 화면에서 그 아이템과 비슷한 아이템을 알 수 없다.	각 아이템의 상세 화면에 비슷한 아이템을 추천하는 기능을 붙인다.	4	보통~큼	보통

검색 결과에 너무 많은 아이템이 있어 원하는 아이템에 도달할 수 없는 과제의 경우 인기순이나 가격순으로 정렬할 수 있는 기능을 추가하는 것만으로도 사용자가 원하는 아이템을 쉽게 찾을 수 있어 이탈률을 낮출 수 있습니다.

이 경우에는 먼저 검색과 관련된 구현 비용이 낮고 중요도가 높은 과제를 해결한 뒤 추천 시스템을 다루는 것이 효과적입니다. 이처럼 추천 시스템을 도입하는 것보다 비용이 낮은 다른 방법으로 비즈니스 목표를 해결할 수 있다면 그 방법을 먼저 검토하는 것이 좋습니다. 특히 검색 시스템의 기능을 개선하는 것이 비용 대비 효과가 높은 경우가 많으므로 굳이 추천 시스템을 도입하지 않고 검색 기능을 확장하는 가능성도 검토합니다.

실제 비즈니스 현장에서는 상부의 명령으로 추천 시스템 도입이 결정 사항으로 내려오기도 합니다. 그때는 한발 물러나 현재 상태의 과제에서 비용 대비 효과가 가장 높은 방법이 추천 시스템을 도입하는 것인지 검토합니다. 필자들도 추천 시스템 도입과 관련해 여러 차례 상담을 받은 적이 있지만 상담 내용을 잘 들어보면 검색 시스템을 개선하는 편이 훨씬 좋거나 디자인을 변경하는 편이 나은 경우도 많았으며 실제로 그런 방식으로 개선하여 클릭률이나 **전환율** conversion rate을 높인 경우가 많았습니다.

검색 시스템을 개선한 다음에는 중요한 과제인 각 아이템의 상세 화면에서 비슷한 아이템을 추천하는 기능을 개발합니다.

비용 항목이 '보통~큼'인 이유는 유사도 추천이라고 해도 여러 가지 방법이 있기 때문입니다. 이번 비즈니스 단계에서는 적절한 추천 알고리즘을 선택해야 합니다. 어떤 유사도 분석을 구현할 것인지는 사용자의 필요에 따라 정리해나갑니다.

예를 들어 수공예품 판매 사이트에서는 어떤 작품에 대해 같은 제작자의 작품을 유사한 작품으로 배열하는 것만으로도 효과가 나타날 수 있으며 작품의 장르가 같은 것들을 나열하는 편이 효과적일 수도 있습니다. 음악 스트리밍 사이트에서는 곡조가 비슷한 곡보다 해당 곡이 유행한 시기의 다른 곡들을 추천하는 것이 효과적일 수 있습니다. 그리고 아마존과 같이 '이 상품을 구입한 사람은 이런 상품도 구입했습니다'라는 추천이 효과적일 수도 있습니다. 이렇게 유사도라고 해도 아이템에 따라 여러 관점이 있으므로 사용자가 가장 원하는 유사도가 무엇인지 파악한 후 구현하는 것이 중요합니다.

2.2.3 데이터 설계/수집/가공

현재 어떤 데이터가 축적되어 있는지 정리합니다. 추천 시스템 개발에 필요한 데이터는 주로 다음 2종류입니다.

- 사용자와 아이템의 콘텐츠 정보
- 사용자와 아이템의 인터랙션 정보

사용자 정보는 나이, 성별 등 프로필 정보와 어떤 장르의 아이템을 좋아하는가 하는 기호도 정보입니다. 아이템 정보는 아이템 설명문이나 태그, 카테고리, 등록일 등의 정보입니다. 사용자와 아이템의 인터랙션은 열람, 북마크, 구입, 시청, 평가 등의 정보입니다.

먼저 자사 서비스가 어떤 데이터를 갖고 있는지 정리하고 그 데이터로 추천 시스템을 구축할 수 있는지 검토합니다. 특히 서비스 초기 단계에서는 사용자와 아이템의 인터랙션 데이터가 없는 경우가 많으므로 우선 아이템 정보를 사용한 추천 시스템 구축부터 검토해야 할 때가 많습니다.

예를 들어 아이템에 '식품' 또는 '전자기기'라는 카테고리를 나타내는 태그가 부여되어 있을 때는 아이템의 태그 데이터를 사용하여 태그가 일치하는 것을 추천하는 추천 시스템을 생각해봅니다. 먼저 각 아이템에 태그가 확실히 부여되어 있는지 확인해야 합니다. 만약 일부 아이템에 태그가 붙어 있지 않거나 태그가 잘못 붙여진 아이템이 많다면 직접 태그를 정리해야 합니다. 그 양이 너무 많으면 **크라우드 소싱**crowd sourcing 등을 활용해 추천 시스템에 사용할 수 있는 형태로 정리합니다.

그리고 사용자 열람 로그를 활용해 '이 아이템을 열람한 사람들은 이 아이템을 열람하고 있습니다'라는 추천 시스템을 구현하는 경우 열람 로그에서 봇 등을 활용해 부적절한 로그가 제거된 데이터를 준비합니다.

이렇게 필요한 데이터가 적절하게 존재하는지 확인한 후 추천 시스템을 사용할 수 있도록 전처리를 해야 합니다.

2.2.4 알고리즘 선정

어떤 추천 알고리즘을 사용할지 결정합니다. 알고리즘 계산 시간, 필요한 데이터, 요구되는 예측 정확도 등 다양한 관점에서 비즈니스 목표에 적합한 것을 선택합니다.

[그림 2-2]와 같이 일반적인 머신러닝 모델과 마찬가지로 일정한 비용을 투입하면 처음에는 어느 정도 정확도를 얻을 수 있습니다. 하지만 정확도를 95%에서 96%로 올리는 데는 막대한 비용이 들기도 합니다. 서비스 초기에는 먼저 간단한 알고리즘부터 구현하는 것이 좋습니다.

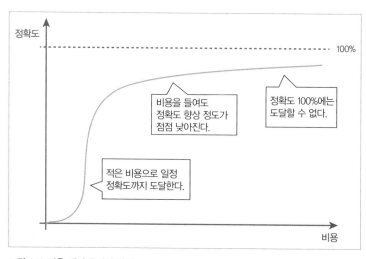

그림 2-2 비용 대비 효과의 관계

2.2.5 학습/파라미터 튜닝

추천 시스템의 학습과 튜닝을 수행하고 실제 서비스로 출시하기 전에 과거 데이터를 사용하여 온라인으로 추천 시스템의 좋고 나쁨을 검증합니다.

온라인에서 추천 시스템의 정확도를 검증할 때는 Recall, Precision 같은 머신러닝 지표도 중요하지만 구체적으로 이 아이템을 넣으면 어떤 아이템이 나오는지 확인하고 그 결과가 납득되는지 확인해야 합니다.

특히 개발자가 비즈니스 관련 부서와 의논할 때 추천 결과의 구체적인 사례를 제시하면 이미지를 떠올리기 쉬워 원만하게 커뮤니케이션할 수 있습니다. 오래된 알고리즘으로 추천받는 아이템 그룹은 이것이고 새로운 알고리즘을 사용하면 이렇게 바뀐다는 구체적인 사례를 제시하면 알고리즘의 차이를 쉽게 알 수 있습니다.

온라인에서 검증할 때는 데이터 **편향**bias에 주의해야 합니다.

예를 들어 아마존의 별 5개 평가 데이터에는 별 1개에서 5개의 평갓값이 균등하게 존재하는 것이 아니라 별 5개가 많다는 편향이 있습니다. 그것은 상품에 호감을 가진 사람이 주로 평가하는 경향이 있기 때문입니다.

그 밖에도 검색 엔진의 영향을 받은 편향도 있습니다. 검색 결과 상위에 나타나는 것은 클릭하기 쉽고 하위에 있는 것은 클릭하기 어렵습니다. 이 데이터를 기반으로 어떤 처리도 하지 않고 행동 이력 기반의 추천 시스템을 만들면 검색 엔진의 영향을 받아 검색 결과 상위의 것이 더 잘 추천되기도 합니다.

그러므로 이 편향들을 제거한 후 추천 시스템을 만들어서 평가해야 합니다.

2.2.6 시스템 구현

온라인에서 좋은 추천 알고리즘을 완성했다면 이제 실제 시스템에 조합합니다. 추천 알고리즘의 학습이나 예측 변경 빈도, 신규 아이템이나 사용자에 대한 추천을 어떻게 할지, 추천에 연관된 데이터 파이프라인 설계를 어떻게 할지 등을 고려해야 합니다.

이번 절에서는 실제 비즈니스에서 자주 사용되는 배치batch 추천과 실시간realtime 추천에 관해 간단히 설명하겠습니다(자세한 내용은 6장에서 살펴보겠습니다).

배치 추천

배치 추천은 1일 1회 또는 1주 1회 등 정해진 시점에 해당 시점의 정보를 기반으로 추천 목록을 업데이트하여 사용자에게 제공하는 것입니다. 추천 목록은 추천 모델 학습, 추천 모델에 의한 예측의 2단계 처리를 통해 작성됩니다.

추천 모델 학습의 경우 매번 새롭게 학습하면 신규 아이템까지 추천할 수 있어 좋지만 학습에 시간이 걸릴 때는 타협해서 1주일에 1번 학습하기도 합니다.

추천 모델에 의한 예측은 사용자가 얼마나 되는지에 따라 계산 구조가 달라집니다. 사용자가 10만 명이고 각 사용자마다 추천 리스트를 만드는 경우 한 사람의 추천 목록을 만드는 데 드는 시간이 1초라고 가정하면 10만 초=27.8시간이 소요됩니다. 이를 고속화하기 위해 병렬 처리를 하는 등 한 사람에 대한 추천 리스트 작성 시간을 줄여야 합니다.

실시간 추천

실시간 추천은 사용자의 직전 행동 이력을 즉시 반영해 추천 목록을 만드는 것입니다. 사용자의 행동 이력을 즉시 반영하려면 데이터의 동기나 실시간 연산 등 폭넓은 엔지니어링 기술이 필요합니다.

이렇게 실제 시스템에 삽입할 때는 사용자 수나 아이템 수에 따라 시스템 구성이 달라지며 추천이 실시간으로 이루어지는가에 따라서도 달라집니다.

2.2.7 평가 및 개선

마지막으로 추천 기능을 출시하고 그것이 실제로 효과가 있는지 검증합니다. 가능하면 A/B 테스트 같은 구조로 일부 사용자에게만 추천 기능을 제공해 추천했을 때와 그렇지 않을 때 사용자의 구입 금액이나 체류 시간을 검증합니다. A/B 테스트가 어려운 경우 출시 전후를 비교해야 하지만 시계열에 따른 트렌드 등을 고려해 평가해야 합니다.

그리고 추천 시스템을 도입한 후 추천을 통한 매출이 발생해도 그것을 성공이라고 간주하기에는 아직 이릅니다. 추천을 통한 매출이 증가해도 검색을 통한 매출이 줄어 전체적으로 한 사용자당 매출이 감소하기도 합니다. 추천 시스템만 보는 것이 아니라 시스템 전체를 보고 악영향이 없는지 확인하는 것 또한 중요합니다.

필자들도 추천 시스템을 도입한 직후 로그를 확인했을 때 추천 시스템을 경유해 매출 전환이 증가한 것을 확인하고 기뻐하던 중 바로 옆의 검색 팀으로부터 검색 사용자가 급격하게 감소했다는 정보를 받았습니다. 조사해보니 추천 시스템으로 인해 시스템 안에서의 이동이 증가하여 검색 사용이 줄어듦에 따라 전체적으로는 전환이 증가하지 않았던 것입니다. 추천 시스템을 개발할 때는 연관된 팀과 사전에 기능의 내용, 영향 범위, 출시일 등에 관해 상담하는 것이 중요합니다.

출시 후의 사용자 행동을 분석함으로써 처음 수립했던 가설을 검증할 수 있습니다. 예상보다 클릭이나 매출이 증가하지 않았다면 사용자의 행동 로그 분석이나 사용자 인터뷰를 통해 원인을 조사합니다. 원인 후보를 특정했다면 그것을 개선해 다시 출시하는 프로세스를 반복합니다.

2.3 정리

이번 장에서는 추천 시스템 프로젝트를 진행할 때 필요한 3가지 역량(비즈니스 능력, 데이터 사이언스 능력, 데이터 엔지니어링 능력)과 프로젝트 진행 방법을 7단계 프로세스로 나누어 설명했습니다. 프로젝트를 진행할 때 비즈니스 목표를 결정하고 데이터와 사용자 조사를 통해 현재 상태의 과제 정확도를 높이며 비용 대비 효과가 높은 이니셔티브를 수행하는 것이 가장 중요합니다. 그때는 추천 시스템을 사용하지 않는 이니셔티브도 검토해야 합니다.

## CHAPTER 3

추천 시스템의 UI/UX

3장에서는 1장에서 소개한 추천 시스템의 정의인 '여러 후보 가운데 가치 있는 것을 선정해서 의사 결정을 지원하는 시스템'의 후반 부분인 '의사 결정을 지원하는 시스템' 즉, 추천 시스템이 기능하기 위해 제공해야 할 UI/UX에 관해 소개합니다. 여기서는 추천 시스템이 사용자에게 추천 결과를 전달할 때 어떤 화면(UI)에 따라 어떤 체험(UX)을 제공해야 하는지에 주목합니다. 이 부분은 1장에서도 설명한 추천 시스템의 3가지 구성 요소 중 '출력(추천 결과 제시)'에 해당합니다.

3.1 UI/UX의 중요성

추천 시스템을 다루는 기존 서적이나 블로그의 글 또는 논문 등에서는 추천 시스템 정의의 전반 부분인 '여러 후보 가운데 가치 있는 것을 선정한다'에 해당하는 추천 시스템 알고리즘에 관해 다루는 경우가 많습니다. 이것은 다양한 오픈 데이터들이 누구든지 간단히 사용할 수 있게 공개되어 있다는 점, 다양한 추천 알고리즘을 구현하기 위한 라이브러리 등이 풍부하다는 점, 이들을 사용하여 검증하기 위한 계산 리소스를 준비하기 쉽다는 점에 의존하는 부분이 많을 것입니다. 그리고 기술을 다루는 소프트웨어 개발자나 데이터 과학자, 연구자 등에게 알고리즘이 가장 재미있게 느껴지는 부분인 것 또한 하나의 이유일 것입니다. 최근에는 머신 러닝이나 딥러닝 추천 시스템으로의 응용도 폭넓게 진행됨에 따라 기술적으로 주목받고 있는 영역이기도 합니다. 물론 추천 시스템에서 알고리즘은 매우 중요하므로 이 책에서도 다음 장부터 자세히 설명합니다.

한편으로 이번 장의 주제인 추천 시스템의 UI/UX에 대해 다루는 서적이나 블로그 포스트, 논문 등은 비교적 적은 편입니다. UI/UX의 경우 실제 사용자가 사용하는 서비스에 따라 추천 시스템을 개발해서 운용해보지 않으면 알 수 없는 부분이 많은데 그런 사례가 아직 적다는 것이 큰 요인일 것입니다. 그리고 실제 서비스 개발이나 운용 경험이 없으면 추천 시스템에 대한 UI/UX의 중요성을 깨닫는 것이 어렵다는 점도 어느 정도 관련되어 있을 것이라고 생각합니다.

실제 서비스에 추천 시스템을 도입할 때 어느 정도 고도화된 추천 알고리즘을 사용해 사용자에게 가치가 있는 아이템을 선택할 수 있다고 해도 최적의 형태로 전달하지 못하면 그 가치도 전달되지 않습니다. 즉, 사용자의 의사 결정을 지원할 수 없게 됩니다. 이것은 '여러 후보 가운데 가치 있는 것을 선정해서 의사 결정을 지원하는 시스템'인 추천 시스템으로서는 충분하지 않은 상태라고 할 수 있습니다.

일반적인 웹 서비스나 모바일 애플리케이션에서의 UI/UX는 다른 서적을 참조하기 바랍니다. 이번 장에서는 추천 시스템을 활용하는 서비스의 특징적인 UI/UX에 관해 소개합니다. 먼저 서비스를 사용하는 사용자 측의 목적과 서비스를 제공하는 측의 목적을 분류하고 각각의 목적을 달성하기 위해 어떤 UI/UX를 제공해야 하는가 또는 제공해서는 안 되는가에 관해 실제 운영되고 있는 서비스를 예로 들어 소개합니다. 그리고 계속해서 추천 시스템의 UI/UX와 깊이 관련된 주제에 대해 설명합니다. 마찬가지로 실제 존재하는 서비스를 예로 들어 소개합니다.

3.2 서비스를 사용하는 사용자의 목적에 적합한 UI/UX 사례

먼저 추천 시스템을 활용한 서비스를 이용하는 쪽인 사용자 목적별로 UI/UX의 구체적인 사례를 소개합니다. 사용자의 목적은 서비스 특성이나 도메인 등에 따라 다양하지만 여기에서는 J. Herlocker[1]를 참고해서 다음 4가지 분류에 따라 설명합니다.

---

1 J.L. Herlocker, J. A. Konstan, L. G. Terveen, and J. T. Riedl, "Evaluating collaborative filtering recommender systems," ACM Transactions on Information Systems, Vol. 22, No. 1, pp. 5-53 (2004).

- 적합 아이템 발견
- 적합 아이템 나열
- 아이템 계열 소비
- 서비스 내 체류

3.2.1 적합 아이템 발견

적합 아이템 발견find good items은 사용자가 자신의 목적을 달성하는 데 적합한 아이템을 서비스상에서 최소 1개 이상 발견하는 경우를 나타냅니다. 예를 들어 '서울역 근처에서 식사를 하기 위해 식당을 찾는다'와 같은 상황을 생각할 수 있습니다. 이때 사용자는 서울역 근처에 위치한 식당 중 자신의 기호에 맞는 곳을 찾습니다. 이러한 목적으로 식당을 찾아주는 서비스를 사용하는 사용자는 목적을 달성할 수 있는 수많은 식당(서울역 부근에 위치하며 사용자의 기호와 일정 수준 이상 일치하는 식당)을 모두 열람하고 싶지는 않을 것이며 이는 현실적이지도 않습니다. 그리고 목적을 달성할 수 있는 몇몇 식당 등에서 사용자의 기호에 가장 잘 맞는 음식점을 찾지 못한다고 해도 어느 정도 기호에 맞는 식당을 찾을 수 있다면 사용자는 목적을 충분히 달성할 수 있을 것입니다. 사용자가 목적을 달성하는 데 충분할 정도로 사용자의 기호에 적합한 최소 하나 이상의 아이템을 확실하게 발견하는 것이 적합 아이템 발견의 목표입니다.

적합 아이템 발견에서는 [그림 3-1] 타베로그食べログ의 예와 같이 사용자의 기호에 맞을 가능성이 높은 아이템부터 차례대로 정렬한 리스트를 사용자에게 제시하는 것이 효과적입니다. 이때 사용자는 이 리스트를 위에서부터 순서대로 열람하며 자신의 기호에 맞는 아이템을 빠르게 찾아낼 수 있습니다.

이러한 리스트 형식으로 아이템을 표시할 때 하나의 화면 안에 여러 아이템을 표시하므로 아이템 하나당 표시할 수 있는 정보량이 제한됩니다. 따라서 사용자가 아이템에 흥미를 갖고 상세 정보를 보기 위해 클릭할 수 있도록 충분한 정보를 적절히 취사선택해 리스트에 표시해야 합니다.

정보량이 너무 적거나 적절한 정보를 표시하지 않으면 사용자가 해당 아이템의 좋고 나쁨을 알 수 없으므로 자신의 기호에 맞더라도 흥미를 갖지 못하게 됩니다. 한편 리스트에 필요 이상 많은 정보를 표시하면 다른 정보에 묻혀서 정말로 사용자에게 전달되어야 할 정보가 전달되지 않거나 복잡한 서비스라는 인상을 심어주어 사용자가 서비스에서 이탈할 수 있습니다.

예를 들어 [그림 3-1] 타베로그의 예시에서는 음식 사진은 물론 음식점 안의 사진도 크게 표시해 리스트 열람 시 눈에 띕니다. 실제로 방문할 음식점을 찾는 사용자에게 음식이 맛있어 보이는 것과 더불어 음식점 안의 분위기가 자신의 기호에 맞는지 파악하는 것도 그 음식점에 흥미를 갖는 데 중요한 요소가 된다고 생각할 수 있습니다.

한편 음식점이라는 같은 종류의 아이템을 다루는 서비스에서도 사용 용도에 따라 표시해야 할 정보가 달라집니다. 예를 들어 '배달의민족'은 사용자가 실제로 음식점을 방문하는 것이 아니라 집으로 음식을 배달하기 위한 음식점을 찾는 것이 목적이므로 음식점 사진은 표시되지 않고 음식 사진이 전면에 등장합니다.

그림 3-1 적합 아이템 발견 예(타베로그食ベログ, 출처: https://tabelog.com/)

리스트 형식의 아이템 표시는 서비스를 열람하는 기기의 화면을 넓게 사용하는 경우가 많으므로 대부분 한 화면에는 하나의 리스트를 표시합니다. 한편 사용자의 기호는 다양하기 때문에

한 가지 알고리즘으로 생성한 하나의 리스트만 제공할 경우 반드시 사용자의 기호에 맞는 아이템을 추천할 수 있다고 할 수 없습니다. 따라서 적합한 아이템을 만날 가능성을 높이기 위해 다른 측면에서 아이템을 추천하는 알고리즘에 따라 정렬된 여러 리스트도 사용자가 열람할 수 있도록 하는 것이 좋습니다.

이렇게 다양한 사용자의 기호에 맞는 아이템을 표시하기 위해 여러 리스트를 사용자에게 나타내고 싶은 경우 몇 가지 해결 방법이 있습니다. 예를 들어 [그림 3-1]의 ①과 같이 화면 위쪽에 있는 탭을 한 번 클릭함으로써 여러 리스트를 간단히 전환하도록 하는 UI를 생각할 수 있습니다. [그림 3-1]에서는 '표준', '랭킹', '리뷰 수', '신규 오픈' 등 4종류의 리스트로 전환할 수 있습니다. 또한 다른 해결 방법으로는 여러 알고리즘에 따라 생성된 여러 리스트를 한 화면에 동시에 제시할 수도 있습니다.

최근에는 [그림 3-2]의 넷플릭스처럼 아이템을 가로 방향으로 배열해 여러 리스트를 한 화면에 표시하는 서비스도 늘고 있습니다. 사용자는 화면을 이동하지 않고도 다른 알고리즘으로 선택된 여러 리스트를 한 번에 열람할 수 있어 하나의 리스트에서 적합한 아이템을 발견하지 못했을 때 자연스럽게 다음 리스트를 열람해 원하는 아이템을 찾을 수 있습니다. 단, 이 UI를 구현할 경우 개별 아이템에 대한 정보를 표시할 공간이 상당히 제한됩니다. 그러므로 넷플릭스 같은 동영상 시청 서비스처럼 하나의 화면과 짧은 텍스트 등의 적은 정보로도 사용자에게 그 매력이 충분히 전달되는 아이템을 다루는 서비스에서 사용하는 것이 좋습니다.

그림 3-2 적합 아이템 발견 예(넷플릭스)

또한 매칭 애플리케이션은 틴더^{Tinder}와 같이 아이템(사람)을 좌우로 슬라이드함으로써 사용자로부터 그 아이템의 선호 여부를 즉각 피드백받는 형식이 많습니다. 이러한 애플리케이션의 특징 중 하나는 추천한 모든 아이템에 대해 사용자로부터 명확한 피드백을 받을 수 있다는 점입니다. 따라서 아이템이 마음에 들지 않는다는, 일반적으로는 수집하기 어려운 부정적 피드백도 수집할 수 있어 부정적 피드백을 활용한 추천 시스템 구축을 고려할 수 있습니다.

매칭 애플리케이션은 간단한 조작으로 차례차례 아이템을 열람할 수 있어 사용자당 열람하는 아이템 수가 많습니다. 또한 자신은 상대방이 마음에 들지만 상대방이 자신을 마음에 들어 하지 않으면 이어지지 않는 특성이 있습니다. 다른 서비스에 비해 보다 많은(사용자에게 있어서도) 적합 아이템을 찾아내야 하기 때문에 이러한 시스템이 합리적이라고 할 수 있습니다. 많은 후보를 열람하고 자신이 가장 마음에 드는 상대를 선택해도 서로 매칭되지 않으면 목적을 달성하지 못하는 서비스이기 때문입니다. 한편 스와이프로 빠르게 피드백을 보내는 특성상 어느 정도의 오조작도 발생합니다. 이런 경우를 대비해 한 번 수행한 피드백을 정정할 수 있는 기능을 사용자에게 제공하는 것도 사용자 경험을 풍부하게 하는 데 기여합니다(예를 들어 틴더에서는 이 기능을 유료 플랜의 일부로 제공합니다).

3.2.2 적합 아이템 나열

적합 아이템 나열$^{find\ all\ good\ items}$은 사용자가 자신의 목적을 달성하는 데 적합한 아이템을 가능한 모든 서비스에서 발견하는 경우를 말합니다. 예를 들면 '이사할 곳의 전/월세 물량을 모두 검토하고 싶은' 상황 등을 생각할 수 있습니다. 이때 전/월세 물건을 찾아주는 서비스를 사용하는 사용자는 자신의 기호(건물의 설비나 인테리어, 주변 환경 등)와 조건(전철역까지의 거리, 반려동물 가능 등)에 맞춰 가능한 한 많은 후보를 보고자 할 것입니다. 자주 옮기는 것이 아니며 시간과 비용 등도 많이 드는 이사이므로 나중에 '이 물건이 더 좋았는데…'라고 후회하지 않으려고 하기 때문입니다. 물건 찾기나 여행 계획 등 사용 빈도는 낮지만 비용이 많이 드는 아이템을 다루는 서비스에서는 이런 경향이 나타납니다.

또한 이제부터 신청하고자 하는 특허 등이 이미 존재하는지 조사하고 싶은 상황을 생각해볼 수 있습니다. 이때 특허 검색 서비스를 사용하는 사용자는 자신이 이제부터 신청하려는 특허와 같거나 유사한 모든 기존 특허를 확인하고자 할 것입니다. 기존의 유사한 특허를 간과한 채 특허를 신청하면 손실이 크므로 누락이 발생해서는 안 됩니다. 누락이 발생하는 것보다는 잘못된 항목이 추천 결과에 포함되는 편이 나을 것입니다.

이처럼 사용자의 목적을 달성할 수 있는 아이템을 (가능한 한) 모두 발견하는 것은 적합 아이템 나열이 달성해야 할 목표입니다. 그 특성상 사용자의 기호를 가급적 확실하게 나타낼 필요가 있는 경우가 많으며 특히 특허 등과 같이 누락 없이 모든 적합 아이템을 발견해야 하는 것은 검색 시스템으로 분류된다고 생각할 수도 있습니다.

사용자가 여러 아이템을 열람할 필요가 있는 적합 아이템 나열에서는 적합 아이템 발견과 마찬가지로 [그림 3-3]의 특허 정보 검색 서비스인 '키프리스'와 같이 리스트 형식 등 일관성 있는 표시 형식으로 제공하는 것이 일반적입니다. 사용자는 표시된 아이템의 대부분을 열람하는 경우가 많고 예측 평갓값순으로 정렬하는 것보다 최신 아이템순(메일 수신 날짜나 특허 출원 날짜순) 등 알기 쉬운 규칙으로 나열해 표시함으로써 사용자가 정보를 열람하는 부담을 낮추는 경우가 많습니다.

그림 3-3 적합 아이템 나열 예(키프리스)

또 얼마나 많은 수의 아이템을 봐야 하는지 사용자가 간단히 파악할 수 있도록 리스트에 포함된 적합 아이템 수를 알기 쉽게 표시해주는 것도 좋습니다. 이를 통해 적합 아이템 수가 너무 많은 경우 조건을 추가하거나 반대로 아이템 수가 너무 적으면 조건을 삭제하는 등 목적 달성에 필요한 조건을 수정하도록 할 수 있습니다.

그리고 사용자의 조건이 까다로워서 표시되는 아이템 수가 너무 적을 경우 사용자가 입력한 조건에는 맞지 않지만 사용자의 목적을 달성할 가능성이 있는 조건의 아이템을 의도적으로 표시하는 것도 도움이 됩니다. 예를 들어 사용자가 역에서 도보 5분 이내이고 월세가 100만 원 이내인 건물을 찾고 있지만 마땅한 물건이 없는 경우 임의로 역에서 도보 7분 거리 이내의 물건도 제안해주는 형식입니다.

물건이나 여행 계획을 찾는 경우 한 번의 서비스 이용으로는 아이템을 정하지 않을 수 있습니다. 따라서 다음에 서비스를 방문했을 때 원하는 아이템을 원활하게 볼 수 있도록 사용자가 입력한 조건을 저장해두거나 조건에 일치하는 아이템이 새롭게 서비스 내에서 나타나는 대로 사용자에게 통지하는 것도 효과적일 것입니다.

한편 이사를 자주 해서 가급적 큰 노력을 들이지 않고 이사할 곳의 임대 물건을 결정하고 싶은 사용자라면 임대 물건이라는 같은 아이템을 취급하는 서비스라도 사용자의 목적이 3.2.1절에서 소개한 적합 아이템 발견에 가까울 것입니다. 이처럼 같은 종류의 아이템을 취급하는 서비스라도 사용자가 다른 목적을 가지고 있다면 제공해야 할 UI/UX가 다를 수 있으므로 사용자의 어떤 요구에 부응하는 서비스를 만들지 명확히 하는 것이 중요합니다.

3.2.3 아이템 계열 소비

아이템 계열 소비는 열람, 소비하는 동안 추천된 아이템 계열 전체에서 가치를 누리는 것을 목적으로 하는 경우입니다. 예를 들어 [그림 3-4]의 스포티파이와 같은 음악 스트리밍 서비스에서 음악을 계속 재생하여 듣는 상황을 생각할 수 있습니다. 이때 사용자는 한 곡 한 곡이 매력적인 것은 물론이고 계속해서 그 순서대로 음악이 재생되는 것 자체에도 의미가 있으며 매력적이라는 데 가치를 느낍니다.

예를 들어 기분이 우울할 때 기운을 돋우는 록음악을 듣기 시작한 사용자에게는 계속해서 기운을 돋울 수 있는 음악을 제공하는 것이 큰 가치를 지닙니다. 갑자기 기분이 우울해지는 발라드를 제공할 경우 사용자의 만족도를 떨어뜨립니다. 그리고 크리스마스 기분을 맛보기 위해 크리스마스 음악을 듣기 시작한 사용자에게는 크리스마스 음악을 계속 제공함으로써 사용자 만족도를 높일 수 있습니다.

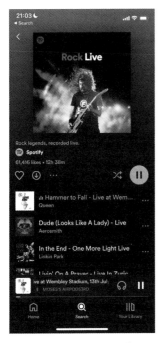

그림 3-4 아이템 계열 열람 예(스포티파이)

아이템 계열 소비의 독특한 특징으로는 같은 아이템을 여러 번 추천해도 사용자 만족도가 향상된다는 점을 들 수 있습니다. 예를 들어 음악 스트리밍 서비스에서 자신이 좋아하는 음악은 한 번이 아니라 몇 번이라도 반복해서 듣고 싶어 합니다. 한편 전자상거래 사이트에서는 사용자가 한 번 구입한 상품과 똑같은 것을 추천하는 것은(소모품이 아닌 경우) 그다지 좋은 경험을 제공하지 못합니다.

단, 음악 스트리밍 서비스라고 해도 같은 아이템만 추천한다면 새로움이 느껴지지 않아 만족감이 저하되므로 빈도나 시점은 고려해야 합니다. 그리고 아직은 모르지만 좋아하게 될 수도 있는 음악을 만나고 싶다는 탐색 욕구를 가진 사용자도 많습니다. 그렇기 때문에 사용자가 이미 알고 있고 좋아하는 음악과 사용자가 좋아할 수도 있는 미지의 음악 비율을 적절하게 제어하는 것이 중요합니다.

3.2.4 서비스 내 체류

서비스 내 체류 Just Browsing는 사용자가 사용하는 서비스 본래의 목적을 달성하는 것이 아니라 그저 아이템을 열람하는 것 자체를 목적으로 서비스 안을 돌아다니는 경우입니다. 예를 들어 지금 당장 여행할 계획은 없지만 어떤 관광지가 있는지, 어떤 숙박 시설이 있는지 등을 살펴보는 것을 목적으로 여행 예약 서비스나 호텔 예약 서비스를 사용하는 상황을 생각할 수 있습니다.

이때 사용자에게 구입 의사가 별로 없음에도 아이템 구입을 과도하게 강요하는 식으로 추천하면 사용자의 만족도가 떨어져 재방문하지 않게 될 우려가 있습니다. 다소 극단적이기는 하나, 예를 들어 페이지를 이동할 때마다 추천 상품의 팝업을 계속 표시하면 사용자가 사이트를 돌아다니기 불편해 이탈하게 되고 서비스에 대해 나쁜 인상을 갖게 되어 사용하지 않을 것이라고 생각할 수 있습니다. 그 대신 개요 추천과 같은 서비스 내 인기 아이템이나 특정 카테고리의 신규 아이템 등을 추천함으로써 재미있고 흥미를 가질 수 있는 아이템이 서비스 안에 있다고 느낄 수 있도록 하는 것이 사용자의 만족도를 높이는 데 효과적입니다.

[그림 3-5]의 에어비앤비Airbnb는 많은 사용자가 흥미를 가질 만큼 인기 있는 관광지를 몇 가지 선정해서 주변의 숙박 시설을 간단하게 열람할 수 있도록 하거나 '자연에 둘러싸인 숙박지', '유니크한 리스트' 등 사용자의 흥미를 끌 만한 주제에 맞춰 아이템을 집약해서 표시하고 있습니다. 이처럼 당장은 구매로 이어지지 않지만 서비스 안을 돌아다니는 사용자의 만족도 향상을 노리고 탐색적인 UI를 제공하는 서비스가 늘고 있습니다.

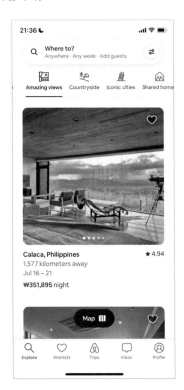

사이트 탐색을 통해 사용자의 만족도를 향상시켜두면 이후에 정말로 구매하게 될 때 서비스를 이용할 것이라고 기대할 수 있습니다. 또한 구경할 때의 행동 로그 등과 같은 데이터를 사용함으로써 각각의 사용자에게 맞춰 높은 정확도로 추천할 수도 있습니다.

그림 3-5 서비스 안을 구경하기에 적합한 탐색적인 UI 예(에어비앤비)

3.3 서비스 제공자의 목적에 맞는 UI/UX 사례

앞에서는 시스템을 사용하는 사용자의 목적에 초점을 맞춰 분류했습니다. 이번에는 서비스를 제공하는 쪽의 목적에 주목해보겠습니다. 여기서는 벤 샤퍼[Ben Schafer][2]와 스웨어린젠[Swearingen][3]의 글을 참고로 하여 추천 시스템을 활용하는 서비스 제공자 측의 대표적인 비즈니스 목적을 다음 5가지로 분류했습니다.

- 신규/사용 빈도가 낮은 사용자의 정착
- 서비스에 대한 신뢰성 향상
- 사용 빈도 향상 및 이탈 사용자의 복귀
- 교차 판매(cross selling)
- 장기적으로 사용자의 충성도 향상

3.3.1 신규/사용 빈도가 낮은 사용자의 정착

서비스를 처음 방문한 신규 사용자나 사용 빈도가 별로 높지 않은 사용자가 다른 서비스로 이동하기 전에 만족도를 높여 서비스에 정착하도록 하는 것은 서비스 제공자에게 매우 중요합니다. 만족도를 높여 정착하도록 하려면 서비스 내에서 사용자에게 좋은 경험을 제공하는 것뿐 아니라 나쁜 경험을 하지 않도록 하는 것도 중요합니다. 이러한 목적을 달성하는 데에는 소위 **개요 추천**[broad recommendation]을 사용합니다.

개요 추천이란 서비스 내 데이터 통계 정보나 서비스 지식이 풍부한 편집자의 선택을 기반으로 추천하는 것을 의미합니다. 통계 정보에 기반한 추천이란 '이번 주 시청 순위'와 같이 서비스 전체의 사용 빈도 순위, '만화 매출 순위'와 같이 특정 카테고리 안의 매출 순위 같은 것을 의미합니다. 편집자의 선택에 기반한 추천이란 '영화 평론가들이 선정한 추천 목록'이나 '이번 주 특판 상품 목록'과 같이 서비스 편집자나 전문가가 직접 선택해 작성한 추천 리스트를 나타냅니다.

이렇게 통계 정보나 편집자의 선택에 기반한 서비스 정보는 사용자 니즈를 만족시키는 경우가 많으며 혹여 니즈에서 벗어나더라도 정도가 크지 않습니다. 따라서 사용자에게 그들의 니즈와 서비스의 연관성을 발견하게 하여 서비스를 계속 사용하게 할 수 있습니다.

2 J. Ben Schafer, J. A. Konstan, and J. Riedl, "E-commerce recommendation applications," Data Mining and Knowledge Discovery, Vol. 5, pp. 115–153 (2001).

3 K. Swearingen and R. Sinha, "Beyond algorithms: An hci perspective on recommender systems," In SIGIR Workshop on Recommender Systems (2001).

서비스 신규 사용자나 사용 빈도가 낮은 사용자를 대상으로 할 경우 사용자가 적극적으로 찾지 않아도 열람할 수 있도록 사이트의 첫 페이지 등 눈에 띄기 쉬운 위치에 배치하는 것이 효과적입니다. 그리고 사용자가 흥미를 느끼는 카테고리나 예산 금액 등으로 간단하게 선택할 수 있는 필터링 기능을 함께 제공하면 더 효과적입니다.

가급적 많은 사용자가 서비스에서 이탈하지 않고 계속 사용하도록 하는 것이 목적이므로 특정 사용자에게 깊이 연관된 아이템보다는 여러 사용자가 조금씩 연관되도록 아이템을 추천하는 것이 좋습니다. 예를 들어 영화 시청 서비스에서 최근 1주간의 시청 순위는 대부분의 평균적인 사용자 기호를 반영했다고 생각할 수 있으므로 이 목적에 맞을 것입니다. 또한 영화 평론가 등 특정 분야의 전문가가 선택한 목록도 다양한 사용자의 흥미를 얻을 수 있을 것이므로 이 목적에 적합합니다. 한편 특정 세부 카테고리에만 속하는 아이템 추천은 연관된 사용자가 비교적 적으므로 개요 추천에는 그다지 어울리지 않습니다.

앞에서 본 [그림 3-2] 넷플릭스 화면 위쪽의 '오늘 대한민국의 TOP 10 시리즈' 같은 항목은 용어와 아이템 옆에 순위를 크게 표시하는 UI로 되어 있어 어떤 규칙으로 아이템이 정렬되어 있는지 한눈에 쉽게 알 수 있습니다. 그리고 서비스에 별로 애착이 없는 사용자에게는 이처럼 흥미를 느끼기 쉬운 경험을 제공하는 것도 효과적일 것입니다.

3.3.2 서비스에 대한 신뢰성 향상

전자상거래 등의 서비스 제공자가 사용자로부터 신뢰를 얻는 것은 중요합니다. 사용자는 서비스에서 제공하는 아이템이나 광고의 경우 서비스 제공자의 이익을 가장 우선한다고 생각하는 경우가 많습니다. 이러한 불신감 때문에 추천 아이템이나 광고 상품 아이템을 구매하지 않으면 결과적으로 사용자와 서비스 제공자 모두 불이익을 받습니다. 기본적으로 사용자의 이익을 추구하는 것이 서비스 제공자의 이익과도 연결되므로 극단적으로 서비스 제공자의 이익만 우선하여 추천하거나 광고를 노출시키지는 않을 것입니다. 그것을 사용자가 믿고 서비스를 사용하도록 신뢰성을 높여야 합니다. 이러한 목적을 달성하는 데 **사용자 평가**가 효과적인 경우가 있습니다.

사용자 평가는 서비스 안의 사용자 사이에서 추천을 구현하는 것입니다. 예를 들어 구입 상품에 대해 사용자가 리뷰를 남기거나 별(★)의 수로 평가하고 그 결과나 통계 정보를 다른 사용자가 참조할 수 있도록 하는 것을 의미합니다.

일반적으로 앞에서 설명한 개요 추천이나 그 외 고도의 알고리즘에 의한 서비스 제공자 측의 추천보다 서비스를 사용하는 다른 사용자에 의한 추천 쪽이 사용자에게 신뢰를 얻을 수 있으며 받아들이기 쉽다고 생각할 수 있습니다. 사용자는 서비스 제공자가 중립적인 입장에서 서비스를 제공하는 것보다 자신들의 이익을 우선시할 것이라고 생각하는 경우가 많기 때문입니다. 그렇기 때문에 사용자 평가를 제공해 다른 사용자의 '살아 있는 목소리'를 참고하도록 함으로써 서비스 제공자뿐 아니라 사용자에게도 좋은 경험을 제공하는 서비스라는 것을 인정받을 수 있습니다. 그 결과 서비스에 대한 사용자의 신뢰도를 높이고 서비스 안에서 사용자 커뮤니티가 형성됨에 따라 다른 서비스와의 차별화가 이루어져 이탈률이 낮아지는 것도 기대할 수 있습니다.

사용자 평가에서는 기본적으로 사용자가 게시한 리뷰나 평갓값을 그대로 표시하거나 통곗값을 산출해서 표시하는 것뿐이므로 서비스 제공자 측이 개입할 여지는 크지 않습니다. 하지만 사용자가 자유롭게 평가함으로써 특정 아이템에 대해 의도적으로 평가가 높은 리뷰를 게시하는 어뷰징을 하거나 공격적인 문장 및 관계없는 내용을 게시하는 스팸 같은 리뷰가 붙는 경우도 있습니다. 이런 리뷰가 다른 사용자의 눈에 띄는 것은 반대로 서비스에 대한 신뢰를 떨어뜨립니다.

서비스 신뢰도를 보장하기 위해 아마존은 리뷰가 작성된 지역을 표시합니다. 이외에도 사용자가 게시한 리뷰를 서비스 운영자 측에서 먼저 검토한 뒤 공개하는 방법도 있습니다. 이 방법은 스팸과 같은 리뷰가 사용자에게 표시되는 것을 거의 확실히 방지할 수 있지만 서비스에 불리한 리뷰가 부당하게 걸러질 수 있다는 의심을 받을 수 있어 다소 부정적인 측면도 있습니다.

다른 사용자가 게시한 리뷰를 직접 열람할 수 있는 경우 열람하려는 사용자와 비슷한 기호를 가진 사용자의 리뷰를 우선 표시하는 등 리뷰 추천도 유효한 수단이 됩니다. 그리고 서비스의 품질에 따라서는 긍정적인 평가뿐 아니라 비판적인 평가를 더욱 참고하려는 경우도 있기 때문에 [그림 3-6]과 같이 '상위의 비판적 리뷰'나 리뷰 정렬 기능 등을 통해 비판적인 평가에도 손쉽게 접근할 수 있는 경험을 제공하는 것도 효과적입니다.

그림 3-6 아마존의 리뷰 정보

사용자가 서비스를 사용할 경우 원하는 바를 달성할 수 있다고 생각하게 하려면 가급적 빠르고 정확하게 사용자의 기호에 맞는 아이템을 추천하는 것이 효과적입니다. 한편 서비스를 막 사용하기 시작한 사용자에 관한 데이터는 비교적 적으므로 각 사용자에게 딱 맞는 아이템을 단번에 추천하는 것은 어려울 것입니다. 그러므로 처음에는 서비스의 인기 아이템 등을 표시함으로써 서비스 안에 자신의 기호에 맞는 아이템이 있을지도 모른다는 기대를 심어주는 것이 중요합니다.

그리고 사용자가 프로필 정보를 변경했을 때 변경 내용에 맞춰 더욱 기호에 맞는 아이템을 추천하는 명확한 피드백을 보내거나 '현재 개인화 중입니다'라는 메시지를 전달하는 것도 효과적입니다.

예를 들어 사용자는 넷플릭스 계정 등록 직후 [그림 3-7]과 같은 화면에서 명시적으로 자신이 좋아하는 작품을 선택할 수 있습니다. 선택 후에는 [그림 3-8]과 같은 화면에 작품들이 표시됩니다. 그리고 입력된 정보를 바탕으로 콘텐츠를 개인화하고 있음을 사용자에게 명시적으로 전달한 뒤 첫 페이지로 이동시킵니다. 처음으로 첫 화면을 봤을 때 이미 자신에게 맞는 작품이 나열되어 있는 것을 본 사용자는 '넷플릭스는 신뢰할 수 있는 서비스'라고 즉시 인식할 것이라 기대할 수 있습니다.

그림 3-7 계정 등록 직후 명시적으로 콘텐츠 취향을 입력받는 예(넷플릭스)

그림 3-8 취향에 맞게 추천하고자 함을 사용자에게 명시적으로 전달하는 예(넷플릭스)

3.3.3 사용 빈도 향상 및 이탈 사용자의 복귀

서비스 제공자 입장에서는 사용자가 지속적으로 서비스를 이용하기를 바랍니다. 그러기 위해서는 서비스 사용 중 사용자 경험을 향상시키기 위해 다양한 노력을 기울여야 합니다. 한편 사용 빈도가 낮은 사용자나 이미 이탈해버린 사용자 등 애초에 서비스 안에서 만족도를 향상시키기 어려운 경우도 있습니다. 이럴 때는 **알림 서비스**notification services가 효과적입니다. 알림 서비스란 사용자가 서비스를 사용하지 않을 때 메일이나 푸시 알림 등의 방법으로 추천을 보내는 것입니다. 예를 들어 과거 구매 이력에 기반해 흥미를 가질 가능성이 높은 아이템을 추천하거나 사용자가 미리 설정한 조건, 예를 들어 좋아하는 작가 등을 등록해두면 그 작가의 새 작품이 발매되었을 때 안내하도록 하는 것입니다.

최근 음성이나 동영상 라이브를 제공하는 서비스가 늘어남에 따라 한층 더 실시간으로 알림 서비스를 통해 적절한 콘텐츠를 추천하는 상황이 증가했습니다. 특히 전송된 콘텐츠를 나중에 열람하거나 시청할 수 없는 서비스에서는 실시간 추천이 경험의 핵심이라고 할 수 있습니다.

알림 서비스는 서비스 복귀 유도나 사용 빈도 향상에 효과적입니다. 하지만 서비스와 관련된 정보를 보내겠다는 강한 의지를 보이는 표현이기 때문에 서비스 미사용자에게는 알림 방법에 따라 불쾌감을 주어 오히려 역효과를 낼 수도 있으므로 주의해서 설계해야 합니다.

이때는 먼저 알림을 보내는 빈도를 적절하게 설계해야 합니다. 극단적인 예시로 아이템을 추천하는 푸시 알림을 매 시간 보내면 사용자는 귀찮아서 오히려 서비스를 사용하지 않게 됩니다. 서비스 복귀를 요청하는 같은 내용의 알림을 매일 보내는 것도 악영향을 미칠 것입니다. 또한 알림을 보내는 시점도 고려해야 합니다. 한밤중이나 이른 아침 등 대부분의 사용자가 잠자는 시간에 알림을 보내는 것은 사용자 만족도를 악화시키므로 피하는 것이 좋습니다. 사용자가 알림을 열어보고 싶어할 시점을 고려해 적절한 시간대에 보내는 것이 중요합니다. 그 시점은 서비스에 따라 다르며 이른 아침일 수도, 늦은 밤일 수도 있습니다. 또는 출퇴근 시간대일 수도 있습니다. 반대로 푸시 알림을 받고 흥미가 있는 내용이라도 그 순간은 열지 않는 경우도 있습니다. 그때는 나중에 서비스 안에서 알림 내용에 다시 접근할 수 있도록 하는 기능을 준비하는 것도 생각할 수 있습니다.

푸시 알림의 경우 표시할 수 있는 공간이 좁으므로 아이템 추천이라면 기본적으로 1건만 표시하는 경우가 많습니다. 그런 귀중한 공간에 대해 사용자가 기대하는 바는 비교적 크므로 사용자의 선호도를 크게 벗어난 것을 추천하면 사용자 만족도를 손상시킬 우려가 있습니다. 반대로 사용자가 깜짝 놀랄 만한 아이템을 추천하면 서비스 내에서 다른 적합한 아이템을 추천했을 때 보다 서비스에 애착을 갖게 할 수도 있습니다. 또한 푸시 알림으로 송신한 아이템을 직접 구입 하도록 하는 것보다 구입은 하지 않지만 유니크한 아이템을 추천함으로써 서비스에 대한 흥미 를 높여 서비스로 복귀하도록 하는 전략도 생각할 수 있습니다. 송신할 아이템 선정 이외에 주 의할 점으로는 사용자에게 전달하고자 하는 내용(제목/섬네일/본문)이 확실하게 전달되도록 형태에도 주의를 기울이는 것이 좋습니다.

3.3.4 교차 판매

어떤 상품의 구매를 검토하고 있는 사용자에게 다른 상품을 함께 또는 개별적으로 구입하도록 함으로써 단가를 높이는 방법을 교차 판매cross selling라 부릅니다. 교차 판매는 서비스 제공자 입 장에서 매출 향상을 도모할 수 있고 사용자 입장에서도 필요한 물건을 함께 구입할 수 있어 만 족도가 높은 방법입니다.

교차 판매를 구현하는 효과적인 수단으로 **연관 아이템 추천**product-associated recommendations을 들 수 있 습니다. 사용자가 현재 주목하고 있는 아이템과 연관된 아이템을 사용자에게 표시하는 것입니 다. 예를 들어 전자상거래 사이트에서 특정 상품 페이지를 열람하거나 '장바구니'에 이미 상품 을 담은 상황에서 그 상품들과 함께 자주 판매되는 상품이 표시되도록 하는 것입니다.

[그림 3-9]와 같이 '자주 함께 구매하는 상품(But it with)'으로 사용자가 주목하고 있는 아이 템과 함께 많이 구매되는 아이템을 추천함으로써 교차 판매를 향상시킬 수 있습니다. 예를 들 어 스마트폰을 구입하려고 장바구니에 넣은 사용자에게 스마트폰 케이스 등의 액세서리 같은 보조 상품을 표시하면 함께 구입할 가능성이 높아집니다.

그림 3-9 '자주 함께 구입하는 상품(Buy it with)' 기능(아마존)

이때 추천하는 연관 아이템이 왜 연관되어 있는지, 왜 함께 자주 구입되는지 사용자가 알 수 있도록 설명을 추가하거나 [그림 3-9]와 같이 함께 구매할 때의 합계 금액을 표시함으로써 사용자에게 구입했을 경우를 상상할 수 있도록 하는 것도 효과적입니다. 또한 '세 상품을 모두 장바구니에 추가Add all three to Cart' 같은 버튼을 제공함으로써 사용자가 아이템을 하나씩 장바구니에 넣는 수고를 덜어주는 것도 하나의 방법이라 할 수 있습니다.

또 다른 예로 사용자가 구입한 만화의 시리즈를 한꺼번에 구입하도록 하기 위해 [그림 3-10]과 같이 한꺼번에 구입하면 얻을 수 있는 이익(할인, 캐시백 등)을 적용시켜 강조하는 것도 효과적입니다.

그림 3-10 시리즈를 지금 구입하면 이익이 되도록 추천(아마존)

그리고 교차 판매라는 목적과는 다르지만 연관 아이템 추천이라는 관점에서 사용자가 주목하고 있는 아이템과 동등한 유사 아이템을 표시함으로써 상품 비교를 통해 구매하는 것을 도울 수도 있습니다. 예를 들어 [그림 3-11] 아마존의 예시와 같이 무선 이어폰을 구입하려는 사용자에게 '비슷한 상품과 비교(Compare with similar items)'한다는 목적으로 현재 열람 중인 상품과 제조사가 다른 비슷한 상품을 보여주면 사용자는 선택하기가 쉬워질 것입니다. 이때 사용자가 아이템을 쉽게 비교할 수 있도록 비교 기준과 해당 정보를 표시하는 것이 좋습니다. [그림 3-11]에서는 상품 가격, 색상, 무게 등이 보기 쉽게 표시되어 있습니다.

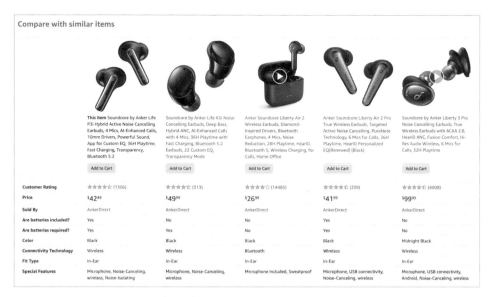

그림 3-11 유사 상품과 비교하는 기능(아마존)

3.3.5 장기적으로 사용자의 충성도 향상

단기적으로 상품을 판매해 매출을 향상시키는 것도 중요하지만 장기적으로 사용자의 **충성도**
loyalty를 높여 서비스를 계속 사용하도록 하는 것도 모든 서비스에서 중요합니다. 특히 사용자가
지속적으로 이용하는 것이 이익으로 이어지는 구독 모델subscription model 상품 등에서는 더욱 더
중요합니다.

개인화personalize는 서비스 내에서 수집한 사용자 정보나 행동 이력을 활용해 그 사람에게 맞는 아
이템을 추천하는 즉, 개인화된 추천 결과를 제공하는 형태를 나타냅니다. 예를 들면 '여러분에
게 추천합니다'라는 문구와 함께 아이템이 나열된 모습을 본 적이 있을 것입니다. 추천 결과가
각 사용자에게 개인화되어 있어 제공할 만한 가치가 있는 형태라고 할 수 있습니다.

개인화에서는 사용자가 서비스를 이용할수록 추천에 활용할 수 있는 정보가 축적되어 각 사용
자들에게 보다 적절하게 추천할 수 있게 됩니다. 이에 따라 사용자 만족도가 높아지고 다른 서
비스와의 차별화로 이어져 장기적으로 사용자의 충성도를 향상시킬 수 있습니다.

개인화의 경우 추천 결과가 각 사용자에게 맞춰 있으므로 그것을 사용자에게 명시적으로 표시
하는 것이 좋은 효과를 나타냅니다. 예를 들어 '당신에게 추천하는 콘텐츠입니다'와 같은 설명

을 추가하면 사용자는 자신에게 맞춰 개인화되어 있다는 것을 쉽게 알 수 있습니다. 또 [그림 3-12]와 같이 아마존에서는 '당신을 위한 추천(Top picks for you)'이라고 표기함으로써 개인화된 추천임을 강조합니다.

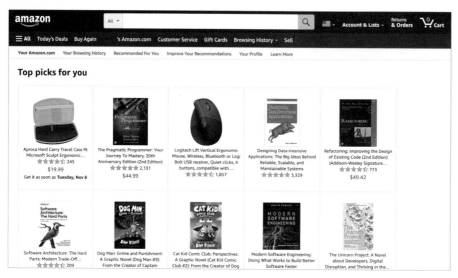

그림 3-12 당신을 위한 추천(Tops picks for you) 표시(아마존)

한편 개인화되어 있다는 점을 사용자에게 전달했음에도 불구하고 적합한 아이템을 표시하지 못한다면 사용자는 크게 실망하여 서비스에서 이탈할 수도 있습니다. 그러므로 함부로 개인화하지 말고 사용자 정보가 축적되어 일정 수준 이상의 정확도가 보장된 상태일 때 개인화해야 합니다.

물론 충분히 준비한 '당신을 위한 추천'으로 추천한다고 해도 사용자가 관심 없는 아이템을 추천할 수 있습니다. 그럴 때는 [그림 3-13]의 구글 뉴스와 같이 추천된 아이템 내에서 사용자가 관심을 갖지 않는 것에 대해 명시적으로 피드백할 수 있는 구조를 제공하는 방법도 생각해볼 수 있습니다.

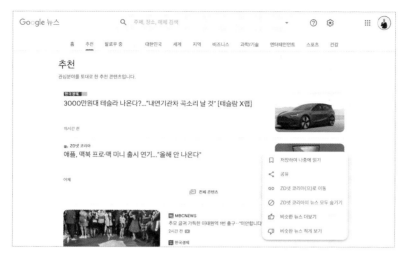

그림 3-13 추천된 뉴스의 기호를 피드백하는 기능(구글 뉴스)

또한 [그림 3-14]의 아마존과 같이 설령 구입한 아이템이라고 해도 시스템에 선호 정보로 사용하지 않도록 전달하는 기능이 존재합니다(①). 이런 명시적인 피드백 기능을 제공함으로써 평소에는 얻기 힘든 부정적인 피드백을 수집할 수 있고 추천 정확도를 높일 수 있습니다. 한편 이런 기능을 제공해도 대부분의 사용자는 일부러 피드백을 남기지 않는 경우가 있다는 점을 고려하여 설계해야 합니다.

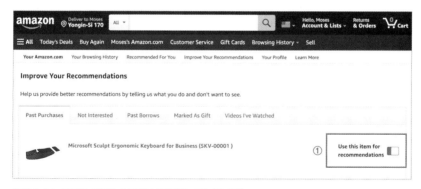

그림 3-14 구입한 상품을 추천에서 제외하는 기능(아마존)

최근에는 [그림 3-15]의 틱톡TikTok과 같이 일반 사용자에게 추천 시스템에 대해 설명함으로써 추천 시스템이 자신에게 딱 맞는 콘텐츠를 추천하도록 사용자가 스스로 의식하게 하는 서비스도 나왔습니다. 이를 통해서 보다 나은 품질의 사용자 피드백을 더 많이 수집할 수 있습니다.

하지만 사용자에게 이렇게까지 명시적으로 추천 시스템을 인식시킴에도 불구하고 실제 추천받은 경험이 좋지 않으면 만족도 악화로 이어집니다. 그렇기 때문에 반드시 확고한 추천 기술을 갖고 있어야 합니다.

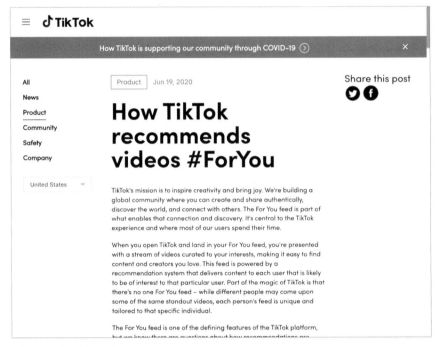

그림 3-15 추천을 안내하는 틱톡의 설명글
(출처: https://newsroom.tiktok.com/en-us/how-tiktok-recommends-videos-for-you)

반대로 과도한 개인화는 사용자 만족도를 손상시킬 수 있어 주의해야 합니다. 사용자가 스스로 인식한 것 이상으로 서비스에 정보를 빼앗기고 있다는 생각에 공포를 느끼고 불신감을 갖거나, 추천 기술을 쉽게 이해할 수 없고 기분 나쁜 것이라고 생각해 불쾌함을 느낄 수 있기 때문입니다. 그 대책으로 어떤 정보를 얻어 어떻게 사용하는지 개인 정보 정책 등에서 명확하게 표시하고 사용자에게 동의를 얻거나 아예 개인화하지 않도록 설정하는 기능을 제공할 수도 있습니다.

3.4 연관 주제

지금까지 시스템 사용자와 제공자가 각각 달성하려는 목적에 따라 추천 시스템이 어떤 UI/UX를 제공해야 하는지에 관해 구체적인 사례와 함께 소개했습니다. 이번 절에서는 추천 시스템의 UI/UX와 깊이 연관된 주제들을 몇 가지 소개합니다.

3.4.1 아이템의 유사도

사용자의 과거 행동 이력 등을 통해 적합한 아이템을 추천하는 경우, 예를 들어 전자상거래 사이트라면 사용자가 과거에 구입한 아이템과 비슷한 아이템을 추천하게 될 것입니다. 그때 그저 유사도가 높은 아이템을 추천하는 것이 아니라 아이템 사이의 관계성을 고려해 추천할 아이템을 정하는 것이 좋을 수 있습니다.

예를 들어 어떤 사용자가 전자상거래 사이트 안에서 프린터를 구입했다고 가정한 후 그 사용자가 사이트에 다시 방문했을 때의 추천에 대해 생각해봅시다. 이때 종류가 같고 색상이 다른 프린터는 사용자가 구입한 아이템과 유사도가 매우 높지만 그 사용자에게 추천해서는 안 될 것입니다. 프린터를 구입하고 바로 다시 프린터를 구입하는 사람은 거의 없기 때문입니다. 이 경우 잉크나 토너 등 프린터 부속품과 같은 보완 아이템을 추천하면 구입 확률을 높일 수 있습니다. 한편 검은색 펜을 구입한 사용자에게 같은 제조사의 빨간색 펜을 추천하면 검은색 펜이 마음에 든 경우 빨간색 펜도 구매할 수 있습니다. 이렇게 아이템에 따라서는 대체품을 추천해도 구입으로 연결될 수 있습니다. 과거에 사용자가 마음에 들어 한 아이템을 보완하는 아이템을 추천할 것인가, 대체하는 아이템을 추천할 것인가는 아이템의 속성에 따라 다르다는 것을 이해하고 추천할 아이템을 결정해야 합니다.

유사도의 정의는 여러 가지로 생각할 수 있습니다. 예를 들어 영화를 추천하는 서비스의 경우 영화 장르가 비슷한 것을 유사하다고 생각할 수 있습니다. 또는 감독이 비슷하면 유사하다고 생각할 수 있습니다. 개봉 연도가 가깝거나 같은 배우가 출연한 것도 비슷하다고 생각할 수 있습니다. 이런 아이템 사이의 '유사도'는 사용하는 기준에 따라 크게 달라집니다. 어떤 '유사도'를 활용해 사용자가 좋아하는 아이템과 유사한 아이템을 추천할지는 사용자의 필요에 따라 설계되어야 합니다.

3.4.2 신선함, 흥미로움, 다양성

사용자에게 추천하는 아이템은 사용자가 관심을 보이는 것이면서도 사용자가 아직 알지 못하는 것이어야 한다는 신규성이 요구됩니다. 이런 **신선함**novelty은 중요한 관점 중 하나입니다.

예를 들어 한 사용자가 어느 작가의 팬이고 이 사용자에게 해당 작가의 최신작을 발매일에 추천한다고 가정해봅시다. 이때 사용자는 이 아이템에 '관심'을 갖고 있고 그 시점에는 사용자가 아직 해당 아이템을 모르는 상태이므로 '신규성'이 있습니다. 따라서 '관심'과 '신규성' 모두 만족하므로 이 추천은 신선하다고 생각할 수 있습니다.

여기서 한 가지 확인해야 할 점은 아무리 '신규성'이 높다고 해도 사용자가 '관심'을 갖지 않은 아이템을 추천하는 것은 시스템으로서 아무 의미가 없다는 것입니다. '관심'과 '신규성'이라는 2가지 요소를 만족해야만 비로소 신선함이 있는 바람직한 추천이 된다는 데 주의해야 합니다.

또한 **흥미로움**serendipity도 중요한 요소입니다. 흥미로움은 앞에 나온 신선함에 예상치 못한 '의외성'이라는 요소가 더해진 개념입니다.

예를 들어 사용자가 좋아하는 작가와 매우 유사한 분위기의 신인 작가 작품을 추천한다고 생각해봅시다. 사용자는 좋아하는 작가와 작품 분위기가 비슷하기 때문에 이 아이템에 '관심'을 가질 가능성이 높으며 '신규성'도 있습니다. 게다가 사용자는 이 신인 작가의 작품 분위기가 자신이 좋아하는 작가와 비슷하다는 것을 모르기 때문에 이 신인 작가의 아이템이 추천되는 것을 예측할 수 없어 '의외성'이 더해집니다. 즉 '관심'과 '신규성' 모두를 만족함과 동시에 '의외성'을 더한 이 추천에는 '흥미로움'이 있다고 할 수 있습니다.

하지만 이 흥미로움에 필요한 '의외성'이라는 사용자의 감정적인 요소를 정량적으로 측정하는 것은 어려우므로 **다양성**diversity이라는 관점에서 정량적으로 측정합니다. '다양성'이란 추천된 여러 아이템이 서로 비슷하지 않은 것을 의미합니다. 아이템 사이의 유사도를 어떤 방법으로 측정할 수 있게 한 후 추천된 아이템 사이의 유사도를 측정해 집약함으로써 다양성을 정량적으로 평가할 수 있습니다.

서비스를 막 사용하기 시작한 사용자에게는 해당 사용자에게 적합한 아이템을 추천함으로써 서비스에 대한 신뢰나 애착을 높이고, 어느 정도 서비스를 계속 사용하는 사용자에게는 서비스에 대한 목마름을 해소시키기 위해 흥미로움을 느낄 수 있는 아이템을 추천함으로써 보다 충성도를 높이는 전략을 취할 수 있습니다.

3.4.3 추천 아이템 선별

추천 아이템을 제시할 때 예를 들어 예측 평갓값이 아무리 높아도 사용자에게 제시해서는 안되는 아이템이 존재할 수 있습니다. 그런 아이템을 사용자에게 추천하면 심각한 만족도 저하로 이어질 우려가 있으므로 어떤 수단을 통해 사전에 선별해서 제거해야 합니다.

전자상거래 사이트에서 사용자가 한 번 구입한 아이템은 다시 추천하지 않는 경우가 많습니다. 한 번 구입한 책을 다시 구입하는 경우는 흔치 않기 때문입니다. 한편 생수 등은 정기적으로 같은 아이템을 구입할 가능성이 매우 높습니다. 이렇게 재구입을 할지 말지는 아이템에 따라 다르게 고려해야 합니다. 아이템마다 한 번 구입된 적 있는 아이템을 다시 추천 목록에 표시할지 판단하는 데는 비용이 소요되므로 '다시 구입'과 같은 기능을 별도로 추가함으로써 재구입은 해당 기능에 맡기는 전략을 택할 수도 있습니다. 다른 예시로 재고가 없어 판매할 수 없는 아이템이나 위법한 아이템 등의 경우 사용자에게 표시하기 전에 제거해두지 않으면 사용자 경험을 저해할 수도 있습니다.

여러 차례 이야기했지만 구입으로 연결되지 않는 아이템을 추천 목록에 계속 넣는 것 또한 사용자의 만족도를 손상시킵니다. 그런 아이템에 대해서는 적절하게 부정적인 피드백이 생겨 예측 평갓값이 낮아지는 알고리즘을 도입하거나 일정 횟수만큼 표시된 아이템은 사용자에게 표시되지 않도록 하는 기능을 추가하는 것도 효과적입니다. 아이템에 따라서는 구입을 결정하기까지 시간이 걸려 여러 차례 표시할 필요가 있는 아이템도 있으므로 이러한 아이템의 특성을 고려해 설계해야 할 수도 있습니다.

예를 들어 집이나 자동차 등과 같이 비교적 비용이 많이 드는 물건을 한 번 추천받은 후 좋다고 생각해도 즉시 구입하는 경우는 흔치 않습니다. 구인 정보 역시 처음 보고 즉시 지원하기보다는 다른 후보 아이템을 몇 가지 보며 반복해서 비교 검토한 후 지원하는 경우를 생각할 수 있습니다.

그리고 처음에는 별로 마음에 들지 않았지만 몇 번 표시된 것을 보다가 마음에 들게 되는 경우도 있습니다. 단, 같은 아이템을 얼마나 여러 차례 표시할지 결정하는 것은 어려우므로 '열람 이력'처럼 같은 아이템을 열람하기 위한 경로를 별도로 제공하는 등의 대책도 생각할 수 있습니다.

3.4.4 추천 이유 제시

[그림 3-16]에 나타난 아마존의 예시처럼 '이 상품을 구입한 사람은 이런 상품도 구입했습니다' 같은 문장을 본 사람이 많을 것입니다(최근에는 '이 상품을 본 사람은 이런 상품도 봤습니다'로 문구가 바뀌었습니다). 아마존 상품 페이지의 추천에서는 '사용자가 그 상품을 봤기 때문에'라는 이유와 함께 다른 아이템을 추천합니다. 이렇게 추천 시스템에서 아이템의 '**추천 이유** explanation of recommendations'를 제시하면 추천 효과, 추천의 투명성, 사용자 만족도를 향상시킬 수 있다고 알려져 있습니다. 여기서 추천의 투명성이란 사용자가 입력한 평가 또는 기타 정보와 출력된 추천 아이템 사이의 인과 관계를 명확하게 알 수 있는 상태를 말합니다. 추천의 투명성이 높으면 추천 자체의 효과를 높일 수 있을 뿐 아니라 시스템에 대한 신뢰성을 높이는 효과도 있는 것으로 알려져 있습니다.[4]

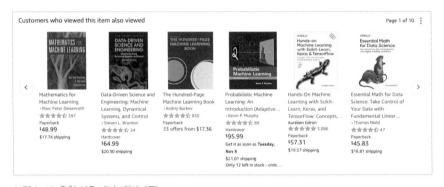

그림 3-16 추천 이유 제시 예(아마존)

[그림 3-17]은 넷플릭스의 홈 화면에서 추천 이유를 제시한 예입니다. 이 예시에서는 평단의 찬사를 받은 드라마를 추천 이유로 제시하고 있습니다. 평단이 좋게 평가한 드라마를 시청한 경험이 있는 사용자는 이 추천이 설득력 있게 느껴질 것입니다.

그림 3-17 추천 이유 제시 예(넷플릭스)

---

4 R. Sinha and K. Swearingen, "The role of transparency in recommender systems," In Proc. of the SIGCHI Conf. on Human Factors in Computing Systems, pp. 830–831 (2002).

[그림 3-18]에 나타난 스포티파이의 예시에서는 '수면'이라는 카테고리를 제시하면서 잘 때 들으면 좋은 음악을 추천합니다. [그림 3-18]은 실제로 필자가 잠들기 전에 스포티파이를 들었을 때 추천된 것입니다. 이처럼 사용자의 상황(콘텍스트)에 맞춰 추천 이유와 함께 아이템을 제시하면 사용자가 납득할 수 있어 추천 효과를 높일 수 있습니다. 이 외에도 사용자가 아이템을 얼마나 좋아할지에 관한 예측을 3단계 평가 등 정량적으로 표시하거나 해당 예측에 대해 시스템이 얼마나 확신하는지 제시하는 것 역시 추천 이유를 제시하는 방법에 해당합니다.

그림 3-18 추천 이유 제시 예(스포티파이)

예를 들어 사용자가 아무 이유 없이 아이템을 추천받으면 서비스 제공자가 이익을 얻기 위해 불필요하게 고가의 상품을 추천하는 것은 아닌지 의심할 수 있습니다. 이때 추천된 아이템이 원래 사용자에게 적합한 아이템이라고 해도 구입하지 않습니다. 그러므로 지금까지 설명한 것처럼 추천하는 이유를 아이템과 함께 제시함으로써 사용자가 자신에게 적합한 것임을 납득한 상태로 구매하는 것이 효과적입니다.

또한 사용자가 납득할 수 있는 추천 이유를 제시하는 것은 다른 서비스와의 차별화로 이어져 사용자 만족도를 높일 수 있습니다. 이는 개인화 절에서 다루었던 것처럼 개인화에 대한 달갑지 않은 기분을 완화시키는 효과도 있습니다. 한편 명시적으로 추천 이유를 제시했음에도 불구하고 사용자가 선호하는 아이템을 추천할 수 없다면 사용자 시스템에 대한 신뢰나 만족도가 사라질 위험이 있으므로 주의해야 합니다.[5]

5 K. Swearingen and R. Sinha, "Beyond algorithms: An hci perspective on recommender systems," In SIGIR Workshop on Recommender Systems (2001).

3.5 정리

이번 장에서는 실제 서비스 예시를 들며 다양한 관점에서 추천 시스템의 UI/UX에 관해 소개했습니다. 사용자에게 활용하기 쉬우면서도 가치를 전달하기 용이한 UI/UX는 대상이 되는 사용자의 나이나 성별 또는 애플리케이션을 다루는 능력과 같은 요소에 따라 달라지며 시대와 함께 변화합니다. 사용자나 시스템이 달성하고자 하는 목적은 서비스에 따라 다양하며 그에 맞는 UI/UX도 천차만별입니다. 서비스의 도메인에 따라서도 요구되는 UI/UX가 다를 것입니다. 이렇게 추천 시스템에 적합한 UI/UX는 서비스에 따라 다르며 가장 적절한 것이 무엇인지 숙고할 필요가 있습니다. 이러한 사고력을 기르기 위해서는 평소에 다양한 서비스를 보면서 개발자가 어떤 생각으로 이런 UI/UX를 제공했는지 신중하게 파악해보고, 디자인이나 제품 관리 같은 영역 또는 행동 경제학 등의 분야에 대해 공부하는 것이 좋습니다.

추천 시스템 UI/UX는 정답이 없고 실제로 사용자에게 제공해보지 않으면 알 수 없는 경우도 많기 때문에 개선이 매우 어렵습니다. 한편 다른 서비스와 차별화하기 쉬운 부분이기도 하며 사용자에게 가치 있는 것을 잘 전달했을 때 개발자로서 느끼는 기쁨 또한 매우 큽니다. 처음에 설명한 것처럼 애초에 적절한 UI/UX를 제공하지 못하면 아무리 고도의 추천 알고리즘을 개발해도 사용자에게 가치를 전달할 수 없습니다. 그리고 이를 고려하면 할수록 서비스에 대한 애착도 늘어 이후의 개발이 한층 즐거워질 것입니다. 이번 장의 내용이 추천 시스템의 UI/UX를 개선하는 데 조금이나마 도움이 되었기를 바랍니다.

## CHAPTER 4

추천 알고리즘 개요

4장에서는 추천 시스템의 정의인 '여러 후보 가운데 가치 있는 것을 선정해서 의사 결정을 지원하는 시스템'의 앞 부분, 즉 '여러 후보 가운데 가치 있는 것을 선정'하는 것을 구현하는 추천 시스템 알고리즘에 대해 설명합니다. 서비스 내 대량 아이템 중에서 사용자에게 추천할 아이템을 선택하기 위해 시스템에 축적된 사용자의 선호 정보나 아이템의 콘텐츠 정보 등 다양한 데이터에 기반해 사용자가 어떤 아이템을 좋아하는지 계산하는 알고리즘에 관해 알아보겠습니다. 이것은 1장에서 설명한 추천 시스템의 3가지 구성 요소 중 '**프로세스(추천 설계)**'에 해당합니다.

추천 시스템 알고리즘은 머신러닝을 사용하는 고도의 방법은 물론 경험이 풍부한 사람이 만든 규칙에 기반한 방법까지 매우 다양합니다. 이들은 각각 다른 특징을 갖고 있으므로 특정한 방법을 사용하는 것이 항상 좋다고는 말할 수 없습니다. 실제로 추천 시스템 개발 시 적절한 알고리즘을 채택하기 위해서는 각 알고리즘의 특징을 파악하고 상황에 맞는 것을 검토해야 합니다.

이번 장에서는 전형적인 추천 시스템 알고리즘에 어떤 종류가 있는가, 각 알고리즘이 어떻게 사용자가 좋아하는 아이템을 추출하는가, 어떤 특징이 있는가, 어떤 경우에 사용되는가를 직관적으로 이해하는 것이 첫 번째 목적입니다. 각 알고리즘의 구체적인 구현 등에 관해서는 5장에서 설명하겠습니다.

4.1 추천 알고리즘 분류

추천 시스템 알고리즘은 [그림 4-1]과 같이 분류하여 설명되곤 합니다. 먼저 **내용 기반 필터링**_{content-based filtering}과 **협조 필터링**_{collaborative filtering} 2가지로 나눌 수 있습니다.

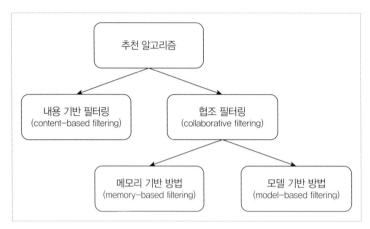

그림 4-1 추천 알고리즘 분류

내용 기반 필터링은 책의 제목이나 저자, 장르 등과 같이 아이템의 내용을 나타내는 정보를 사용합니다. 사용자가 선호하는 정보를 기반으로 내용이 비슷한 아이템을 계산함으로써 추천을 수행하는 알고리즘입니다. 예를 들어 '사용자 1은 미스터리라는 장르를 좋아한다'는 정보와 '책 A의 장르는 미스터리다'라는 정보를 기반으로 사용자 1에게 책 A를 추천합니다. 이렇게 사용자가 선호하는 내용에 가까운 아이템을 찾아(계산해서) 추천하는 것이 이 알고리즘입니다. 추천 대상 아이템의 내용을 고려해 추천을 수행하므로 '내용 기반' 필터링이라 부릅니다.

다음으로 협조 필터링은 자신과 선호도가 비슷한 지인이 재미있게 읽은 책을 알려주며 '입소문'을 내는 과정처럼 서비스 내에 있는 다른 사용자의 과거 행동 등을 통해 얻어진 기호 경향을 활용하여 추천하는 알고리즘입니다. 예를 들어 서비스 내의 과거 구매 이력을 통해 사용자 1과 사용자 2가 같은 책을 좋아한다는 것을 알았다면 사용자 2가 이미 구입했지만 사용자 1은 구입하지 않은 책을 사용자 1에게 추천하는 형태입니다. 추천받은 사용자뿐 아니라 서비스 내 다른 사용자와의 협조적인 작업을 통해 추천할 아이템을 결정하므로 '협조' 필터링이라 부릅니다.

그리고 협조 필터링은 예측을 실행하는 방법 관점에서 **메모리 기반 방법**memory–based method과 **모델 기반 방법**model–based method으로 나뉩니다.[1] 메모리 기반 방법은 추천 시스템이 사용될 때까지 시스템에 사용자의 데이터를 축적하기만 하고 예측을 위한 계산은 수행하지 않습니다. 그리고 예측을 수행하는 시점에 축적된 데이터 중 필요한 데이터를 모두 사용해 예측 계산을 수행합니다. 예측 시점에 사용하는 데이터를 메모리에 전부 저장해 계산을 수행하므로 '메모리' 기반 방법이라 부릅니다. 한편 모델 기반 방법에서는 추천 시스템을 사용하기 전에 미리 시스템 내 축적된 데이터의 규칙성을 학습한 모델을 만들어두고 예측 시 미리 만들어진 모델과 추천을 제공하는 대상 사용자의 데이터만 사용해 계산을 수행합니다. 사전에 모델을 만들기 때문에 '모델' 기반 방법이라 부릅니다.

이후 각 알고리즘에 관해 자세히 살펴보겠습니다.

4.2 내용 기반 필터링

이번 절에서는 추천 알고리즘을 크게 2가지로 분류했을 때 그중 하나인 내용 기반 필터링에 관해 설명합니다.

4.2.1 개요

우선 간단한 예시로 내용 기반 필터링 알고리즘을 간략하게 살펴봅시다. 내용 기반 필터링은 사용자가 어떤 내용의 아이템을 좋아하는지 나타내는 사용자 프로필user profile과 아이템의 다양한 성질을 나타내는 특징을 추출한 아이템 특징item feature과의 일치도 즉, 유사도를 계산함으로써 좋아할 만한 아이템을 사용자에게 추천하는 알고리즘입니다.

---

1 J.S. Breese, D. Heckerman, and C. Kadie, "Empirical analysis of predictive algorithms for collaborative filtering," In Uncertainty in Artificial Intelligence 14, pp. 43–52 (1998).

사용자 프로필은 예를 들어 [그림 4-2]와 같이 사용자들이 좋아하는 아이템의 특징을 나열한 리스트 같은 형태로 나타낼 수 있습니다. 사용자 1의 사용자 프로필을 살펴보면 사용자 1이 좋아하는 작가는 '스즈키 이치로', 좋아하는 장르는 '미스터리', 좋아하는 출판사는 'A사'라는 것을 알 수 있습니다.

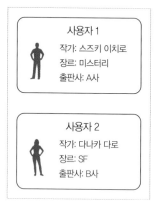

그림 4-2 사용자 프로필 예시

아이템 특징은 예를 들어 [그림 4-3]처럼 아이템 속성 정보 등의 특징을 나열한 리스트 같은 형태로 나타낼 수 있습니다. 아이템 A의 특징을 살펴보면 아이템 A의 작가는 '스즈키 이치로', 장르는 '미스터리', 출판사는 'B사'라는 것을 알 수 있습니다.

그림 4-3 아이템 특징 예시

내용 기반 필터링으로 사용자 1에게 아이템을 추천한다고 생각해봅시다. 사용자 1의 사용자 프로필에 주목하여 유사도가 높은(비슷한) 아이템 특징을 가진 아이템을 찾습니다. 그러면 아이템 A의 아이템 특징은 작가와 장르 2개의 요소가 사용자 1의 사용자 프로필 내용과 일치합니다. 한편 아이템 B에서는 작가 요소 1개만 일치합니다(그림 4-4).

그림 4-4 사용자 1의 사용자 프로필과 비슷한 아이템 특징 찾기

이때 아이템 A와 아이템 B 중 아이템 A의 특징이 사용자 1의 프로필과 더 많이 일치하므로 유사도가 높다고 생각할 수 있습니다. 따라서 아이템 A를 사용자 1에게 추천합니다(그림 4-5).

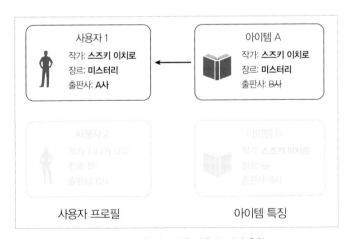

그림 4-5 더 비슷한 아이템 특징을 가진 것을 사용자 1에게 추천

4.2.2 아이템 특징 획득

내용 기반 필터링에서 사용할 아이템의 특징을 획득하는 방법은 [그림 4-6]과 같이 아이템의 성질에 따라 다양합니다. 예를 들어 책과 같은 상품이라면 제목이나 장르, 문자 수, 작가, 출판일 등 다양한 속성 정보를 얻을 수 있습니다. 그리고 아이템이 음악 등 음성 데이터라면 작곡자나 작곡 연도 등의 아이템 속성 정보를 얻을 수 있으며 설령 아이템이 속성 정보를 갖지 않은 경우라도 음성 분석을 통해 음의 높이나 음색, 음량 등의 정보를 파악하여 아이템 특징으로 사용할 수 있습니다. 이미지 데이터인 경우 사진이라면 찍힌 물체나 촬영된 장소, 시간 등의 속성 정보와 함께 이미지 분석 등의 기술을 사용해 색채 정보나 피사체 형태 특징 등의 정보를 추가로 얻을 수도 있습니다.

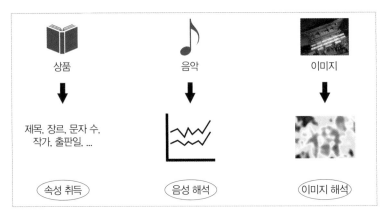

그림 4-6 아이템 특징 획득

4.2.3 사용자 프로필 획득

아이템 내용에 대한 사용자의 선호도를 나타내는 사용자 프로필 획득 방법은 크게 2가지입니다.

첫 번째는 사용자의 과거 행동 이력에 기반해 사용자 프로필을 작성하는 **간접 지정형**입니다. 예를 들어 사용자의 구입 이력 중 가장 많이 나타난 아이템의 특징을 해당 사용자가 선호하는 것으로 하여 사용자 프로필을 만들 수 있습니다. [그림 4-7]에서 사용자는 과거에 4개의 아이템을 구입했습니다. 그중에서 작가가 '다나카 다로'인 것이 3개로 가장 많고 장르는 'SF'인 것이 3개로 가장 많으며 출판사는 'B사'인 것이 마찬가지로 3개로 가장 많으므로 '작가: 다나카 다로, 장르: SF, 출판사: B사'라는 사용자 프로필을 만들 수 있습니다.

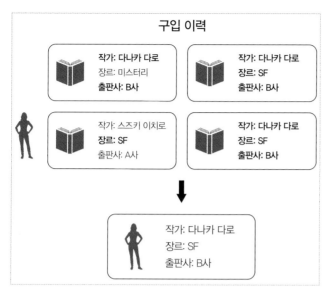

그림 4-7 사용자 프로필 획득(간접 지정형)

두 번째는 사용자에게 자신이 선호하는 아이템의 특징을 명시적으로 지정하도록 하는 **직접 지정형**입니다. [그림 4-8]을 보면 사용자가 선호하는 작가는 '스즈키 이치로', 선호하는 장르는 '미스터리', 선호하는 출판사는 'A사'라고 직접 지정하고 있으며 그 내용을 그대로 사용자 프로필로 만듭니다. 이렇게 명시적인 선호도 지정은 서비스 가입 직후 온보딩이나 마이 페이지my page 등에서 수행할 때가 많습니다.

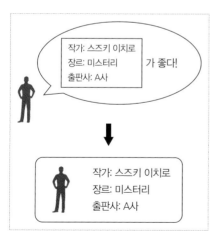

그림 4-8 사용자 프로필 획득(직접 지정형)

4.3 협조 필터링

이번 절에서는 추천 알고리즘을 크게 2가지로 분류한 것 중 다른 하나인 협조 필터링에 관해 설명합니다. 협조 필터링은 메모리 기반 방법과 모델 기반 방법의 2가지로 나뉩니다. 메모리 기반 방법은 추천받을 사용자와 선호도가 비슷한 사용자에 착안하여 추천을 수행하는 **사용자– 사용자 메모리 기반 방법**user–user memory–based method과, 추천받을 사용자가 선호하는 아이템과 비슷한 아이템에 착안하여 추천하는 **아이템–아이템 메모리 기반 방법**item–item memory–based method으로 나눌 수 있습니다.

이번 절에서는 메모리 기반 방법 중 사용자–사용자 메모리 기반 방법 협조 필터링에 초점을 맞춰 알고리즘의 개요를 설명하겠습니다. 그리고 모델 기반 협조 필터링은 어떤 알고리즘이 있는지도 간략하게 살펴보겠습니다.

4.3.1 메모리 기반 방법 알고리즘 개요

간단한 예를 통해 사용자–사용자 메모리 기반 방법의 협조 필터링 알고리즘 개요에 관해 이해해봅시다. [그림 4–9]의 오른쪽에 있는 사용자 1이 추천받을 사용자라고 가정합니다. 가운데에 있는 아이템 A와 아이템 B 중 하나를 사용자 1에게 추천하는 것이 과제입니다.

그림 4-9 사용자–사용자 메모리 기반 방법을 사용해 사용자 1에게 아이템 추천

먼저 서비스 내의 다른 사용자 중 추천받을 사용자인 사용자 1과 아이템 선호도가 비슷한 사용자를 찾습니다. 이번에는 서비스 내의 다른 사용자 6명 중 4명을 사용자 1과 선호도가 비슷한 사용자로 찾았습니다(그림 4–10).

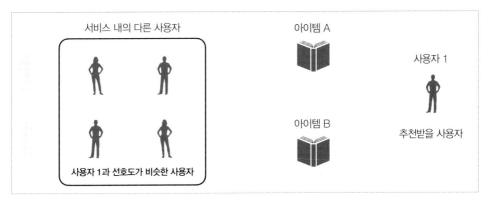

그림 4-10 사용자 1과 선호도가 비슷한 사용자를 찾음

다음으로 사용자 1과 선호도가 비슷한 사용자들이 선호하는 아이템을 사용자 1에게 추천할 후보 아이템 중에서 선택합니다. 사용자 1과 선호도가 비슷한 사용자들은 아이템 B보다 아이템 A를 선호한다고 가정합니다(그림 4-11).

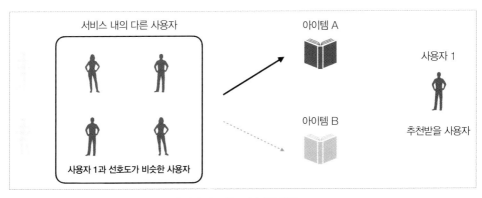

그림 4-11 사용자 1과 선호도가 비슷한 사용자가 선호하는 아이템을 찾음

마지막으로 사용자 1과 선호도가 비슷한 사용자가 선호하는 아이템을 사용자 1에게 추천합니다(그림 4-12). 이상이 기본적인 사용자-사용자 메모리 기반 방법의 알고리즘입니다.

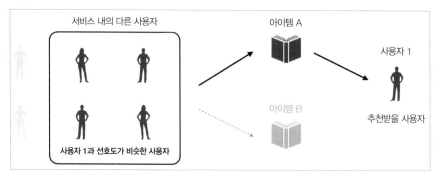

그림 4-12 사용자 1과 선호도가 비슷한 사용자들이 선호하는 아이템을 사용자 1에게 추천

추천받을 사용자와 선호도가 비슷한 사용자를 어떻게 찾아내는지에 관해 조금 더 설명하겠습니다. 이때는 사용자의 구매 이력에서 아이템 선호도를 추측해 선호도 경향이 비슷한 사용자를 찾아냅니다. 예를 들어 사용자가 과거에 구입한 아이템은 선호하고 구입하지 않은 아이템은 선호하지 않는다고 생각할 수 있습니다. 이렇게 아이템의 구체적인 속성 정보 등을 사용하지 않는 것이 협조 필터링의 큰 특징입니다.

[그림 4-13]의 예시를 기반으로 생각해봅시다. 추천받을 사용자인 사용자 1은 책과 티셔츠를 구입하고 안경은 구입하지 않았습니다. 이때 사용자 1은 책과 티셔츠는 선호하지만 안경은 선호하지 않는 것이 됩니다. 이 사용자 1과 비슷한 선호도를 가진 사용자를 서비스 내 다른 사용자(사용자 2, 3, 4, 5) 중에서 찾습니다.

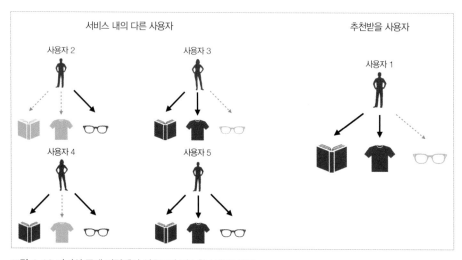

그림 4-13 과거의 구매 이력에서 선호도가 비슷한 사용자 찾기

먼저 사용자 2는 책과 티셔츠를 구입하지 않고 안경만 구입했습니다. 이는 사용자 1과 정반대의 구매 이력이며 선호도 경향이 전혀 비슷하지 않습니다. 한편 사용자 3은 3가지 아이템에 대한 구매 이력이 일치하므로 사용자 1과 완전히 같은 선호도 경향을 갖고 있다고 할 수 있습니다. 사용자 4는 책을 구입한 것은 일치하지만 다른 2가지 아이템에 대한 선호도는 반대 경향을 보입니다. 사용자 5는 책과 티셔츠 2가지 아이템에 대한 선호도 경향이 일치합니다.

여기서 2가지 이상 아이템 선호도 경향이 일치하는 사용자를 사용자 1과 선호도가 비슷한 사용자라고 생각합시다. 이때 사용자 3과 사용자 5를 사용자 1과 선호도가 비슷한 사용자로 찾게 됩니다(그림 4-14).

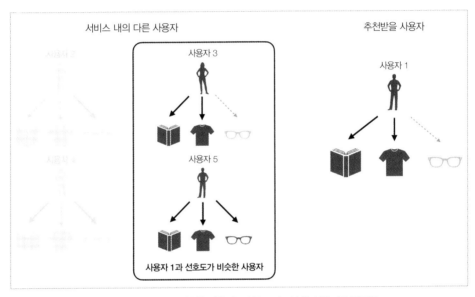

그림 4-14 과거의 구매 이력이 사용자 1과 비슷한 사용자를 선호도가 비슷한 사용자로 간주함

4.3.2 기호 데이터 획득과 평갓값 행렬

협조 필터링에서는 서비스 내 다른 사용자의 과거 행동 이력 등으로부터 선호도 경향을 추정하여 추천에 사용했습니다. 이렇게 사용자로부터 얻은 아이템에 대한 선호도 정보를 **기호 데이터** preference data라 부릅니다. 기호 데이터를 획득하는 방법은 크게 **명시적 피드백**explicit feedback과 **암묵적 피드백**implicit feedback으로 나눌 수 있습니다. 명시적 피드백은 사용자에게 5단계 평가로 아이템을 리뷰하도록 하거나 선호하는 아이템의 장르 등을 물어서 대답하도록 하는 등 사용자에게 아이

템의 좋고 싫음이나 관심 여부에 관해 질문하고 답변을 받아 기호 데이터를 획득하는 방법입니다. 한편 암묵적 피드백은 사용자가 아이템을 구입하거나 찜으로 등록하고 열람하는 등 서비스 내 사용자의 행동 이력으로부터 아이템에 대한 관심을 추정해 기호 데이터로 간주하는 방법입니다.

수집한 기호 데이터 등에 기반해 사용자가 해당 아이템의 선호도 정도를 정량적으로 나타낸 것을 **평갓값**rating이라고 합니다. 그리고 그 평갓값을 성분으로 하는 사용자×아이템의 행렬을 **평갓값 행렬**rating matrix이라고 합니다(표 4-1).

전형적인 추천 시스템 문제 설정에서는 평갓값 행렬이 주어진 상태에서 대상 사용자의 특정 아이템에 대한 미지의 평갓값을 예측해 계산합니다. [표 4-1]에서 평갓값은 1부터 5까지이며 숫자가 클수록 좋은 평가라고 가정합니다. 예를 들어 사용자 1의 아이템 C에 대한 평갓값은 4, 아이템 B에 대한 평갓값은 3입니다. 즉, 사용자 1은 아이템 B보다 아이템 C를 선호한다는 것을 알 수 있습니다. 평갓값을 예측하는 것은 사용자가 평가하지 않은 아이템이며 표에서는 '−' 기호로 표시되어 있습니다. 예를 들어 사용자 1의 아이템 E에 대한 평갓값은 없습니다.

표 4-1 평갓값 행렬 예시(평갓값은 1부터 5까지의 5단계 평가이며 값이 클수록 좋다는 의미임)

	아이템 A	아이템 B	아이템 C	아이템 D	아이템 E	아이템 F
사용자 1	−	3	4	4	−	−
사용자 2	−	2	−	−	−	3
사용자 3	3	−	−	5	−	−
사용자 4	−	−	−	4	−	−
사용자 5	2	−	1	2	−	−

서비스에서 예측 평갓값을 사용할 때는 사용자가 열람하는 아이템의 보조 정보로 예측 평갓값을 그대로 표시하는 경우가 있고 예측 평갓값에 기반해 정렬된 아이템 리스트를 표시하는 경우가 있습니다. 아이템 리스트를 표시할 때는 일반적으로 사용자가 이미 평가한 아이템(구매 완료 등의 아이템)을 리스트에 포함시키지 않습니다.

4.3.3 모델 기반 방법 알고리즘 개요

협조 필터링 중에서도 모델 기반 방법은 이미 알고 있는 데이터의 규칙성을 학습한 모델을 미리 만들어둠으로써 모르는 아이템의 평갓값을 예측하여 추천하는 방법이었습니다. 예측에 사용하는 모델에는 클러스터링을 사용한 모델이나 회귀 문제 및 분류 문제로 평갓값을 직접 예측하는 모델, **토픽 모델**Topic Model을 사용한 모델, **행렬 분해**Matrix Factorization를 사용한 모델 등 다양한 모델이 존재합니다.

평갓값을 회귀 문제나 분류 문제로 직접 예측하는 모델에서는 예를 들어 선형 회귀 등의 회귀 모델을 사용해 과거 사용자로부터 얻은 아이템의 평갓값 데이터를 훈련 데이터로 하여 모델을 학습함으로써 모르는 아이템에 대한 평갓값을 예측합니다.

토픽 모델을 사용하면 **LDA**Latent Dirichlet Allocation 등의 방법을 적용해 평갓값 행렬을 차원 압축함으로써 'SF가 좋다' 등과 같은 잠재적인 의미를 표현하는 정보를 취득해 추천에 사용합니다.

행렬 분해에서는 평갓값 행렬을 그 곱이 원래의 행렬을 최대한 재현하는 형태로 하여 사용자 행렬과 아이템 행렬로 분해합니다. 분해된 행렬에서 얻은 사용자 벡터와 아이템 벡터의 유사도 계산을 통해 임의의 아이템에 대한 예측 평갓값을 계산합니다. 또 분해에서 얻은 사용자 벡터와 아이템 백터를 다른 알고리즘의 입력으로 사용하기도 합니다.

4.3.4 메모리 기반 방법과 모델 기반 방법의 협조 필터링 비교

지금까지 협조 필터링의 메모리 기반 방법과 모델 기반 방법에 관해 소개했습니다. 마지막으로 이 2가지 방법을 '추천에 걸리는 시간'과 '운용성'이라는 관점에서 간단히 비교해보겠습니다.

먼저 '추천에 걸리는 시간' 관점에서 비교하겠습니다. 메모리 기반 방법에서는 추천 시 매번 모든 데이터에서 비슷한 사용자나 아이템을 찾은 뒤 예측하므로 시간이 걸립니다. 한편 모델 기반 방법은 데이터의 규칙성을 바탕으로 모델을 미리 만들어두고 만들어진 모델만 사용하여 예측하므로 곧바로 추천을 수행할 수 있어 시간이 걸리지 않습니다.

다음에는 '운용성' 관점에서 비교해보겠습니다. 메모리 기반 방법은 사용자나 아이템 데이터가 변경돼도 추천할 때마다 모든 데이터를 사용하므로 항상 최신 데이터를 반영해 추천할 수 있습니다. 그러나 모델 기반 방법에서 사용자나 아이템 데이터가 변경되고 그 변경을 반영해 추천하려면 모델을 새로 만들어야 하므로 모델 업데이트 시점이나 재학습에 걸리는 계산 비용 등을 고려해야 하기 때문에 운용이 비교적 어렵다고 할 수 있습니다.

4.4 내용 기반 필터링과 협조 필터링 비교

이번 절에서는 내용 기반 필터링과 협조 필터링을 비교하면서 각 알고리즘의 특징에 관해 설명하겠습니다. 가미시마 도시히로神嶌敏弘의「推薦システムのアルゴリズム(추천 시스템 알고리즘)」[2]을 참고하여 Balabanovi´c[3], Burke[4]의 연구 등에 기반해 [표 4-2]와 같이 7가지 관점에서 비교해볼 것입니다. 추천 시스템 관련 연구가 진행되고 있는 현재는 각 알고리즘이 약한 부분에 관해서도 다양한 접근법이 제안되고 있지만 여기서는 표준적인 협조 필터링과 내용 기반 필터링의 성질에 관해 비교하겠습니다.

표 4-2 협조 필터링과 내용 기반 필터링 비교

	협조 필터링	내용 기반 필터링
다양성 향상	○	×
도메인 지식 취급 비용	○	×
콜드 스타트 문제에 대한 대응	×	△
사용자 수가 적은 서비스에서의 추천	×	○
커버리지 향상	×	○
아이템 특징 활용	×	○
예측 정확도	○	△

4.4.1 다양성 향상

3.4.2절에서 추천 결과에 포함된 아이템이 서로 비슷하지 않은 것을 다양성이라고 설명했습니다. 추천 결과의 다양성을 높이려는 경우 내용 기반 필터링보다 협조 필터링의 효과가 좋다고 말할 수 있습니다.

협조 필터링에서는 설령 추천받은 사용자 자신이 모르더라도 서비스 내의 다른 사용자가 알고 평가하면 그 정보를 기반으로 추천할 수 있습니다. 예를 들어 추천을 받는 사용자가 읽어본 적 없는 장르의 책이나 모르는 신인 작가의 책이라도 추천 대상이 될 수 있습니다.

2 https://www.kamishima.net/archive/recsysdoc.pdf

3 M. Balabanovi´cand Y. Shoham, "Fab: Content-based, collaborative recommendation," Communications of the ACM, Vol. 40, No. 3, pp. 66-72 (1997).

4 R. Burke, "Hybrid recommender systems: Survey and experiments," User Modeling and User-Adapted Interactions, Vol. 12, No. 4, pp. 331-370 (2002).

한편 내용 기반 필터링에서 추천받을 사용자의 사용자 프로필은 해당 사용자가 모르는 작가나 장르 정보를 반영할 수 없습니다. 미지의 아이템이므로 서비스 내 과거의 기호 정보에도 없으며 직접 기호를 지정하는 것도 불가능하기 때문입니다. 따라서 추천받을 사용자가 모르는 정보를 아이템 특징으로 가진 아이템과 사용자 프로필의 유사도는 높아지기 어려우며 추천 역시 어려워집니다.

그러므로 추천받을 사용자가 모르는 정보를 사용해 추천할 수 있다는 점 때문에 내용 기반 필터링보다 협조 필터링 쪽이 추천 결과의 다양성을 높이기 쉽다고 할 수 있습니다.

4.4.2 도메인 지식 취급 비용

협조 필터링과 내용 기반 필터링을 비용 측면에서 비교해보겠습니다. 서비스 운영자가 추천 시스템을 구축할 때 책의 장르나 출판사, 사용자 성별, 나이와 같은 서비스 내 아이템이나 사용자 고유의 지식 및 콘텍스트라는 도메인 지식을 적절하게 다루고 관리하는 데 드는 비용을 비교해보면 협조 필터링 쪽의 비용이 낮다고 할 수 있습니다.

협조 필터링은 추천받은 사용자와 과거의 기호 데이터에 기반해 비슷하다고 판단된 사용자가 선호하는 아이템 정보를 기반으로 추천하므로 아이템 자체에 관한 정보나 사용자 자체의 속성 정보 등은 기본적으로 필요하지 않습니다.

한편 내용 기반 필터링은 아이템 특징이나 사용자 프로필 작성 시 도메인 지식을 적절하게 사용해야 좋은 추천을 할 수 있습니다. 예를 들어 내용 기반 필터링에 관해 설명했던 4.2절에서는 아이템 특징이나 사용자 프로필 작성 시 작가나 출판사 같은 지식을 활용했습니다. 여기서 이런 지식 없이 장르 정보만 사용했다고 가정해봅시다. 이 경우 장르만 일치하면 해당 아이템을 추천하므로 사용자가 실제 관심을 가진 아이템을 선택하기 어려워집니다.

물론 적절하게 도메인 지식을 사용해 가급적 사용자가 선호할 만한 아이템을 추천하는 것이 바람직하지만 다양한 도메인 지식을 관리하는 데이터베이스를 유지 및 관리하는 데는 비용이 많이 듭니다. 게다가 해당 도메인 지식을 잘 다뤄야 좋은 아이템을 추천할 수 있다는 것 자체에도 큰 비용이 필요합니다. 이와 같은 이유로 서비스 운영 측에서는 운용 관점에서부터 가능한 한 도메인 지식을 사용하지 않고 추천하려는 사정이 있습니다.

따라서 도메인 지식을 잘 다루지 않으면 제대로 추천할 수 없는 내용 기반 필터링보다 도메인 지식이 없어도 사용자의 행동 이력이 있으면 제대로 추천할 수 있는 협조 필터링이 바람직한 속성을 갖고 있다고 할 수 있습니다.

4.4.3 콜드 스타트 문제에 대한 대응

콜드 스타트 문제는 서비스에 사용자나 아이템에 관한 정보가 적은 경우 특히 신규 사용자나 신규 아이템에 관해 적절한 것을 추천하기 어려운 문제를 가리킵니다. 콜드 스타트 문제를 대응하는 데는 내용 기반 필터링이 바람직한 성질을 갖고 있다고 할 수 있습니다.

사용자의 과거 기호 데이터가 없으면 추천할 수 없는 협조 필터링에서 콜드 스타트 문제는 심각한 영향을 미칩니다. 서비스에 이제 막 등록한 신규 사용자는 과거 행동 이력 등의 정보가 없기 때문에 선호도가 비슷한 사용자를 찾기 어렵습니다. 신규 아이템에 관해서도 마찬가지로 서비스 내에서 사용자가 클릭하거나 구입하는 등 사용자의 기호 데이터가 모이지 않으면 협조 필터링으로 추천할 수 없습니다.

한편 내용 기반 필터링에서는 아이템 특징이나 사용자 프로필만 얻을 수 있다면 추천이 가능합니다. 신규 사용자라 하더라도 명시적으로 아이템에 대한 기호만 입력하게 한다면 처음부터 사용자가 관심을 가질 만한 아이템을 추천할 수 있습니다. 신규 아이템 또한 아이템의 특징만 주어진다면 사용자 프로필에 기반해 사용자에게 추천할 수 있습니다. 하지만 서비스를 막 사용하기 시작한 사용자에게 갑자기 충분한 기호 정보를 입력받아 사용자 프로필을 획득하는 것은 어려우므로 내용 기반이라고 해서 콜드 스타트 문제에 완벽하게 대응할 수 있는 것은 아닙니다.

결국 협조 필터링보다는 내용 기반 필터링 쪽이 콜드 스타트 문제에 대응하기 쉽지만 내용 기반 필터링을 사용하더라도 충분히 대응하는 것은 어렵다고 할 수 있습니다.

4.4.4 사용자 수가 적은 서비스에서의 추천

시스템 사용자 수가 적은 경우에도 적절한 추천을 수행할 수 있는가 하는 관점에서 2가지 알고리즘을 비교해보겠습니다. 신규 서비스 등에서는 특히 중요한 관점일 것입니다. 이 부분에서는 내용 기반 필터링 쪽이 바람직한 성질을 갖는다고 할 수 있습니다.

서비스 내 다른 사용자의 행동 이력을 기반으로 추천하는 협조 필터링에서는 사용자 수가 적을 경우 비슷한 사용자를 충분히 얻거나 비슷한 사용자의 행동 이력으로부터 추천 대상 사용자가 관심을 가질 만한 아이템을 특정하는 것이 어려우므로 제대로 추천하기 어렵습니다. 또한 제대로 추천하지 못하면 서비스에 대한 기대가 낮아져 사용자가 늘어나지 않습니다. 그리고 사용자 수가 늘어나지 않으면 제대로 추천할 수 없는 악순환이 계속됩니다.

내용 기반 필터링에서는 아이템의 특징이나 사용자 프로필만 획득하면 추천할 수 있으므로 시스템 안에 사용자 수가 얼마나 되는지는 추천에 큰 영향을 주지 않습니다.

따라서 아직 사용자 수가 적은 서비스에서는 협조 필터링보다 내용 필터링을 사용할 때 제대로 추천하기 쉽다고 할 수 있습니다.

4.4.5 커버리지 향상

커버리지coverage는 서비스에 있는 모든 아이템 중 추천 시스템으로 사용자에게 추천할 수 있는 아이템의 비율을 나타냅니다. 커버리지가 낮은 상황이란 일부 아이템에 치우쳐 추천되는 상황이며 서비스를 사용하는 사용자에게는 물론 제공자에게도 좋은 상태라고 할 수 없습니다. 이 관점에서는 내용 기반 필터링 쪽이 바람직합니다.

시스템 내에 있는 다른 사용자의 행동 이력을 기반으로 추천하는 협조 필터링으로는 추천을 받을 사용자와 비슷한 사용자가 아무도 시도하지 않은 즉, 평가하지 않은 아이템은 추천할 수 없습니다. 따라서 서비스에 있는 아이템 중 추천할 수 있는 아이템이 제한됩니다.

한편 내용 기반 필터링은 사용자의 프로필과 연관된 아이템 특징을 가진 아이템이라면 서비스에 존재하는 어떤 아이템이든 추천할 수 있습니다. 적절하게 아이템의 특징을 관리하고 사용자 프로필에 반영되도록 함으로써 전혀 추천되지 않는 아이템을 줄일 수 있을 것입니다.

따라서 커버리지를 높인다는 점에서는 협조 필터링보다 내용 기반 필터링 쪽이 바람직한 성질을 갖고 있다고 할 수 있습니다.

4.4.6 아이템 특징 활용

다음에는 아이템 특징을 잘 활용하여 추천할 수 있는가 하는 관점에서 비교해보겠습니다. 이 관점에서는 내용 기반 필터링이 바람직한 성질을 갖고 있습니다.

도메인 지식을 사용하지 않고 사용자의 과거 기호 데이터에만 기초해 추천하는 협조 필터링에서는 기본적으로 옷의 색상 등과 같은 아이템 속성 정보를 고려할 수 없습니다. 같은 상품의 크기나 색상 차이 또는 목적이 같은 경쟁 상품 등도 전혀 다른 아이템으로 간주합니다. 예를 들어 어떤 검은색 옷이 추천되었지만 그 옷이(색상에 관계없이) 마음에 들지 않았다고 가정해봅시다. 하지만 자신과 선호도가 비슷한 사용자가 다른 색의 같은 옷을 선호할 경우 다음에 그것이 자신에게 추천될 수 있습니다.

내용 기반 필터링에서는 아이템의 다양한 특징을 명시적으로 고려해 추천하므로 색만 다른 같은 옷은 동시에 추천하지 않으며 사용자가 선호하는 색상을 알게 되면 같은 색의 다른 옷을 유연하게 추천할 수 있습니다.

따라서 아이템의 특징을 활용한다는 관점에서는 협조 필터링보다 내용 기반 필터링 쪽이 제대로 추천한다고 할 수 있습니다.

4.4.7 예측 정확도

마지막으로 사용자의 평갓값에 대한 예측 정확도에 관해서도 생각해봅시다. 이제까지 다양한 관점에서 협조 필터링과 내용 기반 필터링을 비교했습니다. 지금까지 설명한 대로 각 알고리즘에는 장단점이 있으며 어떤 상황에서 어떤 알고리즘의 예측 정확도가 좋다고 말할 수는 없습니다. 이번 절에서는 어느 정도 규모가 있는 서비스에서 다수파 즉, 서비스를 적극적으로 사용하며 일반적인 선호도 경향을 가진 사용자에 대한 추천을 생각해보겠습니다.

이 경우 일반적으로 내용 기반 필터링보다 협조 필터링 쪽이 높은 정확도로 예측한다고 합니다. 획득된 사용자 프로필이나 아이템 특징에 기반해 추천하는 내용 기반 필터링보다 다양한 사용자의 행동 이력을 추천 결과에 반영할 수 있는 협조 필터링 쪽이 복잡한 사용자의 기호를 고려할 수 있다고 생각되기 때문입니다. 다른 관점으로는 사용자가 서비스를 계속 사용할수록 활용할 수 있는 데이터가 늘어 예측 정확도 향상을 기대할 수 있습니다. 이 점에서도 자신의 기호 정보인 사용자 프로필뿐 아니라 서비스 내에 있는 다른 사용자의 기호 데이터까지 활용해 추천하는 협조 필터링 쪽이 서비스의 데이터가 늘어난 덕을 볼 수 있을 것입니다.

4.4.8 정리

이상으로 7가지 관점에서 협조 필터링과 내용 기반 필터링을 비교하면서 각 알고리즘의 특징에 관해 설명했습니다.

다양성 향상과 도메인 지식을 다루는 비용 및 일반적인 예측 정확도 관점에서는 협조 필터링 쪽이 적절합니다. 콜드 스타트 문제에 대한 대응과 사용 수가 적은 서비스에서의 추천 및 커버리지 향상과 아이템 특징 활용 관점에서는 내용 기반 필터링 쪽이 바람직하다고 할 수 있습니다. 이렇게 각 알고리즘의 장점과 단점을 고려하여 해결하고자 하는 태스크의 성질에 맞춰 적절한 알고리즘을 선택해야 합니다.

알고리즘을 선택할 때는 반드시 어느 한쪽만 선택해야 하는 것이 아니라 상황에 따라 구분해서 사용하거나 2가지를 조합해서 장점만 취할 수도 있습니다.

물론 알고리즘이 복잡할수록 구현 비용이나 운용 비용이 높아지므로 균형을 잘 맞추면서 다양한 선택지 중 적절한 알고리즘을 선택할 수 있는 역량을 갖추는 것이 중요합니다.

4.5 추천 알고리즘 선택

지금까지 추천 알고리즘을 분류하고 각각의 특징에 관해 설명했습니다. 다음으로 적절한 추천 알고리즘을 선택하기 위한 방침을 소개하겠습니다.

내용 기반 필터링과 협조 필터링 중 어느 것을 선택할 것인가에 대해 알아봅시다. 앞서 2가지 방법을 비교하면서 각각의 장단점에 대해 설명했습니다. 추천 시스템을 도입하는 서비스에서 달성하고자 하는 목적에 따라 알고리즘들의 특징 차이를 파악한 상태에서 적절한 것을 선택하게 됩니다. 2가지 알고리즘 중 어느 한쪽만 선택하는 것이 아니라 적절하게 조합한 하이브리드 방법을 선택하는 경우도 많습니다. 그리고 하나의 시스템에 대해 하나의 알고리즘만 적용하는 것이 아니라 사용자나 아이템의 상황에 따라 여러 알고리즘을 구분해서 사용하거나 바꾸는 등으로 대처해야 합니다.

먼저 일반적인 방침으로 서비스 내 데이터의 양에 맞춰 알고리즘을 선택하는 방법을 생각할 수 있습니다. 앞서 신규 서비스에서는 사용자 수가 적기 때문에 협조 필터링을 활용하기 힘들다고 했습니다. 또한 콜드 스타트 문제에 관해 설명한 것처럼 신규 사용자나 신규 아이템에 대해서는 서비스가 가진 데이터가 적기 때문에 협조 필터링을 적용하기 어려웠습니다. 따라서 데이터가 적은 신규 서비스에서 추천할 때 또는 어느 정도 규모가 있는 서비스에서 신규 사용자에게 추천하거나 신규 아이템을 추천할 때 내용 기반 필터링을 선택하는 경우가 많습니다. 어느 정도 사용자 수가 늘어나거나 사용자 및 아이템별 데이터가 축적된 뒤에는 보다 복잡한 사용자의 기호를 표현할 수 있는 협조 필터링을 선택하는 쪽이 높은 정확도로 아이템을 추천할 수 있는 경우가 많습니다. 따라서 일정 데이터를 사용할 수 있는 시점이 되면 내용 기반 필터링에서 협조 필터링으로 알고리즘을 교체하는 등의 방법을 사용하는 경우가 많습니다.

3장에서 소개한 추천 시스템의 제공 형태에 맞춰 알고리즘을 선택하는 것도 생각할 수 있습니다. 개요 추천이라면 서비스 전체의 사용자 행동 이력에 기반해 통계 데이터를 사용한 인기 리스트나 아이템 속성 등으로 필터링을 거는 간단한 직접 지정형의 내용 기반 필터링이 좋을 것입니다. 연관 아이템 추천에서는 예측 정확도나 아이템 특징을 관리하지 않아도 된다는 비용적인 장점에서 아이템-아이템 메모리 기반 방법의 협조 필터링을 선택하거나 단순하게 아이템의 특징을 사용해 비슷한 아이템을 찾아서 추천하는 경우가 많습니다. 알림 서비스나 개인화에서는 각 사용자에 관한 정보가 어느 정도 축적되었다는 것을 전제로 하는 경우가 많으므로 사용자-사용자 메모리 기반 방법의 협조 필터링이나 간접 지정형 내용 기반 필터링을 우선 선택하는 경우가 많을 것입니다. 그리고 충분한 데이터가 축적되면 모델 베이스 방법의 협조 필터링이 효과적입니다.

다양성의 관점에 따라 알고리즘을 선택하는 것도 중요합니다. 예를 들어 전자상거래 사이트에서 특정 색상, 특정 펜 굵기의 볼펜을 구입하기 위해 상품을 찾는 경우 다른 색이나 다른 굵기의 볼펜 또는 연필이나 샤프 펜슬을 추천할 필요는 없을 것입니다. 이처럼 원하는 것이 확실하게 정해져 있는 아이템에 관해서는 다양성의 중요도가 그다지 높지 않으므로 사용자가 원하는 것을 정확하게 추천할 수 있는 직접 지정형의 내용 기반 필터링을 사용하는 것이 좋습니다. 한편 뭔가 과자를 먹고 싶어 전자상거래 사이트를 사용하는 사용자에게는 이제까지의 구입 이력 등을 통해 추측한 새로운 과자를 추천하는 것이 좋습니다. 이처럼 원하는 것이 명확하게 정해져 있지 않은 아이템일 때는 다양성이 중요한 경우가 많습니다. 그렇기 때문에 신규성과 흥미로움을 중시하고 다양성을 구현할 수 있는 협조 필터링을 선택하는 경우가 많습니다.

4.6 기호 데이터의 특징

적절한 추천 시스템을 설계하기 위해서는 추천 시스템의 입력값으로 사용되는 사용자의 기호 데이터를 적절한 형태로 서비스에서 얻을 수 있도록 해야 합니다. 이를 위해 이해해야 하는 기호 데이터 자체의 특징은 4장 마지막에 다루겠습니다.

4.6.1 명시적 획득과 암묵적 획득 비교

기호 데이터를 획득하는 방법은 명시적 획득과 암묵적 획득의 2가지였습니다. 각 방법으로 얻어진 기호 데이터는 각각 특징이 다르므로 추천 시스템의 목적에 맞춰 구분해 사용해야 합니다. 이번에는 기호 데이터 획득 방법 2가지를 4가지 관점에서 비교합니다. 각각의 장단점은 [표 4-3]과 같습니다.

표 4-3 명시적 획득과 암묵적 획득 비교

	명시적 획득	암묵적 획득
데이터양	x: 적음	o: 많음
데이터 정확성	o: 정확	x: 부정확
평가하지 않음과 기대하지 않음의 구별	o: 명확	x: 불명확
사용자 인지	o: 인지	x: 불인지

데이터양

먼저 명시적 획득과 암묵적 획득을 '데이터양'의 관점에서 비교하겠습니다. 추천 계산에는 통계적인 방법이 사용되는 경우도 많으며 정확한 예측을 수행하기 위해서는 데이터양이 중요합니다. 데이터양 관점에서는 일반적으로 암묵적 획득 쪽이 압도적으로 많은 기호 데이터를 얻을 수 있습니다.

암묵적 획득에서는 사용자가 서비스를 사용하는 한 그 임의의 행동으로부터 기호 데이터를 계속해서 얻을 수 있습니다. 예를 들어 사용자가 10건의 상품 정보를 열람한 경우 10건의 아이템에 대한 사용자 기호 데이터를 얻을 수도 있습니다.

명시적 획득의 경우 설문이나 리뷰에 적극적으로 대답해 특정 아이템에 대한 관심 유무를 명시적으로 시스템에 전달하는 사용자는 많지 않으므로 기호 데이터를 충분히 얻기가 어렵습니다. 사용자는 질문에 대답하기 위해서가 아니라 상품 구입, 동영상 시청 등을 목적으로 서비스를 사용합니다. 원래 목적 이외의 작업을 강요할 경우 사용자에게 부정적인 경험이 되어 서비스에서 이탈할 수도 있습니다. 명시적 획득을 수행할 때는 질문에 대답했을 때의 보상을 잘 설계하는 등 부정적인 경험을 하지 않도록 해야 하며 기호 데이터를 모을 수 있도록 노력해야 합니다. 또 서비스에 있는 막대한 수의 아이템 각각에 대해 사용자가 질문에 대답하게 함으로써 충분한 양의 데이터를 수집한다는 것은 비현실적입니다.

데이터 정확성

다음에는 '데이터 정확성'의 관점에서 비교해보겠습니다. 명시적 획득은 사용자가 아이템에 대한 선호도를 직접 입력하는 형태이므로 잘못된 기호 데이터인 경우가 별로 없습니다. 그러나 암묵적 획득에서는 사용자의 선호도가 사용자의 행동에 그대로 나타나지 않는 경우가 많아 정확한 사용자의 기호 데이터를 얻기가 비교적 어렵습니다.

예를 들어 어떤 사용자가 뉴스 목록 페이지에서 특정 뉴스를 클릭했다고 가정해봅시다. 이때 그 뉴스에 대한 사용자의 관심도가 높다는 기호 데이터를 암묵적으로 얻게 된다고 생각할 수 있습니다. 그 생각이 맞는 경우도 많지만 만약 사용자가 조작 실수로 그 뉴스를 클릭했다면 사실은 관심 없는 뉴스에 관심을 갖고 있다는 잘못된 기호 데이터를 얻은 것이 됩니다. 그 밖에도 클릭은 자신의 의사로 했지만 앞 부분을 읽어보고 관심이 없는 내용이어서 곧바로 이탈한 경우도 같은 문제가 발생합니다. 이렇게 암묵적 획득에서는 사용자 행동의 의도를 정확하게 잡아내기 어렵기 때문에 얻어진 기호 데이터의 정확성에 문제가 있을 수도 있습니다.

따라서 암묵적 획득으로 기호 데이터를 얻었다면, 예를 들어 앞에서 든 예시의 경우 뉴스를 클릭한 상태에서 사용자가 일정 시간 해당 페이지에 머물러 있을 때만 해당 뉴스에 관심이 있다고 간주하는 조건을 거는 등의 장치를 생각할 수 있습니다. 한편 조건을 어떻게 설정하는가에 따라 관심이 있는 뉴스에 대한 기호 데이터를 획득할 수 없는 경우도 발생합니다. 이렇게 암묵적 획득으로 정확한 기호 데이터를 얻기 위해서는 서비스나 데이터 특성을 파악한 상태에서 적절한 조건을 설정해 사용자 행동을 정의해야 합니다. 또한 그런 사용자의 행동을 식별할 수 있는 로그를 미리 서비스에 넣어두어야 합니다.

평가하지 않음과 기대하지 않음의 구별

'평가하지 않음과 기대하지 않음의 구별' 관점에서 비교해보겠습니다. 어떤 아이템에 대해 사용자의 기호 데이터가 없는 상태를 '평가하지 않음', 어떤 아이템에 대해 사용자가 싫어함 및 관심 없음 등 부정적인 기호 데이터를 나타낸 경우를 '기대하지 않음'이라고 합니다.

명시적 획득에서는 사용자가 어떤 아이템에 대한 설문이나 리뷰에 응답하지 않은 경우 평가하지 않음, 해당 아이템에 부정적으로 대답한 경우 기대하지 않음이라고 명확하게 구별할 수 있습니다.

한편 암묵적 획득에서는 평가하지 않음과 기대하지 않음을 구별하는 것이 일반적으로 어렵고 명확하지 않습니다. 예를 들어 영화를 추천받은 상태에서 시청한 경우는 긍정적인 기호 데이터를 얻은 것으로 봐도 좋을 것입니다. 한편 추천은 받았지만 시청하지 않은 영화는 평가하지 않은 것인지 기대하지 않은 것인지 구별하기 어렵습니다. 좋아하지 않아서 시청하지 않은 경우가 있는가 하면 좋아하지만 때마침 시청할 기분이 아니거나 바빠서 시청하지 못했을 수도 있습니다. 추천받았지만 시청하지 않은 영화를 모두 기대하지 않음으로 간주하면 시청하지 않았지만 사실은 선호하는 영화를 시스템이 싫어하는 것으로 판정하여 결국 사용자의 기호에 맞춰 추천하지 못하게 될 수도 있습니다.

이런 경우 예를 들어 3회 추천했지만 시청하지 않은 경우에만 해당 영화를 기대하지 않음으로 하는 등 적당한 조건을 설정함으로써 평가하지 않음과 기대하지 않음을 구별하는 방법도 생각할 수 있습니다. '데이터 정확성' 항목과 마찬가지로 여기서의 조건도 서비스나 데이터 특성을 파악하고 적절한 기호 데이터를 얻을 수 있도록 설계해야 합니다.

사용자 인지

마지막으로 '사용자 인지' 관점에서 비교해보겠습니다. 사용자 인지는 자신의 기호 데이터가 언제, 어떻게 시스템에 반영되어 사용되고 있는지 아는가를 말합니다. 사용자의 기호 데이터를 사용해 아이템을 추천할 때 사용자가 인지하고 있으면 추천을 받아들이기 쉬우며 서비스에 대해서도 좋은 인상을 갖기 쉽다고 알려져 있습니다.

사용자 인지라는 관점에서는 사용자가 직접 질문에 대답해 기호 데이터를 시스템에 제공하는 명시적 획득 쪽이 우수합니다. 암묵적 획득에서는 아무리 사용 규약이나 개인 정보 정책 등을 통해 사용자의 행동 정보를 사용한다고 명기해도 시스템이 자신의 데이터를 마음대로 사용한다고 느끼거나 개인 정보가 침해되었다는 부정적인 인상을 갖게 되므로 주의해야 합니다.

예를 들어 아마존이나 넷플릭스에서는 사용자의 행동 이력이 추천에 사용된다는 것을 쉽게 알 수 있도록 해당 내용을 기재하거나, 시스템이 사용하는 데이터에 사용자가 언제든 접근할 수 있게 하여 시스템이 어디까지 사용자의 데이터를 사용할지 제어할 수 있도록 하고 있습니다.

4.6.2 기호 데이터를 다룰 때의 주의점

명시적 획득과 암묵적 획득의 경우 각각의 특징을 파악한 뒤 기호 데이터를 획득할 수 있다면 알고리즘을 사용해 추천 아이템을 계산할 수 있습니다. 그때 유의해야 할 기호 데이터 취급 시의 주의점, 추천 시스템의 어려운 점에 관해 간단하게 설명합니다.

데이터의 희박함

통계적인 방법을 많이 사용하는 추천 계산에서는 정확한 예측을 수행하기 위해 평갓값을 많이 수집하는 것이 중요합니다. 실제로는 서비스 내 대부분의 사용자와 아이템 사이의 기호 데이터를 얻을 수 없으며 평갓값 행렬의 성분인 평갓값의 대부분이 평가되지 않은 상태인 경우도 많습니다. 이를 데이터가 **희박하다**sparse고 말합니다.

예를 들어 영화 추천 서비스를 생각해봅시다. 사용자가 자신이 시청한 영화에 관해 리뷰하면 그에 대응하는 평갓값을 얻을 수 있다고 가정하겠습니다. 사용자가 평생 시청할 수 있는 영화의 수에 비해 세상에 존재하는 영화의 수가 월등히 많은 것처럼 사용자가 평가할 수 있는 아이템 수에 비해 시스템 안에 존재하는 아이템 수가 훨씬 더 많습니다. 따라서 평갓값 행렬을 사용자 방향([표 4-1]의 행 방향)으로 봤을 때 대부분 평가하지 않은 상태(결손값)가 됩니다.

사용자가 시청한 영화에는 편향이 생깁니다. 그렇기 때문에 인기 영화에는 많은 평갓값이 모이지만 그렇지 않은 영화에는 평갓값이 전혀 모이지 않기도 합니다. 그 결과 평갓값 행렬을 아이템 방향([표 4-1]의 열 방향)으로 봤을 때 대부분 평가되지 않은 아이템이 다수 존재하게 됩니다.

특히 서비스를 막 사용하기 시작한 신규 사용자나 서비스에 이제 막 등록된 신규 아이템은 그 서비스 안에 데이터가 거의 존재하지 않는 상태이므로 이들에 대한 평갓값 역시 거의 얻을 수 없습니다.

이렇게 실제 서비스의 데이터에서 얻을 수 있는 평갓값 행렬은 대부분이 평가되지 않음이므로 그 성질을 이해한 뒤 평갓값 설계나 알고리즘 선택을 진행해야 합니다. 그리고 서비스의 성질에 따라서도 평갓값 상태가 달라집니다. 예를 들어 음악 스트리밍 서비스라면 사용자는 짧은 시간에 계속해서 아이템을 시청하기 때문에 비교적 많은 기호 데이터를 얻을 수 있습니다. 그러나 주택을 구입하기 위한 서비스 등의 경우 실제 구입 여부 데이터만 가지고 충분한 기호 데이터를 획득하는 것은 매우 어려울 수 있습니다. 따라서 서비스의 성질을 고려해 적절한 기호 데이터 획득 방법을 설계해야 합니다.

평갓값의 변동이나 편향

같은 사용자가 동일한 아이템에 대해 리뷰를 남기고 평갓값을 제공했다고 해도 약간 시간을 두고 다시 리뷰를 했을 때 그 평갓값이 동일할 것이라고는 보장할 수 없습니다. 이것을 평갓값의 **변동**variance이라고 합니다. 사람이 특정 아이템에 평갓값을 제공할 때 거기에 절대적인 기준이 있는 경우는 거의 없습니다. 그렇기 때문에 설령 같은 아이템에 대해서라도 다른 평가를 내리는 경우가 발생합니다.

또한 사용자의 기호성은 시간이 지나면서 달라집니다. 예를 들어 1년 전에 좋아했던 음악과 지금 좋아하는 음악이 완전히 같을까요? 지난 주 아마존에서 찾았던 상품과 지금 갖고 싶은 상품이 같을까요? 이렇게 사용자가 원하는 아이템의 기호성은 시간이 지나면서 달라지므로 평갓값 행렬을 작성할 때 어떤 기간의 기호 데이터를 기반으로 평갓값을 얻었는가도 설계에 중요한 영향을 미치는 요소 중 하나입니다.

또한 추천 시스템의 기호 데이터에는 다양한 편향이 존재한다고 알려져 있습니다. 예를 들어 사용자는 자신이 좋아하는 것에만 평가를 남기는 경향이 분명합니다. 서비스 안에서 거의 관심을 갖지 않았던 아이템에 굳이 시간을 들여 리뷰를 하는 등의 수고를 들이지는 않기 때문입니다.

그 외에도 인기 편향이라는 것이 있습니다. 애초에 사용자에게 표시된 아이템은 어느 정도 서비스 안에서 인기가 있는 것으로 한정되는 경우가 많습니다. 즉, 모든 아이템이 평등하게 평가되는 기회를 얻지는 못한다는 것입니다. 그렇기 때문에 사용자에 의한 기호 데이터는 인기 아이템에 모이기 쉬운 경향을 보입니다.

사용자에 따라서는 평가를 후하게 남기기도 하고 반대로 낮은 평가만 남기기도 합니다. 이처럼 특성이 다른 사용자가 붙이는 평가를 동일하게 취급하면 얻어진 평갓값이 적절하지 않게 됩니다.

이상에서 소개한 것처럼 겨우 얻은 평갓값이지만 변동이나 편향이 존재한다는 문제가 있으므로 평갓값을 사용할 때는 그 사실을 인식한 뒤 알고리즘 등을 적절하게 선택해야 합니다.

4.7 정리

이번 장에서는 추천 알고리즘 분류의 개요와 내용 기반 필터링, 협조 필터링을 중심으로 소개했습니다. 여기서 알고리즘을 선택할 때의 방침을 몇 가지 소개했지만 다양한 상황에서 모두 잘 동작하는 알고리즘은 존재하지 않습니다. 추천 시스템으로 달성하고자 하는 목적이나 서비스 속성, 상황 등 다양한 요소를 가미해 가설을 세우고 과거 데이터를 사용해 오프라인에서 검증 실험을 하거나 실제로 온라인에서 일부 사용자에게 알고리즘을 적용해 실험함으로써 검증을 반복한 뒤 적절한 것을 선택합니다.

그리고 필요 이상 고도의 알고리즘을 선택하지 않도록 의식하는 것도 중요합니다. 최신 연구 동향 등을 쫓아가다 보면 기술자로서 테스트해보고 싶은 것이 많을 것입니다. 서비스의 목적이나 상황, 해당 시점에 투입되는 비용에 적합하지 않은 알고리즘을 선택하면 들인 비용에 비해 성과가 나오지 않거나, 간단한 인기 순서 같은 알고리즘보다 성능이 나쁜 결과가 나오기도 합니다. 필자 역시 처음으로 추천 시스템을 구현했을 때 눈물이 날 정도로 쓴 맛을 봤습니다. 실제 업무에서 여러분이 알고 있거나 사용하고 싶은 최첨단 알고리즘을 적용하는 것이 아니라 해당 서비스나 프로젝트에 요구되는 알고리즘을 선택하는 것도 추천 시스템 개발에 필요한 능력입니다.

## CHAPTER 5

추천 알고리즘 상세

5장에서는 구체적인 추천 시스템 알고리즘을 소개합니다. MovieLens라는 영화 데이터셋을 사용하며 필요에 따라 수식이나 파이썬 코드를 활용해 설명을 진행합니다. MovieLens 데이터는 추천 알고리즘을 평가하는 벤치마크로 연구는 물론 실무에서도 많이 사용되고 있습니다. 실제로 데이터를 사용해 알고리즘을 구축할 때 실무에서 직면하는 문제점이나 그 대처법에 관해서도 설명합니다. 사용한 파이썬 코드의 최신판은 https://github.com/moseskim/RecommenderSystems에서 다운로드할 수 있습니다. 지면 관계상 게재하지 못한 코드나 보충 설명도 포함되어 있으므로 이번 장을 읽을 때는 꼭 샘플 코드를 참조하기 바랍니다. 이번 장에서는 알고리즘의 수식을 개요 정도만 설명하므로 수식에 관해 더 자세히 알고 싶다면『情報推薦システム入門(정보 추천 시스템 입문)』(共立出版, 2012년),『推薦システム(추천 시스템)』(共立出版, 2018),『施策デザインのための機械学習入門(이니셔티브 디자인을 위한 머신러닝 입문)』(技術評論社, 2021), 가미시마 도시히로神嶌敏弘의「推薦システムのアルゴリズム(추천 시스템 알고리즘)」[1]을 참조하기 바랍니다.

---

[1] https://www.kamishima.net/archive/recsysdoc.pdf

5.1 알고리즘 비교

이번 장에서는 10종류 이상의 알고리즘에 관해 소개합니다. 하지만 순서대로 읽을 필요는 없습니다. [표 5-1]은 각 알고리즘을 간단하게 비교한 것입니다. 흥미가 있는 알고리즘을 선택해서 읽어봐도 좋습니다. 예측 정확도나 계산 속도는 데이터셋이나 하이퍼파라미터 튜닝, 알고리즘 실행 환경에 따라 크게 달라지므로 [표 5-1]의 예측 정확도나 계산 속도는 참고로만 활용하기 바랍니다.

먼저 간단한 추천 모델을 시험해보고 싶다면 인기도 추천이나 연관 규칙을 선택하고, 정확도를 높이고 싶다면 LDA나 word2vec 또는 머신러닝 방법을 시험해보기 바랍니다. 또한 협조 필터링에서 정확도를 높이고 싶다면 행렬 분해 계열이나 머신러닝 방법을, 하이브리드로 보다 정확도를 높이고 싶다면 회귀 모델이나 FM 또는 머신러닝 방법을 시험해보기 바랍니다.

표 5-1 각 추천 알고리즘 비교

알고리즘명	설명	예측 정확도	계산 속도(대규모 데이터에서 계산)	콜드 스타트 문제 대응
무작위 추천	무작위로 아이템을 추천한다. 베이스라인으로 사용하기도 한다.	×	◎	○
통계 정보나 특정 규칙을 기반으로 추천(인기도 추천 등)	베이스라인으로 자주 사용한다.	×	◎	○
연관 규칙	간단한 계산 방법이고 SQL로도 구현할 수 있어 예전부터 널리 활용되고 있다.	○	○	×
사용자-사용자 메모리 기반 방법 협조 필터링	위와 같음	○	○	×
회귀 모델	회귀 문제로서 추천 태스크를 정식화하여 다양한 머신러닝 방법을 적용한다.	○	○	×
SVD(특잇값 분해)	간단한 행렬 분해 방법	△	△	×
NMF(비음수 행렬 분해)	비음수 제약을 추가한 행렬 분석 방법	△	△	×
MF(Matrix Factorization)	넷플릭스 프라이즈(Netflix Prize)에서 좋은 성적을 거둔 행렬 분해 방법	○	○	×
IMF(Implicit Matrix Factorization)	암묵적 평갓값에 대응하는 행렬 분해 방법	○	○	×
BPR(Bayesian Personalized Ranking)	암묵적 평갓값에 대응하며 순위를 고려한 행렬 분해 방법	○	○	×

FM(Factorization Machines)	평갓값 외에도 아이템과 사용자의 정보를 가미할 수 있는 방법	○	○	○
LDA(콘텐츠 기반)	아이템의 콘텐츠 정보에 토픽 모델을 적용해 추천하는 방법	△	△	○
LDA(협조 필터링)	사용자의 행동 이력에 토픽 모델을 적용해 추천하는 방법	○	△	×
word2vec(콘텐츠 기반)	아이템의 콘텐츠 정보에 word2vec을 적용해 추천하는 방법	△	○	○
item3vec(협조 필터링)	사용자의 행동 이력에 word2vec을 적용해 추천하는 방법	○	○	×
머신러닝	머신러닝 추천 방법	○	△	

5.2 MovieLens 데이터셋

MovieLens 데이터셋은 미네소타 대학의 그룹렌즈GroupLens 연구소가 구축한 영화 평가 데이터셋입니다. MovieLens 데이터셋에는 몇 가지 종류가 있으며 여기서는 MovieLens 10M Dataset이라는 데이터셋을 사용합니다. 1,000만 건의 영화 평갓값이 있으며 사용자가 각 영화에 자유 형식의 텍스트로 부여한 '지브리', '어린이용', '무서워' 등의 태그 정보도 포함하고 있습니다. 이 데이터셋을 선택한 이유는 영화에 대한 태그 정보가 있어 협조 필터링뿐 아니라 콘텐츠 기반 추천 알고리즘도 손쉽게 실험할 수 있기 때문입니다.

5.2.1 데이터 다운로드

https://grouplens.org/datasets/movielens/10m/에서 ml-10m.zip 파일을 다운로드하거나 다음 커맨드를 실행해서 다운로드합니다.

```
# MovieLens의 데이터셋을 data 디렉터리에 다운로드한 뒤 압축을 푼다.
# wget과 unzip 명령어 사용(명령어가 없는 경우 설치한다.)
wget -nc --no-check-certificate \
    https://files.grouplens.org/datasets/movielens/ml-10m.zip -P ../data
unzip -n ../data/ml-10m.zip -d ../data/
```

폴더 안에는 몇 개의 파일이 포함되어 있습니다. 여기서는 주로 다음 파일을 사용합니다.

표 5-2 MovieLens 데이터셋 내용

파일명	설명
movies.dat	영화의 제목, 공개 연도, 장르 등의 정보. 이번 장에서는 id, title, genre만 사용한다.
tags.dat	사용자가 각 영화에 부여한 태그 정보(사용자 ID, 영화 ID, 태그, 타임스탬프) 형식
ratings.dat	사용자가 각 영화에 부여한 평갓값 데이터(사용자 ID, 영화 ID, 평갓값, 타임스탬프) 형식

5.2.2 MovieLens 데이터 개요

사용할 각 데이터의 내용을 구체적으로 확인해보겠습니다. 추천 시스템을 만들 때 먼저 데이터의 특징을 익혀두는 것이 중요합니다. 데이터의 특징을 탐색적으로 조사하는 것을 **탐색적 데이터 분석**Exploratory Data Analysis(EDA)이라고 합니다. 아이템이나 사용자 수, 평갓값이나 평가 수 분포 등을 사전에 조사해둠으로써 어떤 추천 시스템을 구축할지 결정할 때 참고할 수 있습니다.

이제부터 설명하는 코드에서는 data 폴더의 경로가 ../data/로 되어 있습니다. 이것은 여러분이 다운로드한 파일 경로로 바꾸기 바랍니다.

영화 정보

```
import pandas as pd
# 영화 정보 로딩(10681 작품)
# movieID와 제목만 사용
m_cols = ['movie_id', 'title', 'genre']
movies = pd.read_csv('../data/ml-10M100K/movies.dat', names=m_cols,
        sep='::' , encoding='latin-1', engine='python')

# genre를 list 형식으로 저장한다.
movies['genre'] = movies.genre.apply(lambda x:x.split('|'))
movies.head()
```

	movie_id	title	genre
0	1	Toy Story (1995)	[Adventure, Animation, Children, Comedy, Fantasy]
1	2	Jumanji (1995)	[Adventure, Children, Fantasy]
2	3	Grumpier Old Men (1995)	[Comedy, Romance]
3	4	Waiting to Exhale (1995)	[Comedy, Drama, Romance]
4	5	Father of the Bride Part II (1995)	[Comedy]

그림 5-1 영화 정보

장르는 'Action', 'Adventure', 'Animation', 'Children', 'Comedy', 'Crime', 'Documentary', 'Drama', 'Fantasy', 'Film-Noir', 'Horror', 'IMAX', 'Musical', 'Mystery', 'Romance', 'Sci-Fi', 'Thriller', 'War', 'Western', '(no genres listed)'의 20종류입니다.

태그 정보

```
# 사용자가 부여한 영화의 태그 정보 로딩
t_cols = ['user_id', 'movie_id', 'tag', 'timestamp']
user_tagged_movies = pd.read_csv('../data/ml-10M100K/tags.dat',
                    names=t_cols, sep='::', engine='python')

# tag를 소문자로 바꾼다.
user_tagged_movies['tag'] = user_tagged_movies['tag'].str.lower()

user_tagged_movies.head()
```

	user_id	movie_id	tag	timestamp
0	15	4973	excellent!	1215184630
1	20	1747	politics	1188263867
2	20	1747	satire	1188263867
3	20	2424	chick flick 212	1188263835
4	20	2424	hanks	1188263835

그림 5-2 사용자가 영화에 부여한 태그 정보

```
print(f'태그 종류={len(user_tagged_movies.tag.unique())}')   # 태그 종류=15241
print(f'태그 레코드 수={len(user_tagged_movies)}')   # 태그 레코드 수=95580
print(f'태그가 붙어 있는 영화 수={len(user_tagged_movies.movie_id.unique())}')
# 태그가 붙어 있는 영화 수=7601
```

태그는 15241종류이며 사용자가 영화에 부여한 태그의 레코드(user, movie, tag)는 95580 행입니다. [그림 5-2]의 timestamp는 유닉스 시간 표기이며 1970년 1월 1일부터 경과한 초를 나타냅니다. 사용자가 각 영화에 부여한 것이므로 일부 표기가 잘못되거나 올바르지 않은 것도 포함되어 있습니다. 또한 모든 영화에 태그가 부여되어 있지는 않으며 전체 중 70% 정도의 영화에만 부여되어 있습니다. 이렇게 모든 아이템에 정보가 부여되어 있지 않은 문제는 실무에서도 자주 직면합니다. 처리 방법에 관해서는 다음 절 이후부터 알아보겠습니다.

태그도 장르와 마찬가지로 쉽게 다루기 위해 영화 ID별로 부여된 태그를 리스트 형식으로 저장합니다.

```
# tag를 영화별로 list 형식으로 저장한다.
movie_tags = user_tagged_movies.groupby('movie_id').agg({'tag':list})

# 태그 정보를 결합한다.
movies = movies.merge(movie_tags, on='movie_id', how='left')

movies.head()
```

	movie_id	title	genre	tag
0	1	Toy Story (1995)	[Adventure, Animation, Children, Comedy, Fantasy]	[pixar, pixar, pixar, animation, pixar, animat...
1	2	Jumanji (1995)	[Adventure, Children, Fantasy]	[for children, game, animals, joe johnston, ro...
2	3	Grumpier Old Men (1995)	[Comedy, Romance]	[funniest movies, comedinha de velhinhos engra...
3	4	Waiting to Exhale (1995)	[Comedy, Drama, Romance]	[girl movie]
4	5	Father of the Bride Part II (1995)	[Comedy]	[steve martin, pregnancy, remake, steve martin...

그림 5-3 태그 정보를 추가한 영화 데이터

평갓값 데이터

이번에는 사용자가 영화를 평가한 평갓값 데이터를 읽어보겠습니다. 평갓값은 0.5부터 5.0까지 0.5 간격으로 표시됩니다. 평갓값 데이터 수는 1,000만 건에 이르므로 그 데이터를 사용해 실험하면 알고리즘에 따라 결과를 얻을 때까지 몇 시간이나 며칠이 걸리기도 합니다.

```python
# 평갓값 데이터 로딩(데이터양이 많으므로 환경에 따라 로딩에 시간이 걸린다.)
r_cols = ['user_id', 'movie_id', 'rating', 'timestamp']
ratings = pd.read_csv('../data/ml-10M100K/ratings.dat', names=r_cols,
        sep='::', engine='python')
ratings.head()
```

	user_id	movie_id	rating	timestamp
0	1	122	5.0	838985046
1	1	185	5.0	838983525
2	1	231	5.0	838983392
3	1	292	5.0	838983421
4	1	316	5.0	838983392

그림 5-4 평갓값 데이터

실무에서는 데이터를 샘플링하여 작은 데이터셋으로 빠르게 실험을 반복하고 좋아 보이는 알고리즘을 발견하면 데이터를 늘려 시험하는 방법을 많이 사용합니다. 실무에서 검증할 때는 이 샘플링 방법에도 주의해야 합니다. 샘플링이 특정 사용자 세그먼트에 치우쳐 있으면 알고리즘 비교도 공평하게 할 수 없습니다.

데이터양이 많으므로 사용자 수를 1,000명으로 줄여서 평갓값 통계 정보를 알아보겠습니다.

```python
# 데이터양이 많으므로 사용자 수를 1000명으로 줄여서 시험해본다.
valid_user_ids= sorted(ratings.user_id.unique())[:1000]
ratings = ratings[ratings["user_id"].isin(valid_user_ids)]

# 영화 데이터와 평가 데이터를 결합한다.
movielens = ratings.merge(movies, on='movie_id')
movielens.head()
```

	user_id	movie_id	rating	timestamp	title	genre	tag
0	1	122	5.0	838985046	Boomerang (1992)	[Comedy, Romance]	[dating, nudity (topless - brief), can't remem...
1	139	122	3.0	974302621	Boomerang (1992)	[Comedy, Romance]	[dating, nudity (topless - brief), can't remem...
2	149	122	2.5	1112342322	Boomerang (1992)	[Comedy, Romance]	[dating, nudity (topless - brief), can't remem...
3	182	122	3.0	943458784	Boomerang (1992)	[Comedy, Romance]	[dating, nudity (topless - brief), can't remem...
4	215	122	4.5	1102493547	Boomerang (1992)	[Comedy, Romance]	[dating, nudity (topless - brief), can't remem...

그림 5-5 영화 정보를 결합한 평갓값 데이터

사용자

사용자 1,000명이 영화를 평가한 결과는 다음과 같습니다.

```
import numpy as np
movielens.groupby('user_id').agg({'movie_id': len}).agg({
                'movie_id':[min, max, np.mean, len]})
```

- 가장 평가 수가 적은 사용자는 20 작품에 평가
- 가장 평가 수가 많은 사용자는 1,688 작품에 평가
- 각 사용자는 평균 139 작품에 평가
- 평가한 모든 사용자는 1,000명

영화

평가된 영화에 대한 결과는 다음과 같습니다.

```
movielens.groupby('movie_id').agg({'user_id':len}).agg({
                    'user_id':[min, max, np.mean, len]})
```

- 가장 평가 수가 적은 영화는 1명이 평가
- 가장 평가 수가 많은 영화는 496명이 평가
- 각 영화는 평균 20명이 평가
- 평가된 모든 영화는 6,736 작품

평갓값

평갓값 결과는 다음과 같이 확인할 수 있습니다.

```
print(f'평갓값 수={len(movielens)}')
movielens.groupby('rating').agg({'movie_id':len})
```

- 모든 평가는 132,830건
- 평갓값 중 4.0이 39,917건으로 가장 많음

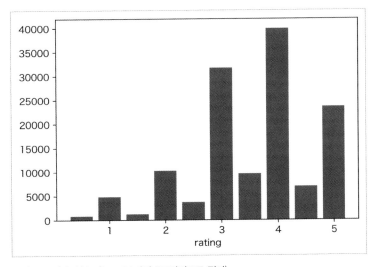

그림 5-6 평갓값 분포(0.5~5.0까지 0.5 간격으로 평가)

5.2.3 평가 방법

다음으로 각 추천 알고리즘의 성능을 측정하는 방법에 대해 설명합니다(평가 방법에 관한 자세한 내용은 7장을 참고하기 바랍니다). 여기서는 평갓값 데이터를 간단하게 추천 알고리즘 학습용과 평가 테스트용 2가지로 나눕니다. MovieLens 데이터셋에서 사용자는 적어도 20편 이상의 영화를 평가했습니다. 그래서 사용자가 가장 최근에 평가한 5개 영화의 평갓값을 테스트용으로 남겨두고 그 외의 데이터를 학습용으로 합니다.

```python
# 학습용과 테스트용으로 데이터를 분할한다.
# 각 사용자가 가장 최근에 평가한 5건의 영화를 평가용으로 사용하고 그 외에는 학습용으로 사용한다.
# 먼저 각 사용자가 평가한 영화의 순서를 계산한다.
# 직전에 평가한 영화부터 순서를 부여해 나간다(1에서 시작).

movielens['timestamp_rank'] = movielens.groupby(
    'user_id')['timestamp'].rank(ascending=False, method='first')
movielens_train = movielens[movielens['timestamp_rank'] > 5]
movielens_test = movielens[movielens['timestamp_rank']<= 5]
```

학습용 데이터를 사용해 사용자가 가장 최근에 평가한 5개 영화의 평갓값을 얼마나 정확하게 예측할 수 있는가로 추천 알고리즘의 성능을 평가합니다. 그 지표로는 예측값과 실제 평갓값의 RMSE$^{\text{Root Mean Squared Error}}$를 사용합니다. 예측이 실제 평갓값과 완전히 일치하면 RMSE는 0이 됩니다. RMSE가 작을수록 추천 알고리즘의 성능이 좋다고 볼 수 있습니다.

```python
from typing import List
from sklearn.metrics import mean_squared_error
def calc_rmse(self, true_rating: List[float],
              pred_rating: List[float]) -> float:
    return np.sqrt(mean_squared_error(true_rating, pred_rating))
```

그리고 Precision@K, Recall@K라는 순위 지표로도 추천 알고리즘을 평가합니다. Precision@K는 사용자에게 K개의 아이템을 추천했을 때 그중 실제로 선호하는 아이템의 비율이 얼마나 되는가에 관한 지표입니다. Recall@K는 사용자에게 K개의 아이템을 추천했을 때 사용자가 선호하는 아이템 그룹 중 몇 개 맞았는가를 나타내는 비율입니다. 사용자별로 Precision@K와 Recall@K를 계산해서 Precision@K의 평균과 Recall@K의 평균을 평가지표로 사용합니다. Precision@K나 Recall@K 순위 지표 쪽이 RMSE보다 직관적으로 추천 시스템의 성능을 알기 쉽고 실제 서비스상의 추천 방법에 입각하고 있으므로 실무에서는 순위 지표도 함께 사용하는 것을 권장합니다. 또한 별 4개와 같은 평갓값 데이터가 없는 경우도 많으므로 그때는 클릭이나 구매 등의 암묵적인 평갓값을 활용해 순위 지표만 사용합니다. 평가 지표의 상세한 내용은 7장에서 소개합니다.

```python
def calc_recall_at_k(
    true_user2items: Dict[int, List[int]],
    pred_user2items: Dict[int, List[int]],
    k: int
) ->float:
    scores = []
    # 테스트 데이터에 존재하는 각 사용자의 recall@k를 계산
    for user_id in true_user2items.keys():
        r_at_k =_recall_at_k(true_user2items[user_id],
                             pred_user2items[user_id], k)
        scores.append(r_at_k)
    return np.mean(scores)

def _recall_at_k(self, true_items: List[int],
                 pred_items: List[int], k: int) -> float:
    if len(true_items) == 0 or k == 0:
        return 0.0

    r_at_k= (len(set(true_items) & set(pred_items[:k]))) /
            len(true_items)
    return r_at_k

def calc_precision_at_k(
    true_user2items: Dict[int, List[int]],
    pred_user2items: Dict[int, List[int]],
    k: int
) -> float:
    scores = []
    # 테스트 데이터에 존재하는 각 사용자의 precition@k를 계산
    for user_id in true_user2items.keys():
        p_at_k =_precision_at_k(true_user2items[user_id],
                                pred_user2items[user_id], k)
        scores.append(p_at_k)
    return np.mean(scores)

def _precision_at_k(true_items: List[int],
                    pred_items: List[int], k: int) -> float:
```

```
    if k == 0:
        return 0.0
    p_at_k = (len(set(true_items) & set(pred_items[:k]))) / k
    return p_at_k
```

5.2.4 통일된 포맷을 활용한 계산

데이터 읽기나 성능 평가 계산은 다양한 알고리즘에서 공통되므로 다음 포맷에 따라 설명합니다. 통일된 모듈 클래스 설계 폴더 구성 등의 상세 내용은 깃허브의 코드를 참조하기 바랍니다. 통일된 형식으로 기술하면 시스템에 삽입할 때 알고리즘을 교체하기 쉽고 예측 정확도를 평가하기도 쉽습니다. 초보자라면 클래스 설계 등을 이해하기 어려울 수 있으므로 이 부분은 건너뛰어도 괜찮습니다. 깃허브에는 통일 모듈을 사용하지 않는 추천 알고리즘 코드도 업로드되어 있으므로 초보자나 추천 알고리즘을 빠르게 시험해보고 싶은 분은 해당 내용을 참조하기 바랍니다.

```python
# 데이터 로딩과 평가 지표 계산 공통 모듈 로딩
from util.data_loader import DataLoader
from util.metric_calculator import MetricCalculator

# 1. MovieLens 데이터 로딩
data_loader = DataLoader(num_users=1000, num_test_items=5,
                         data_path='../data/ml-10M100K/')
movielens = data_loader.load()

# 2. 각종 알고리즘 구현
recommender = XXXRecommender()
recommend_result = recommender.recommend(movielens)

# 3. 평가 지표 계산
metric_calculator = MetricCalculator()
metrics = metric_calculator.calc(
    movielens.test.rating.tolist(), recommend_result.rating.tolist(),
    movielens.test_user2items, recommend_result.user2items, k=10)
print(metrics)
```

1. MovieLens 데이터 로딩

이제까지 소개한 각 파일의 읽기와 학습용 데이터, 테스트용 데이터 분할 처리 등을 재사용할 수 있도록 하기 위해 DataLoader 클래스 안에 정의합니다.

```python
import pandas as pd
import os
from util.models import Dataset


class DataLoader:
    def __init__(self, num_users: int = 1000, num_test_items: int = 5,
                 data_path: str = "../data/ml-10M100K/"):
        self.num_users = num_users
        self.num_test_items = num_test_items
        self.data_path = data_path

    def load(self) -> Dataset:
        ratings, movie_content = self._load()
        movielens_train, movielens_test = self._split_data(ratings)
        # 순위용 평가 데이터는 각 사용자의 평갓값이 4 이상인 영화만 정답으로 한다.
        # 키는 사용자 ID, 값은 사용자가 고평가한 ID 리스트
        movielens_test_user2items = (
            movielens_test[movielens_test.rating >= 4].groupby(
            "user_id").agg({"movie_id": list})["movie_id"].to_dict()
        )
        return Dataset(movielens_train, movielens_test,
                       movielens_test_user2items, movie_content)

    def _split_data(self, movielens: pd.DataFrame) ->
(pd.DataFrame, pd.DataFrame):
        # 학습용과 테스트용 데이터를 분할한다.
        # 각 사용자가 가장 최근에 평가한 5건을 평가용으로 사용하고 그 외는 학습용으로 사용한다.
        # 먼저 각 사용자가 평가한 영화의 순서를 계산한다.
        # 직전에 평가한 영화부터 순서를 부여한다(0부터 시작).
        movielens["rating_order"] = movielens.groupby("user_id")
                                    ["timestamp"].rank(ascending=False,
                                    method="first")
        movielens_train= movielens[movielens["rating_order"] >
                    self.num_test_items]
        movielens_test = movielens[movielens["rating_order"] <=
                    self.num_test_items]
        return movielens_train, movielens_test
```

```python
def _load(self) -> (pd.DataFrame, pd.DataFrame):
    # 영화 정보 로딩(10197 작품)
    # movie_id와 제목만 사용
    m_cols = ["movie_id", "title", "genre"]
    movies = pd.read_csv(
        os.path.join(self.data_path, "movies.dat"), names=m_cols,
        sep="::", encoding="latin-1", engine="python"
    )
    # genre를 list 형식으로 저장한다.
    movies["genre"] = movies.genre.apply(lambda x:
                        list(x.split("|")))
    # 사용자가 부여한 영화 태그 정보 로딩
    t_cols = ["user_id", "movie_id", "tag", "timestamp"]
    user_tagged_movies = pd.read_csv(
        os.path.join(self.data_path, "tags.dat"), names=t_cols,
        sep="::", engine="python"
    )
    # tag를 소문자로 한다.
    user_tagged_movies["tag"] = user_tagged_movies["tag"].str.lower()
    movie_tags = user_tagged_movies.groupby("movie_id").agg({"tag":
                    list})
    # 태그 정보를 결합한다.
    movies = movies.merge(movie_tags, on="movie_id", how="left")
    # 평가 데이터 로딩
    r_cols = ["user_id", "movie_id", "rating", "timestamp"]
    ratings = pd.read_csv(os.path.join(self.data_path,
    "ratings.dat"), names=r_cols, sep="::", engine="python")
    # 사용자 수를 num_users로 줄인다.
    valid_user_ids = sorted(ratings.user_id.unique())[:
                        self.num_users]
    ratings = ratings[ratings.user_id <= max(valid_user_ids)]
    # 위의 데이터를 결합한다.
    movielens_ratings = ratings.merge(movies, on="movie_id")
    return movielens_ratings, movies
```

DataLoader는 다음과 같이 정의되는 Dataset 클래스를 반환합니다. train에는 학습용 평갓값 데이터셋, test에는 테스트용 평갓값 데이터셋이 pandas 데이터프레임 형식으로 저장됩니다. 또한 test_user2items에는 각 사용자가 4 이상의 평갓값을 준 아이템이 저장되어 있어 Precision@K나 Recall@K 순위 지표 계산에 사용할 수 있습니다. item_content는 영화의 태그나 장르가 저장된 영화 마스터 데이터입니다. 콘텐츠 기반 추천에서 사용합니다.

```python
import dataclasses
@dataclasses.dataclass(frozen=True)
# 추천 시스템 학습과 평가에 사용하는 데이터셋
class Dataset:
    # 학습용 평갓값 데이터셋
    train: pd.DataFrame
    # 테스트용 평갓값 데이터셋
    test: pd.DataFrame
    # 순위 지표 테스트 데이터셋
    # 키는 사용자 ID, 값은 사용자가 높게 평가한 아이템 ID 리스트
    test_user2items: Dict[int, List[int]]
    # 아이템 콘텐츠 정보
    item_content: pd.DataFrame
```

2. 각종 알고리즘 구현

dataset을 받아 테스트 데이터의 추천 결과를 반환하는 알고리즘을 구현합니다. 각 알고리즘
은 다음 BaseRecommender 클래스를 상속하는 형태로 구현해갑니다.

```python
from abc import ABC, abstractmethod
class BaseRecommender(ABC):
    @abstractmethod
    def recommend(self, dataset: Dataset,**kwargs) -> RecommendResult:
        pass

    def run_sample(self) -> None:
        # MovieLens의 데이터 취득
        movielens = DataLoader(num_users=1000, num_test_items=5,
                        data_path="../data/ml-10M100K/").load()
        # 추천 계산
        recommend_result = self.recommend(movielens)
        # 추천 결과 평가
        metrics = MetricCalculator().calc(
            movielens.test.rating.tolist(),
            recommend_result.rating.tolist(),
            movielens.test_user2items,
            recommend_result.user2items,
            k=10,
        )
        print(metrics)
```

추천 결과는 RecommendResult 클래스에서 데이터셋의 예측 평가와 각 사용자에 대한 추천 아이템 리스트를 가집니다.

```python
@dataclasses.dataclass(frozen=True)
# 추천 시스템의 예측 결과
class RecommendResult:
    # 테스트 데이터셋의 예측 평갓값. RMSE 평가
    rating: pd.DataFrame
    # 키는 사용자 ID, 값은 추천 아이템 ID 리스트. 순위 지표 평가
    user2items: Dict[int, List[int]]
```

또한 BaseRecommender 클래스에는 run_sample 함수가 있으며 소량의 학습 데이터로 알고리즘을 실행해 그 결과를 확인할 수 있습니다.

3. 평가 지표 계산

추천 결과를 기반으로 MetricCalculator를 사용해 RMSE와 순위 지표의 Precision@K, Recall@K를 계산합니다.

```python
import numpy as np
from sklearn.metrics import mean_squared_error
from util.models import Metrics
from typing import Dict, List

class MetricCalculator:
    def calc(
        self,
        true_rating: List[float],
        pred_rating: List[float],
        true_user2items: Dict[int, List[int]],
        pred_user2items: Dict[int, List[int]],
        k: int,
    ) -> Metrics:
        rmse = self._calc_rmse(true_rating, pred_rating)
        precision_at_k = self._calc_precision_at_k(true_user2items,
                    pred_user2items, k)
        recall_at_k = self._calc_recall_at_k(true_user2items,
                    pred_user2items, k)
        return Metrics(rmse, precision_at_k, recall_at_k)
```

```python
def _precision_at_k(self, true_items:
List[int], pred_items: List[int], k: int) -> float:
    if k == 0:
        return 0.0
    p_at_k = (len(set(true_items) & set(pred_items[:k]))) / k
    return p_at_k

def _recall_at_k(self, true_items: List[int], pred_items: List[int],
k: int) -> float:
    if len(true_items) == 0 or k == 0:
        return 0.0
    r_at_k = (len(set(true_items) & set(pred_items[:k]))) / \
                len(true_items)
    return r_at_k

def _calc_rmse(self, true_rating: List[float], pred_rating:
List[float]) -> float:
    return np.sqrt(mean_squared_error(true_rating, pred_rating))

def _calc_recall_at_k(
    self, true_user2items: Dict[int, List[int]], pred_user2items:
    Dict[int, List[int]], k: int
) -> float:
    scores = []
    # 테스트 데이터에 존재하는 각 사용자의 Recall@K를 계산
    for user_id in true_user2items.keys():
        r_at_k = self._recall_at_k(true_user2items[user_id],
                pred_user2items[user_id], k)
        scores.append(r_at_k)
    return np.mean(scores)

def _calc_precision_at_k(
    self, true_user2items: Dict[int, List[int]], pred_user2items:
    Dict[int, List[int]], k: int
) -> float:
    scores = []
    # 테스트 데이터에 존재하는 각 사용자의 Precision@K를 계산
    for user_id in true_user2items.keys():
        p_at_k = self._precision_at_k(true_user2items[user_id],
                    pred_user2items[user_id], k)
        scores.append(p_at_k)
    return np.mean(scores)
```

다음 절부터 각 알고리즘에 관해 소개합니다. 깃허브에서는 각 추천 알고리즘을 주피터 노트북 Jupyter Notebook 으로 시험할 수 있게 했으므로 특히 초보자 분들은 꼭 확인하기 바랍니다.

5.3 무작위 추천

먼저 베이스라인으로 무작위 추천 시 얼마나 성능이 나오는지 확인해봅시다. MovieLens의 평갓값은 0.5~5.0이므로 0.5~5.0으로 우선 난수를 발생시키고 그것을 예측 평갓값으로 합니다. 학습용 데이터에 나타난 사용자와 아이템으로 사용자×아이템의 행렬을 만들고 각 셀에 난수를 저장합니다. 다음에 순위 지표 계산용으로 pred_user2items라는 딕셔너리를 작성하고 key에 user_id, value에 아직 사용자가 평가하지 않은 영화부터 무작위로 10개의 영화를 저장합니다.

```
from util.models import RecommendResult, Dataset
from src.base_recommender import BaseRecommender
from collections import defaultdict
import numpy as np
np.random.seed(0)

class RandomRecommender(BaseRecommender):
    def recommend(self, dataset: Dataset, **kwargs) -> RecommendResult:
        # 사용자 ID와 아이템 ID에 대해 0부터 시작하는 인덱스를 할당한다.
        unique_user_ids = sorted(dataset.train.user_id.unique())
        unique_movie_ids = sorted(dataset.train.movie_id.unique())
        user_id2index = dict(zip(unique_user_ids,
                        range(len(unique_user_ids))))
        movie_id2index = dict(zip(unique_movie_ids,
                        range(len(unique_movie_ids))))
        # 사용자×아이템의 행렬에서 각 셀의 예측 평갓값은 0.5~5.0의 균등 난수로 한다.
        pred_matrix = np.random.uniform(0.5, 5.0, (len(unique_user_ids),
                        len(unique_movie_ids)))
        # RMSE 평가용으로 테스트 데이터에 나오는 사용자와 아이템의 예측 평갓값을 저장한다.
        movie_rating_predict = dataset.test.copy()
        pred_results = []
        for i, row in dataset.test.iterrows():
            user_id = row[«user_id»]
            # 테스트 데이터의 아이템 ID가 학습용으로 등장하지 않는 경우도 난수를 저장한다.
            if row[«movie_id»] not in movie_id2index:
```

```
                pred_results.append(np.random.uniform(0.5, 5.0))
                continue
            # 테스트 데이터에 나타나는 사용자 ID와 아이템 ID의 인덱스를 얻어
            # 평갓값 행렬값을 취득한다.
            user_index = user_id2index[row[«user_id»]]
            movie_index = movie_id2index[row[«movie_id»]]
            pred_score = pred_matrix[user_index, movie_index]
            pred_results.append(pred_score)
        movie_rating_predict[«rating_pred»] = pred_results
        # 순위 평가용 데이터 작성
        # 각 사용자에 대한 추천 영화는
        # 해당 사용자가 아직 평가하지 않은 영화 중에서 무작위 10개 작품으로 한다.
        # 키는 사용자 ID, 값은 추천 아이템의 ID 리스트
        pred_user2items = defaultdict(list)
        # 사용자가 이미 평가한 영화를 저장한다.
        user_evaluated_movies = dataset.train.groupby(«user_id»).agg({
                            "movie_id": list})["movie_id"].to_dict()
        for user_id in unique_user_ids:
            user_index = user_id2index[user_id]
            movie_indexes = np.argsort(-pred_matrix[user_index, :])
            for movie_index in movie_indexes:
                movie_id = unique_movie_ids[movie_index]
                if movie_id not in user_evaluated_movies[user_id]:
                    pred_user2items[user_id].append(movie_id)
                if len(pred_user2items[user_id]) == 10:
                    break
        return RecommendResult(movie_rating_predict.rating_pred, pred_user2items)


if __name__ == "__main__":
    RandomRecommender().run_sample()
```

평가 지표 계산 결과는 다음과 같습니다.

```
RMSE=1.883,Precision@K=0.000, Recall@K=0.001
```

Precision@K, Recall@K가 0에 가까우며 적절하게 추천되지 않았음을 알 수 있습니다. 즉, 무작위로 영화를 추천해도 사용자는 그것을 선호할 가능성이 거의 없음을 나타냅니다. 다음 절부터는 사용자가 선호하는 영화를 추천하는 방법에 대해 설명합니다.

5.4 통계 정보나 특정 규칙에 기반한 추천

다음과 같은 통계 정보나 규칙에 기반해 추천하는 것을 생각해봅시다.

- 직전 1개월의 총 매출 수, 열람 수, 사용자에 따른 평갓값의 평균 등 서비스의 데이터 통계 정보를 사용해 아이템을 나열해서 사용자에게 추천
- 아이템 가격이나 크기와 같이 특정 속성 순서로 나열해 사용자에게 추천
- 사용자의 나이 등과 같은 특정 속성 정보에 기반해 다른 아이템 추천

서비스의 데이터 통계 정보나 아이템 속성 정보에 기반해 나열하는 추천은 특정 사용자에게 의존하지 않는 정보에 기반해 아이템을 나열하여 추천하므로 기본적으로 개인화를 수행하지 않는 알고리즘입니다. 기본적인 통계 데이터나 아이템 속성 정보는 추천 시스템의 콘텍스트에 관계없이 시스템이 갖고 있는 것이 많으며 다루기 쉬운 데이터이므로 구현하기가 비교적 쉽다고 할 수 있습니다.

비교적 단순한 알고리즘을 사용한 추천은 해당 아이템이 어떤 구조로 추천되는지 사용자가 알기 쉽다는 특징이 있습니다. 예를 들어 '지난달 판매 순위'라고 했을 때 가장 위에 추천된 아이템은 지난달 가장 많이 판매된 아이템이고 '신상품'이라면 가장 위에 추천된 아이템이 서비스 내에서 가장 최근 판매하기 시작한 아이템일 것입니다. 이처럼 사용자가 추천 이유를 쉽게 알 수 있도록 했을 때 사용자의 구매 행동과 연결되는 경우가 많으므로 얕볼 수 없는 방법입니다.

사용자의 속성 정보를 기반으로 다른 아이템을 추천하는 경우, 사용자의 속성 정보를 기반으로 사용자를 몇 가지 세그먼트로 나눔으로써 각각의 사용자 세그먼트에 적합하게 추천을 진행합니다. 예를 들어 전자상거래 사이트에서 프로필을 남성으로 선택한 사용자에게는 서비스 안에서도 마찬가지로 남성을 선택한 다른 사용자들이 자주 열람하는 순서대로 아이템을 추천합니다. 그럼으로써 성별에 관계없이 모든 사용자가 잘 열람하는 순서로 아이템을 추천하는 것보다 흥미가 있는 아이템을 추천할 수 있습니다.

사용자의 나이나 성별, 거주지 등의 인구 통계학적 데이터에 기반해 아이템을 추천하는 것을 **데모그래픽 필터링**demographic filtering이라고 합니다. 앞의 예시와 같이 데모그래픽 필터링에서는 사용자의 속성 정보별로 아이템을 추천하는 것만으로도 어느 정도 흥미가 있는 것을 추천할 가능성이 있지만 몇 가지 주의해야 할 점도 있습니다.

먼저 서비스나 사용자의 성질에 따라 데모그래픽 정보를 일부러 입력하지 않거나 경우에 따라 잘못된 정보가 입력될 수도 있습니다. 예를 들어 아마존 등의 전자상거래 사이트에서 굳이 사용자가 자신의 성별이나 나이를 입력하는 일은 많지 않을 수 있습니다. 그리고 매칭 서비스와 같이 비교적 능동적으로 프로필을 입력하는 경향이 있는 서비스라 하더라도 프로필을 잘 입력하지 않거나 자신을 보다 돋보이게 하기 위해 허위 정보를 입력하기도 합니다.

다음으로 최근 중요도가 높아지고 있는 **공평성**fairness 관점에서 데모그래픽 데이터를 사용할 때는 주의해야 합니다. 예를 들면 사용자에게 성별 등을 묻는 것 자체가 문제될 수 있습니다. 그리고 남성이니까 또는 여성이니까 같은 사고 방식은 설령 그것이 통계적인 경향을 갖고 있다 하더라도 그 경향을 서비스 지표 개선 등의 목적으로 사용할 수 없는 경우가 있습니다.

그리고 의도치 않게 그런 정보를 사용했다가 문제가 되기도 합니다. 예를 들어 아마존은 채용 과정에서 지원자의 프로필 정보가 회사와 얼마나 매치되는지 머신러닝으로 산출한 후 스크리닝에 사용했습니다.[2] 하지만 후보자의 성별에 따라 채용 시험 합격률에 큰 차이가 있었다는 사실이 발각되어 문제가 되었습니다. 이렇게 사용자의 데모그래픽 정보라는 것은 개발자가 특정 정보 사용을 의도하지 않았어도 공평성 관점에서 문제가 될 수 있어 사용 시 세심한 주의가 필요합니다. MovieLens 데이터셋도 초기 데이터셋에는 사용자 정보가 공개되어 있었지만 후기 데이터셋은 사용자 정보를 포함하지 않은 형태로 공개되었습니다.

그러면 MovieLens 데이터셋을 사용해 사용자들이 과거에 남긴 평갓값 중 값이 높은 순서로 추천하는 예시를 살펴봅시다. 먼저 단순히 영화에 부여된 평갓값순으로 나열합니다.

```python
import numpy as np
# 평갓값이 높은 영화 확인
movie_stats = movielens.train.groupby(['movie_id',
            'title']).agg({'rating': [np.size, np.mean]})
movie_stats.sort_values(by=('rating', 'mean'), ascending=False).head()
```

---

2 Jeffrey Dastin, "Amazon scraps secret AI recruiting tool that showed bias against women".

movie_id	title	rating size	mean
4095	Cry Freedom (1987)	1.0	5.0
7227	Trouble with Angels, The (1966)	1.0	5.0
27255	Wind Will Carry Us, The (Bad ma ra khahad bord) (1999)	1.0	5.0
4453	Michael Jordan to the Max (2000)	2.0	5.0
3415	Mirror, The (Zerkalo) (1975)	1.0	5.0

그림 5-7 평갓값이 높은 영화

평갓값이 5인 영화가 나열되었지만 평가 수가 적어 5점의 평가가 상위였을 가능성도 있습니다. 이렇게 평가 수가 적으면 평가 신뢰성이 낮으므로 임곗값을 도입해 일정 이상의 평가 수가 있는 영화로 필터링합니다.

```python
movie_stats= movielens.train.groupby(['movie_id',
            'title']).agg({'rating': [np.size, np.mean]})
atleast_flg = movie_stats['rating']['size'] >= 100
movies_sorted_by_rating = movie_stats[atleast_flg].sort_values(
                    by=('rating', 'mean'), ascending=False)
movies_sorted_by_rating.head()
```

movie_id	title	rating size	mean
318	Shawshank Redemption, The (1994)	424.0	4.491745
50	Usual Suspects, The (1995)	334.0	4.459581
912	Casablanca (1942)	163.0	4.444785
904	Rear Window (1954)	129.0	4.441860
2019	Seven Samurai (Shichinin no samurai) (1954)	104.0	4.408654

그림 5-8 평갓값 수가 100 이상인 영화 중에서 평갓값이 높은 영화

평가 수가 100건 이상인 영화로 필터링하면 '쇼생크 탈출'과 '7인의 사무라이' 등의 영화가 상위에 있어 납득할 수 있는 결과가 나왔습니다. 이렇게 임곗값을 정하면 추천 결과가 크게 달라집니다. 실무에서는 임곗값을 1, 10, 100 등으로 하여 몇 가지 패턴을 시험해보고 정성적으로 가

장 설득력 있는 결과가 되는 값으로 결정하는 경우도 많습니다. 이때 집계 기간과 다양성을 고려해야 하는데 집계 기간을 너무 길게 잡으면 항상 상위에 오는 아이템에 변동이 없어집니다. 또한 임곗값을 너무 높게 잡아도 같은 현상이 발생합니다. 구인이나 리테일 부문에는 재고 개념이 있어 인기 아이템만 추천할 수는 없으므로 그 관점도 고려하여 추천 규칙을 구축하는 것이 중요합니다.

평갓값이 높은 순의 추천 시스템 성능이 어느 정도인지 측정해봅시다.

```python
from util.models import RecommendResult, Dataset
from src.base_recommender import BaseRecommender
from collections import defaultdict
import numpy as np
np.random.seed(0)


class PopularityRecommender(BaseRecommender):
    def recommend(self, dataset: Dataset, **kwargs) -> RecommendResult:
        # 평갓값의 임곗값
        minimum_num_rating = kwargs.get(«minimum_num_rating», 200)
        # 각 아이템별 평균 평갓값을 계산하고 그 평균 평갓값을 예측값으로 사용한다.
        movie_rating_average = dataset.train.groupby(«movie_id»).agg({
                            "rating": np.mean})
        # 테스트 데이터에 예측값을 저장한다.
        # 테스트 데이터에만 존재하는 아이템의 예측 평갓값은 0으로 한다.
        movie_rating_predict = dataset.test.merge(
            movie_rating_average, on=»movie_id», how=»left»,
            suffixes=("_test", "_pred")
        ).fillna(0)
        # 각 사용자에 대한 추천 영화는 해당 사용자가 아직 평가하지 않은 영화 중에서
        # 평균값이 높은 10개 작품으로 한다.
        # 단, 평가 건수가 적으면 노이즈가 커지므로
        # minimum_num_rating건 이상 평가가 있는 영화로 한정한다.
        pred_user2items = defaultdict(list)
        user_watched_movies = dataset.train.groupby(«user_id»).agg({
                            "movie_id": list})["movie_id"].to_dict()
        movie_stats = dataset.train.groupby(«movie_id»).agg({«rating»:
                    [np.size, np.mean]})
        atleast_flg = movie_stats[«rating»][«size»] >=
                    minimum_num_rating
        movies_sorted_by_rating = (
            movie_stats[atleast_flg].sort_values(by=(«rating»,
            "mean"), ascending=False).index.tolist()
        )
```

```
        for user_id in dataset.train.user_id.unique():
            for movie_id in movies_sorted_by_rating:
                if movie_id not in user_watched_movies[user_id]:
                    pred_user2items[user_id].append(movie_id)
                if len(pred_user2items[user_id]) == 10:
                    break
        return RecommendResult(movie_rating_predict.rating_pred,
        pred_user2items)

    if __name__ == "__main__":
        PopularityRecommender().run_sample()
```

평가 수의 임곗값을 100으로 시험해보면 RMSE = 1.082, Precision@K = 0.008, Recall@ K = 0.027로 무작위 추천일 때의 성능에 비해 그 수치가 높아졌음을 알 수 있습니다.

평가 수의 임곗값을 1로 해보면 RMSE = 1.082, Precision@K = 0.000, Recall@K = 0.000으로 성능이 나빠집니다.

그리고 평가 수의 임곗값을 200으로 하면 RMSE = 1.082, Precision@K = 0.013, Recall@ K = 0.042가 됩니다.

추천 시스템의 성능을 정량적으로 측정함으로써 적절한 임곗값을 설정할 수 있습니다(RMSE 가 변하지 않는 것은 임곗값에 따라 추천 아이템 리스트에 등장하지 않더라도 아이템의 평갓값 자체는 해당 아이템의 평균 평갓값으로서 그 계산값이 변하지 않기 때문입니다).

5.5 연관 규칙

여기서는 협조 필터링 추천 중에서도 과거부터 지금까지 폭넓게 업계에서 활용되고 있는 연관 규칙association rule에 관해 살펴보겠습니다.[3] 연관 규칙에서는 대량의 구매 이력 데이터로부터 '아이템 A와 아이템 B는 동시에 구입하는 경우가 많다'는 규칙을 발견합니다.

연관 규칙에 관한 유명한 이야기로 '기저귀와 맥주'[4]가 있습니다. 어떤 슈퍼마켓에서 구매 이력

---

3 Rakesh Agrawal, and Ramakrishnan Srikant, "Fast algorithms for mining association rules," Proc. 20th int. conf. very large data bases, VLDB, Vol. 1215 (1994).

4 신뢰성에 관해 이런 분석이 있는 것은 사실이지만 기저귀를 맥주 근처에 두었을 때 매출이 오른다는 점에 관해서는 확인되지 않았습니다.

을 연관 분석한 결과 기저귀를 사는 남성은 맥주를 사는 경향이 있다는 것을 알고, 기저귀 근처에 맥주를 놓았더니 매출이 높아진 것입니다. 기저귀와 맥주처럼 의외의 조합을 발견할 수 있는 것이 연관 규칙의 강점입니다. 이런 조합을 안다면 매장의 레이아웃을 변경하거나 마케팅에 활용하여 해당 상품을 세트 상품으로 판매할 수도 있습니다.

연관 규칙 자체는 오래전부터 있었지만 1994년에 대량의 데이터에 대해서도 고속으로 계산할 수 있는 방법이 제안되었습니다. 계산 방법 자체는 매우 간단하며 SQL로도 구현할 수 있어 널리 이용되었습니다. 구매 이력 데이터에 활용되는 경우가 많지만 북마크나 열람 이력 등 사용자의 행동 이력 데이터라면 널리 적용할 수 있습니다. 연관 규칙에는 '지지도support', '확신도confidence', '리프트값lift'이라는 중요한 개념 3가지가 있습니다.

[표 5-3]과 같이 사용자가 4명, 아이템이 3개인 구매 이력 데이터의 예를 들어 설명해보겠습니다. ○가 구입을 나타냅니다. 웹페이지의 열람 데이터에 연관 규칙을 적용할 때는 열람 수에 임곗값을 설정해 특정 횟수 이상은 올바른 예로 사용하거나 사용자 단위의 집계가 아니라 세션 단위의 집계를 수행하기도 합니다.

표 5-3 구매 이력 데이터

	아이템 A	아이템 B	아이템 C
사용자 1	○	○	
사용자 2	○	○	
사용자 3			○
사용자 4	○	○	○

5.5.1 지지도

지지도란 어떤 아이템이 전체 중에서 출현한 비율입니다. [표 5-3]을 기준으로 계산하면 다음과 같습니다.

지지도(A) = (A의 출현 수) / 전체 데이터 수 = 3 / 4 = 0.75

지지도(B) = (B의 출현 수) / 전체 데이터 수 = 3 / 4 = 0.75

지지도(C) = (C의 출현 수) / 전체 데이터 수 = 2 / 4 = 0.5

그리고 '아이템 A와 아이템 B가 동시에 출현한다'와 같이 아이템이 여럿인 경우에도 다음과 같이 계산할 수 있습니다.

지지도(A and B) = (A와 B의 동시 출현 수) / 전체 데이터 수 = 3 / 4 = 0. 75

자주 나타나는 조합에서는 그 값이 높습니다.

5.5.2 확신도

확신도는 아이템 A가 나타났을 때 아이템 B가 나타날 비율입니다.

확신도(A ⇒ B) = (A와 B의 동시 출현 수) / (A의 출현 수) = 3 / 3 = 1. 0

이때 A를 **조건부**[antecedents], B를 **귀결부**[consequents]라고 합니다.

5.5.3 리프트값

리프트값이란 아이템 A와 아이템 B의 출현이 어느 정도 상관관계를 갖는지 나타내는 것으로
다음과 같이 정의됩니다.

리프트(A ⇒ B) = 지지도(A and B) / (지지도(A) * 지지도(B)) = 0. 75 / (0. 75 * 0. 75) = 1.333

아이템 A와 아이템 B가 나타나는 방법이 서로 전혀 관계가 없고 독립적이라면 리프트값은 1이
됩니다. 반대로 한쪽 아이템이 나타나는 것과 다른 한쪽이 나타나는 것에 양의 상관관계가 있
다면 리프트값은 1보다 커집니다. 또한 한쪽 아이템이 나타나는 것과 다른 한쪽이 나타나는 것
에 음의 상관관계가 있다면 리프트값은 1보다 작아집니다. 예를 들어 가전 판매에서 프린터와
잉크는 동시에 판매되는 경우가 많아 리프트값이 1보다 커지지만, 프린터 A와 프린터 B는 동
시에 판매되는 경우가 적으므로 리프트값이 1보다 작아집니다.

또한 이 리프트값은 수학이나 정보 이론적으로도 재미있는 특성을 갖고 있는데 리프트값의 로
그를 취하면 **점별 상호정보량**[Pointwise Mutual Information] (PMI)이라는 것이 됩니다. 이번 장 후반에서
설명할 word2vec 알고리즘은 이 점별 상호정보량을 요소로 하는 행렬을 행렬 분해한 것으로
알려져 있습니다.[5]

---

5 Omer Levy, and Yoav Goldberg, "Neural word embedding as implicit matrix factorization," Advances in neural
information processing systems 27 (2014): 2177–2185.

이번에는 2개의 아이템으로 설명했지만 아이템이 3개 이상이라도 리프트값을 계산할 수 있습니다.

리프트((A and B) ⇒ C) = 지지도(A and B and C) / (지지도 (A and B) * 지지도(C))

추천 시스템을 만들 때는 이 리프트값이 중요합니다. 리프트값이 높을수록 아이템 A 출현과 아이템 B 출현의 상관관계가 높으므로 아이템 A를 구입한 사용자에게 아이템 B를 추천하면 구입 확률이 높아질 가능성이 있습니다(엄밀하게는 인과 관계가 아니므로 실제로 구입 확률이 높아지는가에 관해서는 실제 추천을 통해 검증해야 합니다).

5.5.4 Apriori 알고리즘을 활용한 고속화

이번 예시에서는 리프트값이 높은 특징적인 아이템의 관계를 손으로 계산했습니다. 하지만 아이템 수나 사용자 수가 커질수록 아이템의 조합 방법은 기하급수적으로 늘어나 도저히 계산할 수 없는 상황이 됩니다. 그래서 이 문제를 해결하도록 Apriori 알고리즘이 제안되었습니다.[6]

Apriori 알고리즘에서는 모든 아이템의 조합을 계산하는 것이 아니라 지지도가 일정 이상인 아이템이나 아이템의 조합만 계산 대상으로 하여 빠르게 계산합니다. 추천 시스템 구축 시에는 그 임곗값이 중요한 파라미터입니다. 임곗값을 너무 높이면 일부 인기 아이템만 추천되며 반대로 임곗값을 너무 낮추면 계산이 무거워지고 노이즈가 많은 다양한 아이템이 추천됩니다.

MovieLens 데이터로 연관 분석을 해봅시다. 여기서는 mlxtend라는 파이썬 라이브러리를 사용합니다. 먼저 이 라이브러리에 입력할 수 있도록 데이터를 행렬 형식으로 변환합니다.

```
# 사용자 × 영화 행렬 형식으로 변경
user_movie_matrix = movielens.train.pivot(index='user_id',
                    columns='movie_id', values='rating')

# 라이브러리를 사용하기 위해 4 이상의 평갓값은 1, 4 미만의 평갓값은 0으로 한다.
user_movie_matrix[user_movie_matrix < 4] = 0
user_movie_matrix[user_movie_matrix.isnull()] = 0
```

---

6 Rakesh Agrawal, and Ramakrishnan Srikant, "Fast algorithms for mining association rules," Proc. 20th int. conf. very large data bases, VLDB. Vol. 1215 (1994).

```
user_movie_matrix[user_movie_matrix >= 4] = 1

user_movie_matrix.head()
```

movie_id	1	2	3	4	5	6	7	8	9	10	...	62000
user_id												
1	0.0	0.0	0.0	0.0	0.0	0.0	0.0	0.0	0.0	0.0	...	0.0
2	0.0	0.0	0.0	0.0	0.0	0.0	0.0	0.0	0.0	0.0	...	0.0
3	0.0	0.0	0.0	0.0	0.0	0.0	0.0	0.0	0.0	0.0	...	0.0
4	0.0	0.0	0.0	0.0	0.0	0.0	0.0	0.0	0.0	0.0	...	0.0
5	0.0	0.0	0.0	0.0	0.0	0.0	0.0	0.0	0.0	0.0	...	0.0

그림 5-9 1과 0의 2값으로 표시한 사용자 x 영화 행렬

평갓값이 4 이상인 위치가 1, 그 이외가 0이 되는 사용자×영화의 행렬이 됩니다.

이 데이터를 mlxtend에 입력해서 지지도를 계산합니다.

```
from mlxtend.frequent_patterns import apriori

# 지지도가 높은 영화 표시
freq_movies = apriori(
    user_movie_matrix, min_support=0.1, use_colnames=True)
freq_movies.sort_values('support', ascending=False).head()
```

	support	itemsets
42	0.415	(593)
23	0.379	(318)
21	0.369	(296)
19	0.361	(260)
25	0.319	(356)

그림 5-10 지지도가 높은 아이템

movie_id=593인 영화는 '양들의 침묵'이며 사용자의 약 40%가 4 이상의 평가를 붙였습니다.

다음으로 이 지지도를 기반으로 리프트값을 계산합니다.

```
from mlxtend.frequent_patterns import association_rules

# 연관 규칙 계산(리프트값이 높은 순으로 표시)
rules = association_rules(freq_movies, metric="lift",
        min_threshold=min_threshold)
rules.sort_values('lift', ascending=False).head()[['antecedents', 'consequents',
'lift']]
```

	antecedents	consequents	lift
649	(4993)	(5952)	5.459770
648	(5952)	(4993)	5.459770
1462	(1196, 1198)	(1291, 260)	4.669188
1463	(1291, 260)	(1196, 1198)	4.669188
1460	(1291, 1196)	(260, 1198)	4.171359

그림 5-11 리프트값이 높은 규칙

antecedents가 조건부이고 consequents가 귀결부입니다. movie_id=5952는 반지의 제왕 시리즈의 1편, movie_id=4993은 시리즈의 2편입니다. 이렇게 관계성이 높은 영화 조합을 추출할 수 있었습니다. 리프트값의 계산 정의에 대칭성이 있어 조건부와 귀결부를 뒤집어도 같은 값을 갖습니다. 이 예시에서도 알 수 있듯이 연관 규칙에서 제시되는 것은 어디까지나 상관 관계가 높은 조합이며 인과 관계를 나타내는 것은 아니므로 반지의 제왕 시리즈 2편을 보고 있는 사람에게는 1편을 추천해도 큰 의미가 없습니다.

다음에는 이 리프트값을 사용해 사용자에게 추천해봅시다. 연관 규칙을 사용한 추천 방법은 몇 가지가 있었습니다. 여기서는 간단히 사용자가 가장 최근에 별 4개 이상으로 평가한 영화 5편을 연관 입력으로 사용하겠습니다. 5편 중 1편이라도 조건부에 포함되는 연관 규칙을 모두 열거합니다. 그 규칙을 리프트값으로 정렬하고 사용자가 과거에 평가한 영화를 제거한 뒤 상위 10편을 사용자에게 추천합니다.

```
from util.models import RecommendResult, Dataset
from src.base_recommender import BaseRecommender
from collections import defaultdict, Counter
```

```python
import numpy as np
from mlxtend.frequent_patterns import apriori
from mlxtend.frequent_patterns import association_rules
np.random.seed(0)

class AssociationRecommender(BaseRecommender):
    def recommend(self, dataset: Dataset, **kwargs) -> RecommendResult:
        # 평갓값의 임곗값
        min_support = kwargs.get(«min_support», 0.1)
        min_threshold = kwargs.get(«min_threshold», 1)
        # 사용자 × 영화 행렬 형식으로 변경
        user_movie_matrix = dataset.train.pivot(index=»user_id»,
                            columns="movie_id", values="rating")
        # 라이브러리 사용을 위해 4 이상의 평갓값은 1, 4 미만의 평갓값은 0으로 한다.
        user_movie_matrix[user_movie_matrix < 4] = 0
        user_movie_matrix[user_movie_matrix.isnull()] = 0
        user_movie_matrix[user_movie_matrix >= 4] = 1
        # 지지도가 높은 영화
        freq_movies = apriori(user_movie_matrix,
                        min_support=min_support, use_colnames=True)
        # 연관 규칙 계산(리프트값이 높은 순으로 표시)
        rules = association_rules(freq_movies, metric=»lift»,
                min_threshold=min_threshold)
        # 연관 규칙을 사용해 각 사용자가 아직 평가하지 않은 영화 10개를 추천한다.
        pred_user2items = defaultdict(list)
        user_evaluated_movies = dataset.train.groupby(«user_id»).agg({
                            "movie_id": list})["movie_id"].to_dict()
        # 학습용 데이터에서 평갓값이 4 이상인 것만 얻는다.
        movielens_train_high_rating = dataset.train[dataset.train.rating
                                    >= 4]
        for user_id, data in movielens_train_high_rating.groupby(«user_id»):
            # 사용자가 가장 최근에 평가한 5개의 영화를 얻는다.
            input_data = data.sort_values(«timestamp»)[
                        "movie_id"].tolist()[-5:]
            # 그 영화들이 조건부에 하나라도 포함되는 연관 규칙을 검출한다.
            matched_flags = rules.antecedents.apply(lambda x:
                            len(set(input_data) & x)) >= 1
            # 연관 규칙 귀결부의 영화를 리스트에 저장하고
            # 등록 빈도 수로 정렬해 사용자가 아직 평가하지 않았다면
            # 추천 목록에 추가한다.
            consequent_movies = []
            for i, row in rules[matched_flags].sort_values(«lift»,
            ascending=False).iterrows():
                consequent_movies.extend(row[«consequents»])
            # 등록 빈도 세기
```

```
        counter = Counter(consequent_movies)
        for movie_id, movie_cnt in counter.most_common():
            if movie_id not in user_evaluated_movies[user_id]:
                pred_user2items[user_id].append(movie_id)
            # 추천 리스트가 10이 되면 종료한다.
            if len(pred_user2items[user_id]) == 10:
                break
        # 연관 규칙에서는 평갓값을 예측하지 않으므로
        # RMSE 평가는 수행하지 않는다(편의상 테스트 데이터의 예측값을 그대로 반환).
        return RecommendResult(dataset.test.rating, pred_user2items)

if __name__ == "__main__":
    AssociationRecommender().run_sample()
```

결과는 Precision@K = 0.011, Recall@K = 0.036입니다. 무작위로 추천하는 것보다는 높은 수치지만 인기순에 비해 Recall@K 값이 다소 좋지 않습니다. 연관 규칙에는 여러 파라미터가 있으며 그 파라미터들을 조정함으로써 정확도를 높일 수 있습니다. 예를 들어 min_support 의 임곗값을 적절하게 설정하면 인기도보다 높은 값이 됩니다. min_support = 0.06일 때는 Precision@K = 0.015, Recall@K = 0.048이 됩니다. min_support가 작을수록 계산에 포함되는 아이템 수가 늘어나기 때문에 계산 시간이 증가합니다. 그 때문에 실무에서 사용할 때는 계산 속도도 고려해 최적의 임곗값을 결정합니다.

5.6 사용자-사용자 메모리 기반 방법 협조 필터링

사용자-사용자 메모리 기반 방법의 협조 필터링을 사용하여 추천하는 방법에 대해 살펴보겠습니다. 알고리즘 개요에 관해서는 4.3절에서 소개했습니다. 여기서는 실제로 파이썬 코드를 사용해서 설명하겠습니다.

메모리 기반 방법에서는 추천 시스템이 사용될 때까지 시스템 내의 사용자 데이터를 축적하기만 하고 계산은 수행하지 않으며 추천하는 시점에 축적된 데이터 중 필요한 것을 모두 사용해서 예측 계산을 수행합니다. 그렇기 때문에 예측 계산 시 다른 알고리즘에 비해 시간이 걸리는 경우가 많습니다.

사용자-사용자 메모리 기반 방법은 다음 과정으로 구현됩니다.

1 미리 얻은 평갓값을 사용해 사용자 사이의 유사도를 계산하고 추천받을 사용자와 기호 경향이 비슷한 사용자를 찾는다.

2 기호 경향이 비슷한 사용자의 평갓값으로 추천받을 사용자의 미지의 아이템에 대한 예측 평갓값을 계산한다.

3 예측 평갓값이 높은 아이템을 사용자에게 추천한다.

우선 미리 얻은 사용자의 평갓값에 기반해 사용자 사이의 유사도를 계산합니다. 여기서는 유사도 산출에 피어슨 상관 계수를 사용합니다.

$$\rho_{ax} = \frac{\Sigma_{y \in Y_{ax}}(r_{ay} - \bar{r}_a)(r_{xy} - \bar{r}_x)}{\sqrt{\Sigma_{y \in Y_{ax}}(r_{ay} - \bar{r}_a)^2}\sqrt{\Sigma_{y \in Y_{ax}}(r_{xy} - \bar{r}_x)^2}}$$

```python
# 피어슨 상관 계수
def pearson_coefficient(u: np.ndarray, v: np.ndarray) -> float:
    u_diff = u - np.mean(u)
    v_diff = v - np.mean(v)
    numerator = np.dot(u_diff, v_diff)
    denominator = np.sqrt(sum(u_diff**2))*np.sqrt(sum(v_diff**2))
    if denominator == 0:
        return 0.0
    return numerator / denominator
```

다음으로 피어슨 상관 계수를 사용해 실제로 사용자 사이의 유사도를 산출합니다. 평갓값을 예측할 대상 사용자(사용자 1)와 그 외 사용자(사용자 2)의 유사도를 산출합니다. 여기서는 유사도가 0보다 큰 경우 비슷한 사용자로 간주하고 비슷한 사용자의 ID, 유사도, 비슷한 사용자의 평갓값 평균을 각각 변수 similar_users, similarities, avgs에 저장합니다.

```python
# 평갓값을 사용자 × 영화의 행렬로 변환
user_movie_matrix= dataset.train.pivot(index="user_id",
                         columns="movie_id", values="rating")
user_id2index = dict(zip(user_movie_matrix.index,
                 range(len(user_movie_matrix.index))))
movie_id2index = dict(zip(user_movie_matrix.columns,
                  range(len(user_movie_matrix.columns))))

# 예측 대상 사용자와 영화의 조합
movie_rating_predict = dataset.test.copy()
pred_user2items = defaultdict(list)
```

```
# 예측 대상 사용자 ID
test_users = movie_rating_predict.user_id.unique()

# 예측 대상 사용자(사용자 1)에게 주목한다.
for user1_id in test_users:
    similar_users = []
    similarities = []
    avgs= []

    # 사용자 1과 평갓값 행렬 내 다른 사용자(사용자 2)의 유사도를 산출한다.
    for user2_id in user_movie_matrix.index:
        if user1_id == user2_id:
            continue

        # 사용자 1과 사용자 2의 평갓값 벡터
        u_1 = user_movie_matrix.loc[user1_id, :].to_numpy()
        u_2 = user_movie_matrix.loc[user2_id, :].to_numpy()

        # u_1과 u_2 모두 결손값이 없는 것만 추출한 벡터를 얻는다.
        common_items = (~np.isnan(u_1) & ~np.isnan(u_2))
        # 공통으로 평가한 아이템이 없으면 스킵한다.
        if not common_items.any():
            continue
        u_1, u_2 = u_1[common_items], u_2[common_items]

        # 피어슨 상관 계수를 사용해 사용자 1과 사용자 2의 유사도를 산출한다.
        rho_12 = peason_coefficient(u_1, u_2)

        # 사용자 1과의 유사도가 0보다 크면 사용자 2를 비슷한 사용자로 간주한다.
        if rho_12 > 0:
            similar_users.append(user2_id)
            similarities.append(rho_12)
            avgs.append(np.mean(u_2))
```

다음으로 사용자 1과 기호 경향이 비슷한 사용자의 평갓값을 사용해 사용자 1의 미지의 아이템에 대한 예측 평갓값을 계산합니다. 여기서는 설명을 위해 각 사용자의 각 영화에 대한 예측 평갓값을 모두 계산하는 단순한 구현을 소개하므로 대량 예측을 수행할 때 상당한 시간이 소요됩니다. 그래서 평가하지 않는 모든 영화에 대한 평갓값을 예측해야 하는 순위 형식의 추천 리스트는 작성하지 않습니다. 테스트용 데이터에 존재하는 사용자와 영화의 조합에 대한 평갓값만 예측 계산하여 RMSE를 통한 성능 평가만 수행합니다.

예측 평갓값 계산에는 '사용자별 평균 평갓값에서 해당 아이템에 대한 평가가 얼마나 높은 평가인가'라는 상대적인 평갓값에 주목해 해당 값의 가중 평균을 얻는다'는 방법을 사용합니다. 이 계산 방법에는 몇 가지 패턴이 있으므로 흥미가 있는 분은 부록 B를 참고하기 바랍니다.

$$\widehat{r}_{ay} = \overline{r}_a + \frac{\sum_{x \in X_y} \rho_{ax} \left(r_{xy} - \overline{r}_x \right)}{\sum_{x \in X_y} |\rho_{ax}|}$$

```python
# 사용자 1의 평균 평갓값
avg_ 1 = np.mean(user_movie_matrix.loc[user1_id, :].dropna().to_numpy())

# 예측 대상 영화의 ID
test_movies = movie_rating_predict[movie_rating_predict[
                "user_id"]==user1_id].movie_id.values
# 예측할 수 없는 영화에 대한 평갓값은 사용자 1의 평균 평갓값으로 한다.
movie_rating_predict.loc[(movie_rating_predict[
"user_id"]==user1_id), "rating_pred"] = avg_ 1

if similar_users:
    for movie_id in test_movies:
        if movie_id in movie_id2index:
            r_xy = user_movie_matrix.loc[similar_users,
                    movie_id].to_numpy()
            rating_exists = ~np.isnan(r_xy)

            # 비슷한 사용자가 대상 영화에 대한 평갓값을 갖고 있지 않으면 스킵한다.
            if not rating_exists.any():
                continue

            r_xy = r_xy[rating_exists]
            rho_1x = np.array(similarities)[rating_exists]
            avg_x = np.array(avgs)[rating_exists]
            r_hat_1y = avg_1 + np.dot(rho_1x, (r_xy - avg_x)) /
                    rho_1x.sum()

            # 예측 평갓값을 저장한다.
            movie_rating_predict.loc[(movie_rating_predict[
            "user_id"]==user1_id) & (movie_rating_predict[
            "movie_id"]==movie_id), "rating_pred"] = r_hat_1y
```

이를 통해 얻은 미평가 영화에 대한 예측 평갓값 중 해당 값이 높은 것을 사용자에게 추천함으로써 사용자가 높게 평가할 가능성이 큰 영화를 제시할 수 있습니다.

이번 테스트용 데이터에 대한 예측 평갓값의 RMSE를 사용한 평가 결과는 RMSE＝0.956입니다. 이제까지의 무작위 추천이나 인기순 추천에 비해 높은 정확도로 테스트용 데이터의 평갓값을 예측할 수 있다는 것을 알 수 있습니다.

앞에서는 설명을 위해 단순한 구현을 소개했지만 다양한 라이브러리를 통해서도 메모리 기반 방법 협조 필터링을 구현하는 기능이 제공되고 있습니다. 다음은 파이썬 추천 시스템의 Surprise라는 라이브러리를 사용해서 구현한 것입니다.

```python
from util.models import RecommendResult, Dataset
from src.base_recommender import BaseRecommender
from collections import defaultdict
import numpy as np

from surprise import KNNWithMeans, Reader
from surprise import Dataset as SurpriseDataset

np.random.seed(0)

class UMCFRecommender(BaseRecommender):
    def recommend(self, dataset: Dataset, **kwargs) -> RecommendResult:

        # 평갓값을 사용자 × 영화 행렬로 변환한다.
        user_movie_matrix = dataset.train.pivot(index=»user_id»,
                            columns="movie_id", values="rating")
        user_id2index = dict(zip(user_movie_matrix.index,
                        range(len(user_movie_matrix.index))))
        movie_id2index = dict(zip(user_movie_matrix.columns,
                        range(len(user_movie_matrix.columns))))

        # 평갓값을 예측할 테스트용 데이터
        movie_rating_predict = dataset.test.copy()
        # 각 사용자에 대한 순위 형식의 추천 리스트를 저장하는 딕셔너리
        pred_user2items = defaultdict(list)

        # Surprise용으로 데이터를 가공한다.
        reader = Reader(rating_scale=(0.5, 5))
        data_train = SurpriseDataset.load_from_df(
            dataset.train[[«user_id», «movie_id», «rating»]], reader
        ).build_full_trainset()

            sim_options = {
                "name": "pearson",   # 유사도 계산 방법을 지정한다.
```

```
        "user_based": True}   # False로 하면 아이템 기반이 된다.
}

# 유사도 상위 30명의 사용자를 유사 사용자로 다룬다.
knn = KNNWithMeans(k=30, min_k=1, sim_options=sim_options)
knn.fit(data_train)

# 학습용 데이터에 대해 평갓값이 없는 사용자와 아이템의 조합에 대한
# 평갓값을 예측한다.
data_test = data_train.build_anti_testset(None)
predictions = knn.test(data_test)

def get_top_n(predictions, n=10):
    # 각 사용자별로 예측된 아이템을 저장한다.
    top_n = defaultdict(list)
    for uid, iid, true_r, est, _ in predictions:
        top_n[uid].append((iid, est))

    # 사용자별로 아이템을 예측 평갓값순으로 나열하고 상위 n개를 저장한다.
    for uid, user_ratings in top_n.items():
        user_ratings.sort(key=lambda x: x[1], reverse=True)
        top_n[uid] = [d[0] for d in user_ratings[:n]]

    return top_n

pred_user2items = get_top_n(predictions, n=10)

average_score = dataset.train.rating.mean()
pred_results = []
for _, row in dataset.test.iterrows():
    user_id = row[«user_id»]
    movie_id = row[«movie_id»]
    # 학습 데이터에 존재하지 않고 테스트 데이터에만 존재하는 사용자나
    # 영화에 관한 예측 평갓값은 전체 평균 평갓값으로 한다.
     if user_id not in user_id2index or movie_id not in movie_id2index:
         pred_results.append(average_score)
             continue
    # 특정 사용자의 특정 아이템에 대한 평갓값을 예측한다.
    pred_score = knn.predict(uid=user_id, iid=movie_id).est
    pred_results.append(pred_score)
movie_rating_predict[«rating_pred»] = pred_results

return RecommendResult(movie_rating_predict.rating_pred,
pred_user2items)
```

평가 결과는 다음과 같습니다.

```
RMSE=0.962, Precision@K=0.002, Recall@K=0.005
```

엄밀히 말하면 앞에서 소개한 단순한 구현과 동일하게 처리하지는 않으므로 RMSE에 의한 평가 결과에 차이는 있습니다. 하지만 RMSE는 무작위 추천이나 인기순 추천보다 우수하고 테스트용 데이터의 평갓값을 보다 정확하게 예측한다는 것을 알 수 있습니다.

한편 Precision@K와 Recall@K는 무작위 추천보다 조금 나은 편이지만 인기순이나 연관 규칙에 비해 상당히 좋지 못한 결과를 보였습니다. 이것은 평가 수는 적지만 평갓값이 높은 아이템의 영향도가 크기 때문이며 일정 수 이상 평가된 아이템만 남기면 정확도를 높일 수 있습니다.

5.7 회귀 모델

미지의 아이템에 대한 평갓값을 회귀 문제로 예측하는 방법을 소개합니다. MovieLens의 예에서는 예측 대상의 평갓값이 0.5부터 5.0까지 0.5 간격의 값을 가지므로 이를 회귀 모델에서 예측하게 됩니다. 회귀 문제로 정식화함으로써 머신러닝 분야에서 발전해온 다양한 방법을 시험해볼 수 있습니다. 여기서는 **랜덤 포레스트**random forest를 사용해 회귀해보겠습니다. 구현은 sklearn.ensemble을 사용합니다.

```
from sklearn.ensemble import RandomForestRegressor as RFR
```

먼저 랜덤 포레스트 학습에 사용하는 사용자와 영화의 조합 및 정답 데이터가 되는 각각의 평갓값을 얻습니다. 또한 학습용 데이터에 의존하는 모든 사용자와 영화의 조합에 대한 평갓값 예측도 필요하므로 해당 데이터도 얻어둡니다. 이는 평갓값을 예측할 테스트용 데이터 안의 사용자와 영화 조합 및 순위 형식의 추천 리스트 작성에 필요합니다.

```
# 학습에 사용하는 학습용 데이터 중 사용자와 영화의 조합
train_keys = dataset.train[["user_id", "movie_id"]]
# 학습 정답 데이터가 되는 학습용 데이터 중 평갓값
train_y = dataset.train.rating.values
```

```
# 평갓값을 예측할 테스트용 데이터 중 사용자와 영화의 조합
test_keys = dataset.test[["user_id", "movie_id"]]
# 순위 형식의 추천 리스트 작성을 위한 학습용 데이터에 존재하는 모든 사용자와
# 모든 영화의 조합
train_all_keys =
user_movie_matrix.stack(dropna=False).reset_index()[["user_id",
                "movie_id"]]
```

다음으로 특징량feature을 작성합니다. 먼저 학습용 데이터에 의존하는 사용자별 평갓값의 최솟값, 최댓값, 평균값 및 영화별 최솟값, 최댓값, 평균값을 특징량으로 추가해봅니다. 학습에서는 학습용 데이터 정보만 사용하므로 테스트용 데이터에만 존재하는 사용자나 영화의 특징량이 없습니다. 그러므로 여기서는 학습용 데이터 전체의 평균 평갓값으로 채워둡니다.

```
# 특징량을 작성한다.
train_x = train_keys.copy()
test_x = test_keys.copy()
train_all_x = train_all_keys.copy()
# 학습용 데이터에 존재하는 사용자별 평갓값의 최솟값, 최댓값, 평균값 및
# 영화별 평갓값의 최솟값, 최댓값, 평균값을 특징량으로 추가한다.
aggregators= ["min", "max", "mean"]
user_features = dataset.train.groupby("user_id").rating.agg(
                aggregators).to_dict()
movie_features = dataset.train.groupby("movie_id").rating.agg(
                aggregators).to_dict()
for agg in aggregators:
    train_x[f"u_{agg}"] = train_x["user_id"].map(user_features[agg])
    test_x[f"u_{agg}"] = test_x["user_id"].map(user_features[agg])
    train_all_x[f"u_{agg}"] = train_all_x["user_id"].map(user_features[agg])
    train_x[f"m_{agg}"] = train_x["movie_id"].map(movie_features[agg])
    test_x[f"m_{agg}"] = test_x["movie_id"].map(movie_features[agg])
    train_all_x[f"m_{agg}"] = train_all_x["movie_id"].map(movie_features[agg])
    # 테스트용 데이터에만 존재하는 사용자와 영화의 특징량을
    # 학습용 데이터 전체의 평균 평갓값으로 채운다.
    average_rating = train_y.mean()
    test_x.fillna(average_rating, inplace=True)
```

여기에 영화 장르 정보도 사용해봅시다. 어떤 영화가 특정 장르에 속하는지 나타내는 boolean 특징량을 추가합니다.

```
# 영화가 특정한 genre에 속하는지 나타내는 특징량 추가
movie_genres = dataset.item_content[["movie_id", "genre"]]
genres = set(itertools.chain(*movie_genres.genre))
for genre in genres:
    movie_genres[f"is_{genre}"] = movie_genres.genre.apply(lambda x:
                                                  genre in x)
movie_genres.drop("genre", axis=1, inplace=True)
train_x = train_x.merge(movie_genres, on="movie_id")
test_x = test_x.merge(movie_genres, on="movie_id")
train_all_x = train_all_x.merge(movie_genres, on="movie_id")
```

특징량을 작성했으므로 랜덤 포레스트를 사용해 학습합니다. 사용자나 영화의 ID를 그대로 특징량으로 사용하면 의도하지 않은 학습을 수행하므로 삭제한 뒤 학습을 수행해야 합니다.

```
# 특장량으로 사용하지 않는 정보 삭제
train_x= train_x.drop(columns=["user_id", "movie_id"])
test_x = test_x.drop(columns=["user_id", "movie_id"])
train_all_x = train_all_x.drop(columns=["user_id", "movie_id"])

# Random Forest를 사용한 학습
reg = RFR(n_jobs=-1, random_state=0)
reg.fit(train_x.values,train_y)
```

랜덤 포레스트가 학습되었다면 테스트용 데이터 안의 사용자와 영화의 조합 및 학습용 데이터에 존재하는 모든 사용자와 모든 영화의 조합에 대해 평갓값을 예측합니다.

```
# 테스트용 데이터 안의 사용자와 영화의 조합에 대해 평갓값을 예측한다.
test_pred= reg.predict(test_x.values)

movie_rating_predict = test_keys.copy()
movie_rating_predict["rating_pred"] = test_pred

# 학습용 데이터에 존재하는 모든 사용자와 모든 영화의 조합에 대해
# 평갓값을 예측한다.
train_all_pred = reg.predict(train_all_x.values)

pred_train_all = train_all_keys.copy()
pred_train_all["rating_pred"] = train_all_pred
pred_matrix = pred_train_all.pivot(index="user_id", columns="movie_id",
            values="rating_pred")
```

```
# 사용자가 학습용 데이터 안에서 평가하지 않은 영화 중
# 예측 평갓값이 높은 순으로 10편의 영화를 순위 형식의 추천 리스트로 만든다.
pred_user2items = defaultdict(list)
user_evaluated_movies = dataset.train.groupby("user_id").agg({
                        "movie_id": list})["movie_id"].to_dict()
for user_id in dataset.train.user_id.unique():
    movie_indexes = np.argsort(-pred_matrix.loc[user_id, :]).values
    for movie_index in movie_indexes:
        movie_id = user_movie_matrix.columns[movie_index]
        if movie_id not in user_evaluated_movies[user_id]:
            pred_user2items[user_id].append(movie_id)
        if len(pred_user2items[user_id]) == 10:
            break
```

이렇게 얻어진 테스트용 데이터에 대한 예측 평갓값과 순위 형식의 추천 리스트 평가 결과는 다음과 같습니다.

```
RMSE=0.988, Precision@K=0.000, Recall@K=0.001
```

RMSE 결과로부터 무작위 추천하거나 인기순으로 추천하는 것보다 테스트용 데이터에 대한 예측 평가가 정확하다는 것을 알 수 있습니다. 한편 사용자-사용자 메모리 기반 방법 협조 필터링에 비하면 성능이 다소 떨어집니다. 또한 Precision@K와 Recall@K의 결과에서 순위 형식으로 추천하는 것은 별로 잘 되는 것처럼 보이지 않으며 무작위 추천과 같은 정도의 성능이 되었습니다. 이전 절에 이어서 이번에도 평가 수는 적지만 평가가 높은 아이템에 대해 높은 평갓값이 예측되었고 이 아이템이 추천되어 정확도가 떨어졌습니다. 이때는 평가 수에 일정한 임곗값을 설정하면 이 현상을 피할 수 있습니다.

이번에는 설명을 위해 최소한으로 단순한 특징량만 작성했으나 세상에는 다양한 특징량 작성 기법이 있으며 실무나 데이터 분석 대회에서 사용되고 있습니다. 이 책에서는 자세하게 설명하지 않았지만 『피처 엔지니어링, 제대로 시작하기』(에이콘출판사, 2018년)나 『데이터가 뛰어노는 AI 놀이터, 캐글』(한빛미디어, 2021) 등의 책에서 다양한 기법들을 설명하고 있으므로 흥미가 있는 분은 참조하기 바랍니다.

5.8 행렬 분해

5.8.1 행렬 분해 개요

이번에는 모델 기반형 협조 필터링 방법인 행렬 분해에 관해 살펴보겠습니다. 일반적으로 메모리 기반 협조 필터링에 비해 구현 관점에서 다소 복잡하지만 추천 성능은 좋다고 알려져 있습니다.

행렬 분해라는 용어는 넓은 범위를 나타내며 문헌에 따라 행렬 분해라는 용어가 전혀 다른 방법을 가리키는 경우도 있습니다. 추천 시스템에서의 행렬 분해는 넓은 의미에서 평갓값 행렬을 저차원의 사용자 인자 행렬과 아이템 인자 행렬로 분해하는 것을 나타냅니다. 사용자와 아이템을 100차원 정도의 저차원 벡터로 표현하고 그 벡터의 내적값을 사용자와 아이템의 상성으로 합니다.

이번 절에서는 대표적인 SVD, NMF, MF, IMF, BPR, FM 행렬 분해 방법을 순서대로 설명합니다. 행렬 분해 방법을 실무에서 사용할 때는 '결손값 취급', '평갓값이 명시적인가 암묵적인가' 라는 관점이 매우 중요합니다. 라이브러리를 사용해 행렬 분해를 사용할 때는 이들을 다루는 방법에 대해 이해한 뒤 적절한 데이터를 입력해 학습시켜야 합니다(명시적 평가와 암묵적 평가에 관해서는 4장에서 설명했습니다).

먼저 평갓값이 명시적인 경우의 행렬 분해에 관해 살펴봅시다. 평갓값이 명시적이라는 것은 이번 MovieLens 데이터와 같이 사용자가 아이템에 대해 명시적으로 평가한 데이터를 말합니다. 이런 구조로부터 얻은 데이터는 사용자가 명시적으로 평가한 것이어서 그 품질이 높습니다.

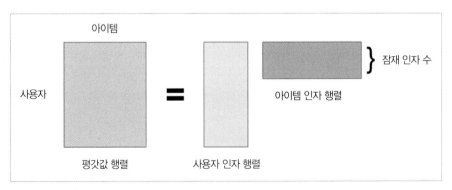

그림 5-12 행렬 분해 개요

```
user_movie_matrix= movielens.train.pivot(index='user_id',
                    columns='movie_id', values='rating')
user_movie_matrix
```

movie_id	1	2	3	4	5	6	7	8	9	10	...	62000
user_id												
1	NaN	NaN	NaN	NaN	NaN	NaN	NaN	NaN	NaN	NaN	...	NaN
2	NaN	NaN	NaN	NaN	NaN	NaN	NaN	NaN	NaN	NaN	...	NaN
3	NaN	NaN	NaN	NaN	NaN	NaN	NaN	NaN	NaN	NaN	...	NaN
4	NaN	NaN	NaN	NaN	NaN	NaN	NaN	NaN	NaN	NaN	...	NaN
5	1.0	NaN	NaN	NaN	NaN	NaN	3.0	NaN	NaN	NaN	...	NaN
...	...	...	...	...	...	...	...	...	...	...		...
1048	NaN	NaN	NaN	NaN	NaN	NaN	NaN	NaN	NaN	NaN	...	NaN
1050	NaN	3.0	NaN	NaN	NaN	3.0	NaN	NaN	NaN	3.0	...	NaN
1051	5.0	NaN	3.0	NaN	3.0	NaN	4.0	NaN	NaN	NaN	...	NaN
1052	NaN	NaN	NaN	NaN	NaN	NaN	NaN	NaN	NaN	NaN	...	NaN
1053	5.0	NaN	NaN	NaN	NaN	NaN	NaN	NaN	NaN	NaN	...	NaN

1000 rows × 6673 columns

그림 5-13 MovieLens의 평가 행렬

모든 사용자가 각각 모든 아이템을 평가하지는 않으므로 모든 사용자×모든 아이템의 조합 안에는 극히 일부에만 값이 존재합니다. 예를 들어 이번 MovieLens 데이터에서는 사용자가 1000명, 아이템이 6673개이며 2%의 셀에만 평갓값이 저장되어 있는 희박한 데이터가 됩니다.

```
user_num= len(user_movie_matrix.index)
item_num = len(user_movie_matrix.columns)
non_null_num = user_num*item_num -
user_movie_matrix.isnull().sum().sum()
non_null_ratio = non_null_num / (user_num*item_num)

print(f'사용자 수={user_num}, 아이템 수={item_num},
     밀도={non_null_ratio:.2f}')

사용자 수=1000, 아이템 수=6673, 밀도=0.02
```

이 평갓값 행렬이 주어졌을 때 사용자와 아이템을 저차원의 벡터로 표현하는 방법을 생각할 수 있습니다. 현재 1명의 사용자는 영화 개수인 6673 차원의 벡터로 표현될 수 있습니다. 하지만 1명의 사용자나 1개의 작품을 표현하는 데 그렇게 큰 벡터는 장황하므로 저차원의 벡터로 표현해봅니다. 예를 들어 영화를 XY 좌표의 2차원 벡터로 표현하는 것을 생각해봅시다. 만약 X축을 액션 정도, Y축을 판타지 정도라는 축으로 하면 해리포터나 반지의 제왕은 오른쪽 위에 위치할 것입니다. 액션 정도가 높은 판타지 영화를 좋아하는 사용자는 마찬가지로 오른쪽 위의 영역에 플롯됩니다.

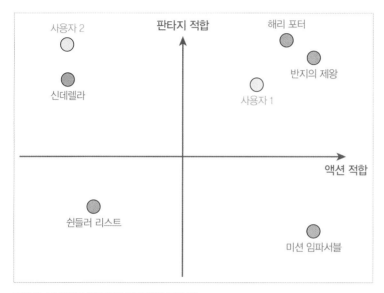

그림 5-14 사용자/아이템의 잠재 벡터 공간 예

각 영화와의 상성은 벡터의 내적을 사용해서 계산됩니다. 이렇게 정보를 압축해서 영화와 사용자를 저차원의 벡터로 표현하고 그 벡터 공간 안에서 사용자의 상성을 측정하는 것이 행렬 분해의 핵심입니다. 여기서는 액션과 판타지의 2축을 예로 들었지만 행렬 분해에서는 사람이 각 차원에 의미를 부여하는 것이 아니라 데이터를 통해 자동으로 축을 구성합니다. 각 차원이 연애물과 같이 이해하기 쉬운 축이 되는 경우도 있지만 사람이 해석하기 어려운 축이 만들어지기도 합니다.

5.8.2 특잇값 분해

그러면 실제로 평갓값 행렬을 분해하는 방법에 대해 알아봅시다. 먼저 단순한 방법으로 결손된 부분에 0 또는 평균값을 대입하고 특잇값 분해^{Singular Value Decomposition}(SVD)로 차원을 줄이는 방법을 살펴보겠습니다.

```
user_movie_matrix.fillna(0)
```

movie_id user_id	1	2	3	4	5	6	7	8	9	10	...	62000
1	0.0	0.0	0.0	0.0	0.0	0.0	0.0	0.0	0.0	0.0	...	0.0
2	0.0	0.0	0.0	0.0	0.0	0.0	0.0	0.0	0.0	0.0	...	0.0
3	0.0	0.0	0.0	0.0	0.0	0.0	0.0	0.0	0.0	0.0	...	0.0
4	0.0	0.0	0.0	0.0	0.0	0.0	0.0	0.0	0.0	0.0	...	0.0
5	1.0	0.0	0.0	0.0	0.0	0.0	3.0	0.0	0.0	0.0	...	0.0
...												...
1048	0.0	0.0	0.0	0.0	0.0	0.0	0.0	0.0	0.0	0.0	...	0.0
1050	0.0	3.0	0.0	0.0	0.0	3.0	0.0	0.0	0.0	3.0	...	0.0
1051	5.0	0.0	3.0	0.0	3.0	0.0	4.0	0.0	0.0	0.0	...	0.0
1052	0.0	0.0	0.0	0.0	0.0	0.0	0.0	0.0	0.0	0.0	...	0.0
1053	5.0	0.0	0.0	0.0	0.0	0.0	0.0	0.0	0.0	0.0	...	0.0

1000 rows × 6673 columns

그림 5-15 결손값을 0으로 채운 평가 행렬

평갓값 행렬 R을 다음과 같이 P, S, Q로 분해합니다.

$$R = PSQ^T = \hat{P}\hat{Q}^T$$

$R \in \mathbb{R}^{n \times m}$이 평갓값 행렬이며 그것을 $P \in \mathbb{R}^{n \times k}$, $S \in \mathbb{R}^{k \times k}$, $Q \in \mathbb{R}^{m \times k}$이라는 3개 행렬로 분해합니다. n은 사용자 수, m은 아이템 수, S는 대각성분 값만 갖는 대각 행렬입니다. $\hat{P} = PS^{1/2}$, $\hat{Q}^T = S^{1/2}Q^T$이라고 하면 사용자의 행렬 $\hat{P}$와 아이템의 행렬 $\hat{Q}$를 얻을 수 있습니다. $S^{1/2}$은 S의 대각성분의 제곱근을 갖는 행렬입니다. 사용자 u의 아이템 i에 대한 평갓값 예측은 $\hat{P}_u\hat{Q}_i$로 계산할 수 있습니다. i번째 사용자에게 추천할 아이템은 아직 평가되지

않은 아이템 중에서 이 예측값이 높은 아이템이 됩니다. P, S, Q는 다음 목적 함수를 최소화해서 얻을 수 있습니다.

$$\|R - PSQ^T\|_{Fro}^2 = \|R - \hat{P}\hat{Q}^T\|_{Fro}^2$$

이 식들은 평갓값 행렬과 예측값 행렬의 각 성분 차이를 제곱해서 더한 것입니다.

$$\|A\|_{Fro}^2 = \sum_{i,j} A_{ij}^2$$

scipy 라이브러리를 사용해서 특잇값 분해를 해보겠습니다.

```python
import scipy
import numpy as np

# 평갓값을 사용자 × 영화 행렬로 변환한다. 결손값은 평균값으로 채운다.
user_movie_matrix = movielens.train.pivot(index='user_id',
                        columns='movie_id', values='rating')
user_id2index = dict(zip(user_movie_matrix.index,
                    range(len(user_movie_matrix.index))))
movie_id2index = dict(zip(user_movie_matrix.columns,
                    range(len(user_movie_matrix.columns))))
matrix = user_movie_matrix.fillna(
        movielens.train.rating.mean()).to_numpy()

# 인자 수 k로 특잇값 분석을 수행한다.
P, S, Qt = scipy.sparse.linalg.svds(matrix, k=5)

# 예측 평갓값 행렬
pred_matrix = np.dot(np.dot(P, np.diag(S)), Qt)

print(f"P: {P.shape}, S: {S.shape}, Qt: {Qt.shape}, pred_matrix:
    {pred_matrix.shape}")
```

여기서는 잠재 인자 수를 5로 설정해 특잇값 분해를 진행했습니다. 각 행렬의 크기는 다음과 같습니다. 사용자 u의 아이템 i 에 대한 예측 평갓값은 pred_matrix[u, i]입니다.

```
P:(1000, 5), S: (5,), Qt: (5, 6673), pred_matrix: (1000, 6673)
```

이 결과를 사용해 추천해봅시다.

```python
from util.models import RecommendResult, Dataset
from src.base_recommender import BaseRecommender
from collections import defaultdict
import scipy
import numpy as np
np.random.seed(0)


class SVDRecommender(BaseRecommender):
    def recommend(self, dataset: Dataset, **kwargs) -> RecommendResult:
        # 결손값을 채우는 방법
        fillna_with_zero = kwargs.get(«fillna_with_zero», True)
            factors = kwargs.get("factors", 5)
        # 평갓값을 사용자 × 영화의 행렬로 변환한다. 평갓값 또는 0으로 채운다.
        user_movie_matrix = dataset.train.pivot(index=»user_id»,
                            columns="movie_id", values="rating")
        user_id2index = dict(zip(user_movie_matrix.index,
                        range(len(user_movie_matrix.index))))
        movie_id2index = dict(zip(user_movie_matrix.columns,
                        range(len(user_movie_matrix.columns))))
        if fillna_with_zero:
            matrix = user_movie_matrix.fillna(0).to_numpy()
        else:
            matrix = user_movie_matrix.fillna(dataset.train.rating.mean()).to_
numpy()
        # 인자 수 k로 특잇값 분해를 수행한다.
        P, S, Qt = scipy.sparse.linalg.svds(matrix, k=factors)
        # 예측 평갓값 행렬
        pred_matrix = np.dot(np.dot(P, np.diag(S)), Qt)
        # 학습용에 나오지 않는 사용자나 영화의 예측 평갓값은 평균 평갓값으로 한다.
        average_score = dataset.train.rating.mean()
        movie_rating_predict = dataset.test.copy()
        pred_results = []
        for i, row in dataset.test.iterrows():
            user_id = row[«user_id»]
            if user_id not in user_id2index or
            row[«movie_id»] not in movie_id2index:
                pred_results.append(average_score)
                continue
            user_index = user_id2index[row[«user_id»]]
            movie_index = movie_id2index[row[«movie_id»]]
            pred_score = pred_matrix[user_index, movie_index]
            pred_results.append(pred_score)
        movie_rating_predict[«rating_pred»] = pred_results
```

```
# 각 사용자에 대한 추천 영화는 해당 사용자가 아직 평가하지 않은 영화 중에서
# 예측값이 높은 순으로 한다.
pred_user2items = defaultdict(list)
user_evaluated_movies = dataset.train.groupby(«user_id»).agg({
                              "movie_id": list})["movie_id"].to_dict()
for user_id in dataset.train.user_id.unique():
    if user_id not in user_id2index:
        continue
    user_index = user_id2index[row[«user_id»]]
    movie_indexes = np.argsort(-pred_matrix[user_index, :])
    for movie_index in movie_indexes:
        movie_id = user_movie_matrix.columns[movie_index]
        if movie_id not in user_evaluated_movies[user_id]:
            pred_user2items[user_id].append(movie_id)
        if len(pred_user2items[user_id]) == 10:
            break
return RecommendResult(movie_rating_predict.rating_pred,
    pred_user2items)

if __name__ == "__main__":
    SVDRecommender().run_sample()
```

```
RMSE=3.335,Precision@K=0.009, Recall@K=0.029
```

이 방법은 결손값을 0으로 채우기 때문에 추천 성능이 나쁘다고 알려져 있습니다. 0을 대입하는 것은 해당 사용자가 그 아이템에 대해 싫어한다고 의사 표시한 것과 같습니다. 하지만 평갓값이 결손되어 있다는 것은 사용자가 아직 평가를 하지 않는 것일 뿐이며 해당 아이템을 좋아할 수도 있습니다.

또한 희박한 행렬이므로 대부분의 값이 0으로 채워지기 때문에 예측 평갓값도 대부분 0에 가까워져 RMSE 같은 지표도 나빠집니다. 예측 평갓값의 상대적인 값에는 의미가 있으며 Precision@K나 Recall@K 같은 순위 지표에서는 무작위로 추천할 때보다 성능이 좋습니다.

0이 아닌 평균 평갓값을 대입하기도 합니다.

```
matrix= user_movie_matrix.fillna(
        movielens_train.rating.mean()).to_numpy()
```

이와 같이 계산하니 다음과 같이 되어 인기순에 비해 값이 좋아졌습니다.

```
RMSE=1.046, Precision@K=0.013, Recall@K=0.043
```

또한 SVD에는 잠재 인자 수라는 중요한 파라미터가 있으며 이를 변화시키면 예측 정확도가 바뀝니다. 잠재 인자 수가 높을수록 원래 행렬을 복구할 때 충분한 표현력을 갖기 때문에 예측 정확도가 좋아집니다. 한편 잠재 인자 수가 너무 높으면 과학습^{overfitting}할 가능성이 있으므로 일반적으로는 수십~수백 정도의 잠재 인자 수를 설정합니다. 단, 이번에 사용한 데이터셋은 사용자 수가 적고 인기 영화를 예측하는 것 자체로도 성능이 좋다고 판단할 수 있는 단순한 데이터셋입니다. 예를 들어 인자 수가 2개 정도로 작아도 그 성능이 좋습니다.

사용자나 아이템 수가 많을 때는 이번과 같이 행렬 전체를 사용하는 방법이 아니라 scipy. sparse 라이브러리의 희소 행렬 형식으로 0 외의 값을 갖는 셀 정보만 유지하는 경우가 많습니다.

5.8.3 비음수 행렬 분해

비음수 행렬 분해^{Nonnegative Matrix Factorization} (NMF)라는 방법이 있습니다. 이전 절의 SVD는 행렬 분해 후 행렬에 대해 음수값을 취하는 경우가 있지만 NMF는 행렬 분해 시 사용자와 아이템 각 벡터의 요소가 0 이상 되는 제약을 추가합니다. 그 제약에 따라 각 사용자나 아이템의 벡터 해석 특성이 향상됩니다. 하지만 이 역시 결손값을 0으로 채워서 적용하는 경우가 많아 일반적으로 추천 성능이 좋지 않습니다.[7]

목적 함수는 $\|R - PQ^T\|^2_{Fro}$ s.t $P \geq 0, Q \geq 0$이며 P와 Q의 각 요소가 0 이상이라는 제약이 붙어 있습니다. $R \in \mathbb{R}^{n \times m}$이 평갓값 행렬이며 $P \in \mathbb{R}^{n \times k}$, $Q \in \mathbb{R}^{m \times k}$이라는 2개의 행렬로 분해합니다.

```
from util.models import RecommendResult, Dataset
from src.base_recommender import BaseRecommender
from collections import defaultdict
import numpy as np
from sklearn.decomposition import NMF
np.random.seed(0)
```

---

7 결손값을 그 상태 그대로 사용하는 비음수 행렬 분해도 있습니다.

```python
class NMFRecommender(BaseRecommender):
    def recommend(self, dataset: Dataset, **kwargs) -> RecommendResult:
        # 결손값을 채우는 방법
        fillna_with_zero = kwargs.get(«fillna_with_zero», True)
        factors = kwargs.get(«factors», 5)
        # 평갓값을 사용자 × 영화의 행렬로 변환한다. 결손값은 평균값 또는 0으로 채운다.
        user_movie_matrix = dataset.train.pivot(index=»user_id»,
                                columns="movie_id", values="rating")
        user_id2index = dict(zip(user_movie_matrix.index,
                            range(len(user_movie_matrix.index))))
        movie_id2index = dict(zip(user_movie_matrix.columns,
                            range(len(user_movie_matrix.columns))))
        if fillna_with_zero:
            matrix = user_movie_matrix.fillna(0).to_numpy()
        else:
            matrix = user_movie_matrix.fillna(dataset.train.rating.mean()).to_
numpy()

        nmf = NMF(n_components=factors)
        nmf.fit(matrix)
        P = nmf.fit_transform(matrix)
        Q = nmf.components_
        # 예측 평갓값 행렬
        pred_matrix = np.dot(P, Q)
        # 학습용에 나오지 않은 사용자나 영화의 예측 평갓값은 평균 평갓값으로 한다.
        average_score = dataset.train.rating.mean()
        movie_rating_predict = dataset.test.copy()
        pred_results = []
        for i, row in dataset.test.iterrows():
            user_id = row[«user_id»]
            if user_id not in user_id2index or
            row[«movie_id»] not in movie_id2index:
                pred_results.append(average_score)
                continue
            user_index = user_id2index[row[«user_id»]]
            movie_index = movie_id2index[row[«movie_id»]]
            pred_score = pred_matrix[user_index, movie_index]
            pred_results.append(pred_score)
        movie_rating_predict[«rating_pred»] = pred_results
        # 각 사용자에 대한 추천 영화는 그 사용자가 아직 평가하지 않은 영화 중에서
        # 예측값이 높은 순으로 한다.
        pred_user2items = defaultdict(list)
        user_evaluated_movies = dataset.train.groupby(«user_id»).agg({
                            "movie_id": list})["movie_id"].to_dict()
        for user_id in dataset.train.user_id.unique():
```

```
            if user_id not in user_id2index:
                continue
            user_index = user_id2index[row[«user_id»]]
            movie_indexes = np.argsort(-pred_matrix[user_index, :])
            for movie_index in movie_indexes:
                movie_id = user_movie_matrix.columns[movie_index]
                if movie_id not in user_evaluated_movies[user_id]:
                    pred_user2items[user_id].append(movie_id)
                if len(pred_user2items[user_id]) == 10:
                    break
        return RecommendResult(movie_rating_predict.rating_pred, pred_user2items)

if __name__ == "__main__":
    NMFRecommender().run_sample()
```

slkearn 라이브러리에 SVD 때와 마찬가지로 전처리하여 입력하면서 P와 Q의 비음수 행렬을 얻을 수 있으며 이들을 사용해 예측을 수행할 수 있습니다.

```
RMSE=3.340,Precision@K=0.010, Recall@K=0.032
```

결손값을 평균값으로 채우면 다음과 같이 됩니다.

```
RMSE=1.045, Precision@K=0.012, Recall@K=0.040
```

빈약하고 명시적인 평갓값 데이터인 경우 대규모 데이터에 대한 라이브러리의 충실함이나 예측 정확도 관점에서 SVD나 NMF는 피하고 다음 절 이후에서 설명하는 알고리즘 사용을 권장합니다.

5.8.4 명시적인 평갓값에 대한 행렬 분해

추천 시스템 분야에서 행렬 분해Matrix Factorization (MF)는 SVD와 달리 결손값을 메꾸지 않고 관측된 평갓값만 사용해 행렬 분해하는 방법을 나타내는 경우가 많습니다.[8] 넷플릭스 사가 개최한 영화 평갓값을 예측하는 대회에서는 MF를 사용하는 방법이 제안되어 성과를 거두었습니다.

----

8 Yehuda Koren, Robert Bell, and Chris Volinsky, "Matrix factorization techniques for recommender systems," Computer 42.8 (2009): 30–37.

MF는 대규모 데이터에서도 고속으로 계산할 수 있는 개선된 방법이 다수 제안되어 스파크^{Spark}나 빅쿼리^{BigQuery} 등에도 구현되고 있습니다.

MF는 다음과 같은 최적화 문제로 풉니다.

$$\min{}_{p,q} \sum_{u,i \in R^+} \left(r_{ui} - p_u^T q_i\right)^2 + \lambda \left(||p_u||^2 + ||q_i||^2\right)$$

평갓값 행렬 R이 주어졌을 때 식을 최소화하는 사용자 인자 행렬 $p \in \mathbb{R}^k$과 아이템 인자 행렬 $q \in \mathbb{R}^k$을 구합니다. 식의 λ는 과학습을 방지하기 위한 정규화 파라미터입니다. R^+는 관측된 평갓값의 사용자 u와 아이템 i의 집합입니다.

이 함수는 볼록 함수가 아니므로 일반적으로는 해석적으로 풀기 어렵습니다. 그 해법으로 Alternating Least Square(ALS)와 Stochastic Gradient Descent(SGD)를 사용하는 방법이 제안되었습니다. ALS에서는 목적 함수를 최소화하도록 사용자 인자 행렬과 아이템 인자 행렬을 교대로 최적화해 나갑니다. SGD에서는 입력 데이터를 샘플링해서 그 데이터 점에 대한 사용자 인자 행렬과 아이템 인자 행렬의 기울기를 계산하고 p와 q를 기울기 방향으로 업데이트해 나갑니다.

이 식의 총합 계산 부분에 착안해서 R^+라는 관측된 평갓값만 사용해 사용자와 아이템의 벡터를 구합니다. 이 점이 SVD나 NMF가 결손값에 0을 채우는 것과 다릅니다. 사용자와 아이템의 벡터가 구해지면 그 벡터를 사용해 아이템과 사용자의 내적을 계산할 수 있으며 추천 아이템을 추출할 수 있습니다.

어떤 사용자는 대체로 높게 평가한다는 편향, 어떤 아이템은 높게 평가되기 쉽다는 편향이 고려된 모델도 제안되었습니다. b_u는 사용자 편향, b_i는 아이템 편향입니다. μ는 모든 평갓값의 편향입니다.

$$b_{ui} = \mu + b_u + b_i$$
$$\min{}_{p,q} \sum_{u,i \in R^+} (r_{ui} - (p_u^T q_i + b_{ui}))^2 + \lambda(||p_u||^2 + ||q_i||^2 + b_u^2 + b_i^2)$$

MovieLens 데이터를 사용해 MF를 시험해봅시다. Surprise라는 라이브러리를 사용합니다. Surprise 라이브러리에서는 SVD라는 이름으로 MF가 구현되어 있습니다. 추천 시스템 라이브러리를 사용할 때는 라이브러리 실태를 확인한 뒤 사용하는 것이 중요합니다.

```python
from util.models import RecommendResult, Dataset
from src.base_recommender import BaseRecommender
from collections import defaultdict
import numpy as np
from surprise import SVD, Reader
import pandas as pd
from surprise import Dataset as SurpriseDataset
np.random.seed(0)


class MFRecommender(BaseRecommender):
    def recommend(self, dataset: Dataset, **kwargs) -> RecommendResult:
        # 인자 수
        factors = kwargs.get(«factors», 5)
        # 평갓값의 임곗값
        minimum_num_rating = kwargs.get(«minimum_num_rating», 100)
        # 바이어스 항 사용
        use_biase = kwargs.get(«use_biase», False)
        # 학습률
        lr_all = kwargs.get(«lr_all», 0.005)
        # 에폭 수
        n_epochs = kwargs.get(«n_epochs», 50)
        # 평갓값이 minimum_num_rating건 이상 있는 영화로 필터링한다.
        filtered_movielens_train = dataset.train.groupby(«movie_id»).filter(
            lambda x: len(x[«movie_id»]) >= minimum_num_rating
        )
        # Surprise용으로 데이터 가공
        reader = Reader(rating_scale=(0.5, 5))
        data_train = SurpriseDataset.load_from_df(
            filtered_movielens_train[[«user_id», «movie_id», «rating»]], reader
        ).build_full_trainset()
        # Surprise로 행렬 분해 학습
        # SVD라는 이름을 사용하지만 특이점 분해가 아니라 Matrix Factorization이 실행된다.
        matrix_factorization = SVD(n_factors=factors, n_epochs=n_epochs,
                                   lr_all=lr_all, biased=use_biase)
        matrix_factorization.fit(data_train)
        def get_top_n(predictions, n=10):
            # 각 사용자별로 예측된 아이템을 저장한다.
            top_n = defaultdict(list)
            for uid, iid, true_r, est, _ in predictions:
                top_n[uid].append((iid, est))
            # 사용자별로 아이템을 예측 평값값순으로 나열하고 상위 n개를 저장한다.
            for uid, user_ratings in top_n.items():
                user_ratings.sort(key=lambda x: x[1], reverse=True)
```

```
            top_n[uid] = [d[0] for d in user_ratings[:n]]
        return top_n
    # 학습 데이터에 나오지 않은 사용자와 아이템의 조합을 준비한다.
    data_test = data_train.build_anti_testset(None)
    predictions = matrix_factorization.test(data_test)
    pred_user2items = get_top_n(predictions, n=10)
    test_data = pd.DataFrame.from_dict(
        [{«user_id»: p.uid, «movie_id»: p.iid, «rating_pred»: p.est}
         for p in predictions]
    )
    movie_rating_predict = dataset.test.merge(test_data,
                            on=["user_id", "movie_id"], how="left")
    # 예측할 수 없는 위치에는 평균값을 저장한다.
    movie_rating_predict.rating_pred.fillna(
    filtered_movielens_train.rating.mean(), inplace=True)
    return RecommendResult(movie_rating_predict.rating_pred, pred_user2items)


if __name__ == "__main__":
    MFRecommender().run_sample()
```

전처리로 평가 수가 어느 정도 이상인 영화로 필터링합니다. 평가 수가 적고 평가가 높은 영화가 상위에 오는 것을 방지하는 목적입니다. MF에서는 SVD나 NMF에 비해 관측된 평갓값만 사용하므로 해당 영화에 부여된 평가 수가 적더라도 평갓값이 높으면 해당 영화를 추천하는 경향이 있습니다. 이 임곗값에 따라 추천되는 영화가 크게 달라지므로 철저하게 조정해 나갑니다.

실제로 평갓값의 임곗값을 설정하지 않고 모든 데이터로 학습하면 다음과 같이 됩니다.

```
RMSE=0.934, Precision@K=0.005, Recall@K=0.016
```

RMSE는 지금까지의 방법들을 사용했을 때보다 좋지만 순위 기법은 그다지 좋지 않습니다. 이 경우 RMSE를 계산할 때의 테스트 데이터 평갓값 예측은 잘합니다. 그러나 평가 수가 적은 아이템에 대해서는 과학습하여 이 아이템을 상위에 표시하는 경향이 있어 순위 지표 쪽에서는 결과가 좋지 않습니다. 이때는 평가 수가 일정 이상인 영화로 필터링하거나 아이템에 대한 정규항을 강화함으로써 이를 방지할 수 있습니다.

평가 수의 임곗값을 300으로 설정한 결과는 다음과 같습니다.

```
RMSE=1.140, Precision@K=0.016, Recall@K=0.054
```

SVD나 NMF에 비해 성능이 좋아졌습니다.

행렬 분해에서는 잠재 인자 수와 에폭^{epoch} 수, 정규화 파라미터 조정이 중요합니다. 또한 Surprise에는 biased라는 파라미터가 있으며 사용자와 아이템의 편향항 포함 여부를 선택할 수 있습니다. 이 파라미터들의 적절한 값은 **그리드 서치**^{grid search}나 **베이즈 최적화**^{beize optimization} 등을 사용해서 찾아갑니다.

5.8.5 암묵적인 평갓값에 대한 행렬 분해

다음에는 평갓값이 암묵적인 경우에 대해 생각해보겠습니다. 암묵적인 평갓값이란 상품 상세 페이지 클릭이나 동영상 시청 등 사용자가 명시적으로 평가하지 않은 사용자의 행동 이력을 의미합니다. 실무에서 추천 시스템을 만들 때는 명시적인 평갓값보다 암묵적인 평갓값 데이터를 얻기 쉬우므로 암묵적인 평갓값이 자주 사용됩니다. 또한 명시적인 평갓값에는 별 1개나 별 5개와 같이 평갓값이 한쪽으로 쏠리는 편향이 있어 추천 시스템 학습이 잘 되지 않기도 합니다. 그때도 암묵적인 평갓값을 사용해 추천 시스템을 만듭니다.

또 이번 영화 데이터셋처럼 명시적인 데이터셋을 평갓값이 4이상이면 1, 그렇지 않으면 0과 같이 암묵적인 평갓값으로 미리 변환해 암묵적인 평갓값의 방법을 시험하기도 합니다.

명시적인 평가와 암묵적인 평가의 차이는 이전 장에서도 소개했지만, 암묵적인 평가의 특징을 다시 설명하면 '음수의 예가 없다', '클릭 수 등과 같이 평갓값을 가질 수 있는 범위가 넓다', '노이즈가 많다' 등을 들 수 있습니다.

이런 특징을 가진 암묵적인 평갓값에 대해 앞 절의 명시적 평가용 공식은 적용할 수 없습니다. 'Collaborative filtering for implicit feedback datasets'[9]에서는 이러한 성질을 감안해 암묵적인 평갓값에 대한 행렬 분해^{Implicit Matrix Factorization} (IMF)를 제안했습니다. 암묵적인 평갓값에 대한 관측값 r_{ui}는 사용자 u가 아이템 i에 대해 몇 번 행동했는가를 나타냅니다. 예를 들어 아마존의 열람 데이터에서 사용자 u가 상품 i를 열람한 횟수는 r_{ui}입니다.

---

[9] Yifan Hu, Yehuda Koren, and Chris Volinsky, "Collaborative filtering for implicit feedback datasets," 2008 Eighth IEEE International Conference on Data Mining, IEEE (2008).

명시적인 평가에서 관측값은 사용자의 선호를 나타냈지만 암묵적인 평가의 관측값은 사용자의 선호를 직접 나타내지 않습니다. 그러므로 이전 절의 명시적 평가용 식을 그대로 적용할 수는 없습니다.

그래서 사용자 u의 아이템 i에 대한 호의를 나타내는 2개 값을 갖는 변수 $\bar{r}_{ui}$를 도입합니다. r_{ui}를 한 번이라도 열람했는가의 여부에 따라 다음과 같이 정의합니다.

$$\bar{r}_{ui} = \begin{cases} 1 \ (r_{ui} > 0) \\ 0 \ (r_{ui} = 0) \end{cases}$$

즉, 사용자 u가 아이템 i를 한 번이라도 열람했다면 사용자 u는 아이템 i에 대해 호의를 갖고 있다는 것을 나타냅니다. 그리고 이 호의에 대해 신뢰도를 정의합니다. 즉, 그 호의를 얼마나 신뢰해야 좋은가를 나타내는 것입니다. 이것은 r_{ui}에 비례하는 형태로 표현됩니다. 신뢰도 c_{ui}는 다음과 같이 r_{ui}에 α라는 상수를 곱해서 1을 더한 것입니다.

$$c_{ui} = 1 + \alpha r_{ui}$$

반복해서 열람할수록 선호도에 대한 신뢰도가 높아집니다. 예를 들어 한 번만 열람하는 것보다 백 번 열람하는 쪽이 선호도에 대한 신뢰도가 높습니다. 그리고 한 번도 열람되지 않은 경우 ($r_{ui} = 0$)는 신뢰도가 1이 되어 가장 낮은 값을 갖습니다. 열람되지 않은 이유로는 좋아하지 않는 것 외에 모른다는 등의 이유도 생각할 수 있으므로 신뢰도가 낮아집니다. 이렇게 관측값 r_{ui}를 선호도 $\bar{r}_{ui}$와 그 선호도의 신뢰도 c_{ui}로 분해하는 것이 암묵적인 평가에서 행렬 분해하는 기초적인 사고 방식입니다.

행렬 분해의 최적화 식은 다음과 같습니다.

$$\min_{p,q} \sum_{u}^{N} \sum_{i}^{M} c_{ui} \left(\bar{r}_{ui} - p_u^T q_i \right)^2 + \lambda \left(\sum_{u} ||p_u||^2 + \sum_{i} ||q_i||^2 \right)$$

관측값 행렬을 사용자 인자 행렬과 아이템 인자 행렬로 분해하는 것은 명시적인 평가의 행렬 분해와 마찬가지이지만 다음 두 가지 부분이 다릅니다. 첫 번째는 이전 절의 MF 식의 경우 관측된 평갓값으로 총합을 얻는 데 비해 IMF 식에서는 사용자와 아이템의 모든 조합으로 총합을 구한다는 것입니다. 이것은 암묵적인 평가에 부정적인 예시가 없는 데 기인해 관측되지 않은 것을 부정적인 예시로 간주하여 학습합니다. 두 번째는 신뢰도 c_{ui}가 가중치로 들어 있다는 것입니다. 이것은 암묵적인 평갓값이 신뢰도를 나타내는 것을 모델화한 것입니다. 여러 차례 열람된 경우 c_{ui}가 커지고 $r_{ui} = 1$이므로 $p_u q_i^T$가 1에 보다 가까워지도록 학습됩니다.

실무에서 행렬 분해를 사용할 때는 스파크나 Google ML 등의 라이브러리나 서비스에 구현되어 있는 행렬 분해가 명시적 행렬 분해인지 암묵적 행렬 분해인지 확인한 후 적절히 사용해야 합니다.

implicit이라는 라이브러리를 사용해 계산해봅시다.

```python
from util.models import RecommendResult, Dataset
from src.base_recommender import BaseRecommender
from collections import defaultdict
import numpy as np
import implicit
from scipy.sparse import lil_matrix
np.random.seed(0)


class IMFRecommender(BaseRecommender):
    def recommend(self, dataset: Dataset, **kwargs) -> RecommendResult:
        # 인자 수
        factors = kwargs.get(«factors», 10)
        # 평갓값의 임곗값
        minimum_num_rating = kwargs.get(«minimum_num_rating», 0)
        # 에폭 수
        n_epochs = kwargs.get(«n_epochs», 50)
        # alpha
        alpha = kwargs.get(«alpha», 1.0)
        filtered_movielens_train = dataset.train.groupby(«movie_id»).filter(
            lambda x: len(x[«movie_id»]) >= minimum_num_rating
        )
        # 행렬 분석용으로 행렬을 작성한다.
        movielens_train_high_rating =
        filtered_movielens_train[dataset.train.rating >= 4]
        unique_user_ids = sorted(movielens_train_high_rating.user_id.unique())
        unique_movie_ids = sorted(movielens_train_high_rating.movie_id.unique())
        user_id2index = dict(zip(unique_user_ids, range(len(unique_user_ids))))
        movie_id2index = dict(zip(unique_movie_ids, range(len(unique_movie_ids))))
        movielens_matrix = lil_matrix((len(unique_movie_ids), len(unique_user_
                        ids)))
        for i, row in movielens_train_high_rating.iterrows():
            user_index = user_id2index[row[«user_id»]]
            movie_index = movie_id2index[row[«movie_id»]]
```

```
            movielens_matrix[movie_index, user_index] = 1.0 * alpha
        # 모델 초기화
        model = implicit.als.AlternatingLeastSquares(
            factors=factors, iterations=n_epochs,
            calculate_training_loss=True, random_state=1
        )
        # 학습
        model.fit(movielens_matrix)
        # 추천
        recommendations = model.recommend_all(movielens_matrix.T)
        pred_user2items = defaultdict(list)
        for user_id, user_index in user_id2index.items():
            movie_indexes = recommendations[user_index, :]
            for movie_index in movie_indexes:
                movie_id = unique_movie_ids[movie_index]
                pred_user2items[user_id].append(movie_id)
        # IMF에서는 평갓값 예측이 어려우므로 RMSE 평가는 수행하지 않는다.
        # (편의상 테스트 데이터를 그대로 반환한다.)
        return RecommendResult(dataset.test.rating, pred_user2items)


if __name__ == "__main__":
    IMFRecommender().run_sample()
```

결과는 다음과 같습니다.

```
Precision@K=0.026,Recall@K=0.080
```

이제까지의 알고리즘보다 결괏값이 높습니다.

암묵적 행렬 분해의 경우는 신뢰도 c_{ui} 의 튜닝도 중요합니다. $1 + \alpha r_{ui}$ 의 α를 바꾸면, 예측 정확도도 달라집니다. 또한 r_{ui} 의 대수를 얻어 $c_{ui} = \log(1 + \alpha r_{ui})$로 하거나, 가중치인 α 를 아이템별로 변화시켜 $c_{ui} = \log(1 + \alpha_i r_{ui})$ 등으로 하기도 합니다. 데이터의 희박한 정도나 평갓값 분포의 편향 등을 조사하여 저장된 데이터에 적합한 설계를 하는 것이 중요합니다.

5.8.6 BPR

암묵적 평갓값을 사용한 다른 유명한 방법으로 Bayesian Personalized Ranking(BPR)이이 있습니다.[10] 이제까지의 방법과 마찬가지로 사용자 u에는 p_u라는 k 차원의 벡터가 할당되고아이템 i에도 q_i라는 k 차원의 벡터가 할당됩니다. BPR에서는 이 벡터들을 (사용자 u, 암묵적으로 평가한 아이템 i, 관측되지 않은 아이템 j)라는 3가지 데이터를 기반으로 학습해 나갑니다. 다음 목적함수를 최대화하도록 p_u와 q_i를 학습합니다.

$$\sum_{(u,i,j)\in R} \ln \sigma(p_u^T q_i - p_u^T q_j) - \lambda(\sum_u \|p_u\|^2 + \sum_i \|q_i\|^2)$$

σ는 로지스틱 함수이며 $\sigma(x) = \dfrac{1}{1 + \exp(-x)}$ 입니다.

이 목적함수는 암묵적으로 평가한 아이템 i의 경우 관측되지 않은 아이템 j에 비해 사용자가 선호한다는 가정으로 계산합니다. 직관적인 이미지로는 사용자 u의 벡터와 아이템 i의 벡터가 가까워지도록 사용자 u 벡터와 아이템 j 벡터가 멀어지도록 학습합니다. 이를 반복함으로써 비슷한 아이템의 벡터가 가까워집니다.

실무에서 사용할 때는 관측되지 않은 아이템이 많아 이들을 모두 사용하는 것은 어려우므로 관측되지 않은 아이템 j의 샘플링 방법을 잘 선택해야 합니다. 단순히 모든 아이템에서 동일하게 샘플링하는 방법과 출현 횟수에 따라 샘플링하는 방법, 클릭했지만 구입하지 않은 아이템으로 필터링해서 샘플링하는 방법 등 여러 가지 샘플링 방법이 있습니다.[11][12]

```python
from util.models import RecommendResult, Dataset
from src.base_recommender import BaseRecommender
from collections import defaultdict
import numpy as np
import implicit
from scipy.sparse import lil_matrix
np.random.seed(0)
```

10 Steffen Rendle, et al, "BPR: Bayesian personalized ranking from implicit feedback," arXiv preprint arXiv:1205.2618 (2012).

11 Babak Loni, et al, "Bayesian personalized ranking with multi-channel user feedback," Proceedings of the 10th ACM Conference on Recommender Systems (2016).

12 Jingtao Ding, et al, "An improved sampler for bayesian personalized ranking by leveraging view data," Companion Proceedings of the The Web Conference 2018 (2018).

```python
class BPRRecommender(BaseRecommender):
    def recommend(self, dataset: Dataset, **kwargs) -> RecommendResult:
        # 인자 수
        factors = kwargs.get(«factors», 10)
        # 평갓값의 임곗값
        minimum_num_rating = kwargs.get(«minimum_num_rating», 0)
        # 에폭 수
        n_epochs = kwargs.get(«n_epochs», 50)
        # 행렬 분해용 행렬을 작성한다.
        filtered_movielens_train = dataset.train.groupby(«movie_id»).filter(
            lambda x: len(x[«movie_id»]) >= minimum_num_rating
        )
        movielens_train_high_rating = filtered_movielens_train[dataset.train.
                                rating >= 4]
        unique_user_ids = sorted(movielens_train_high_rating.user_id.unique())
        unique_movie_ids = sorted(movielens_train_high_rating.movie_id.unique())
        user_id2index = dict(zip(unique_user_ids, range(len(unique_user_ids))))
        movie_id2index = dict(zip(unique_movie_ids, range(len(unique_movie_ids))))
        movielens_matrix = lil_matrix((len(unique_movie_ids), len(unique_user_
                        ids)))
        for i, row in movielens_train_high_rating.iterrows():
            user_index = user_id2index[row[«user_id»]]
            movie_index = movie_id2index[row[«movie_id»]]
            movielens_matrix[movie_index, user_index] = 1.0
        # 모델 초기화
        model = implicit.bpr.BayesianPersonalizedRanking(
                factors=factors, iterations=n_epochs)
        # 학습
        model.fit(movielens_matrix)

        # 추천
        recommendations = model.recommend_all(movielens_matrix.T)
        pred_user2items = defaultdict(list)
        for user_id, user_index in user_id2index.items():
            movie_indexes = recommendations[user_index, :]
            for movie_index in movie_indexes:
                movie_id = unique_movie_ids[movie_index]
                pred_user2items[user_id].append(movie_id)
        # BPR에서는 평갓값을 예측하기 어려우므로 RMSE 평가는 수행하지 않는다.
        # (편의상 테스트 데이터의 예측값을 그대로 반환한다.)
        return RecommendResult(dataset.test.rating, pred_user2items)


if __name__ == "__main__":
    BPRRecommender().run_sample()
```

결과는 다음과 같이 그 값이 높습니다.

Precision@K=0.022,Recall@K=0.071

5.8.7 FM

지금까지 평갓값만 사용하는 방법에 대해 설명했습니다. 이제부터는 평갓값뿐 아니라 사용자나 아이템의 속성 정보를 사용해 추천 시스템의 성능을 높이는 방법에 관해 소개하겠습니다. 이 방법은 사용자나 아이템의 속성 정보를 사용함으로써 신규 아이템이나 사용자에 대한 추천이 불가능한 콜드 스타트 문제에도 대응할 수 있다는 장점을 갖고 있습니다.

Factorization Machines(FM)라는 방법은 매우 유명하며 널리 사용되고 있습니다.[13] FM에서 입력 데이터 형식은 지금까지와 다릅니다. 이제까지는 [그림 5-16] 왼쪽과 같이 사용자×아이템의 평갓값 행렬이었습니다. FM에서는 1개의 평가에 대한 정보를 1행으로 표시합니다. 행렬은 평갓값×특징량 수가 됩니다. 특징량은 사용자 ID를 원-핫-인코딩one-hot-encoding[14]한 것과 아이템 ID를 원-핫-인코딩한 것, 사용자와 아이템의 속성 정보 등의 보조 정보를 연결한 것이 됩니다. 예를 들어 [그림 5-15]의 사용자 u_1이 아이템 i_1을 별 4개라고 평가했을 경우 사용자 u_1과 아이템 i_1 부분이 1이 되고 그에 추가한 보조 정보인 a_1, a_2에 값이 들어옵니다. 보조 정보는 사용자 나이나 아이템 추가 후 경과일수 등입니다. 그리고 이 데이터를 사용해 평갓값 y를 예측합니다.

---

13 Steffen Rendle, "Factorization machines," 2010 IEEE International conference on data mining, IEEE (2010).
14 One-hot-encoding이란 카테고리 변수를 0과 1의 값을 가진 새로운 특징량으로 바꾸는 처리를 말합니다.

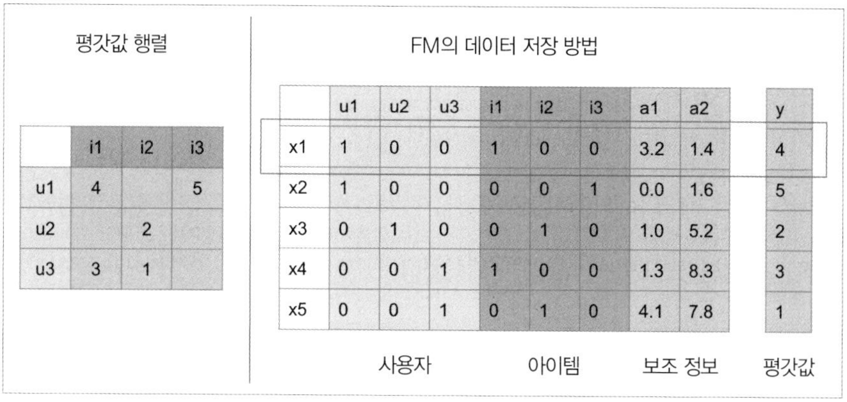

그림 5-16 FM의 데이터 구조

FM의 좋은 점은 특징량끼리의 조합도 고려할 수 있다는 점입니다. 예를 들어 영화 추천의 경우 사용자 나이와 성별의 조합은 중요한 특징량이 될 수 있습니다. 60세의 남성과 10세의 여성이 보는 것은 다릅니다. FM에서는 나이와 성별을 나타내는 예를 넣어두는 것만으로 해당 조합을 고려할 수 있습니다.

FM 식은 다음과 같습니다.

$$\hat{y} = w_0 + \sum_{j=1}^{n} w_j x_j + \sum_{j=1}^{n} \sum_{k=j+1}^{n} \langle f_j, f_k \rangle x_j x_k$$

평갓값 y를 구하는 데 $x_j x_k$라는 2차 항도 포함해 계산합니다. 보통 2차 항까지 포함한 회귀 문제를 풀면 가중치 파라미터 수가 특징량의 2제곱에 비례해 증가하기 때문에 풀기가 어려워집니다. FM에서는 2차 항의 가중치를 $\langle f_j, f_k \rangle$로 표현함으로써 해당 문제를 해결합니다. FM에서는 각 특징량 j에 대해, f_j라는 벡터를 갖습니다. 예를 들어 사용자 u_1에는 f_{u_1}, 아이템 i_1에는 f_{i_1}, 보조 정보 a_1에는 f_{a_1}이라는 벡터가 할당되어 있습니다. 그리고 각 특징량의 상호작용 크기는 각 벡터들의 내적으로 표현됩니다. 예를 들어 영화 추천에서는 성별에 대한 벡터가 f_{sex}, 나이에 대한 벡터가 f_{age}로 표현되어 성별과 나이의 조합에 대한 가중치가 $\langle f_{sex}, f_{age} \rangle$가 되며 해당 값이 커지면 성별과 나이의 조합에 의한 영화 정보에 필수적이 값이 됩니다. 이렇게 FM에서는 특징량 수를 늘려도 파라미터가 제곱에 비례해서 늘어나는 것이 아니라 선형으로 늘어나기 때문에 다양한 특징량을 활용해서 실험하는 것도 좋습니다.

xlearn이라는 라이브러리를 사용해 구현합니다.

```python
from util.models import RecommendResult, Dataset
from src.base_recommender import BaseRecommender
from collections import defaultdict
import numpy as np
import xlearn as xl
from sklearn.feature_extraction import DictVectorizer
np.random.seed(0)


class FMRecommender(BaseRecommender):
    def recommend(self, dataset: Dataset, **kwargs) -> RecommendResult:
        # 인자 수
        factors = kwargs.get(«factors», 10)
        # 평갓값의 임곗값
        minimum_num_rating = kwargs.get(«minimum_num_rating», 200)
        # 에폭 수
        n_epochs = kwargs.get(«n_epochs», 50)
        # 학습률
        lr = kwargs.get(«lr», 0.01)
        # 보조 정보 사용
        use_side_information = kwargs.get(«use_side_information», False)
        # 평갓값이 minimum_num_rating건 이상인 영화로 필터링한다.
        filtered_movielens_train = dataset.train.groupby(«movie_id»).filter(
            lambda x: len(x[«movie_id»]) >= minimum_num_rating
        )
        # 사용자가 평가한 영화
        user_evaluated_movies = (
            filtered_movielens_train.groupby(«user_id»).agg({«movie_id»:
            list})[«movie_id»].to_dict()
        )
        train_data_for_fm = []
        y = []
        for i, row in filtered_movielens_train.iterrows():
            x = {«user_id»: str(row[«user_id»]), «movie_id»: str(row[«movie_id»])}
            if use_side_information:
                x[«tag»] = row[«tag»]
                x[«user_rating_avg»] = np.mean(user_evaluated_movies
                                        [row[«user_id»]])
            train_data_for_fm.append(x)
            y.append(row[«rating»])
        y = np.array(y)
        vectorizer = DictVectorizer()
        X = vectorizer.fit_transform(train_data_for_fm).toarray()
```

```python
fm_model = xl.FMModel(task=»reg», metric=»rmse», lr=lr,
            opt="sgd", k=factors, epoch=n_epochs)
# Start to train
fm_model.fit(X, y, is_lock_free=False)
unique_user_ids = sorted(filtered_movielens_train.user_id.unique())
unique_movie_ids = sorted(filtered_movielens_train.movie_id.unique())
user_id2index = dict(zip(unique_user_ids, range(len(unique_user_ids))))
movie_id2index = dict(zip(unique_movie_ids, range(len(unique_movie_ids))))
test_data_for_fm = []
for user_id in unique_user_ids:
    for movie_id in unique_movie_ids:
        x = {«user_id»: str(user_id), «movie_id»: str(movie_id)}
        if use_side_information:
            tag = dataset.item_content[dataset.item_content.movie_id
                == movie_id].tag.tolist()[0]
            x[«tag»] = tag
            x[«user_rating_avg»] = np.mean(user_evaluated_movies
                                [row[«user_id»]])
        test_data_for_fm.append(x)
X_test = vectorizer.transform(test_data_for_fm).toarray()
y_pred = fm_model.predict(X_test)
pred_matrix = y_pred.reshape(len(unique_user_ids), len(unique_movie_ids))
# 학습용에 나오지 않은 사용자나 영화의 예측 평갓값은 평균 평갓값으로 한다.
average_score = dataset.train.rating.mean()
movie_rating_predict = dataset.test.copy()
pred_results = []
for i, row in dataset.test.iterrows():
    user_id = row[«user_id»]
    if user_id not in user_id2index or row[«movie_id»] not in movie_id2index:
        pred_results.append(average_score)
        continue
    user_index = user_id2index[row[«user_id»]]
    movie_index = movie_id2index[row[«movie_id»]]
    pred_score = pred_matrix[user_index, movie_index]
    pred_results.append(pred_score)
movie_rating_predict[«rating_pred»] = pred_results
pred_user2items = defaultdict(list)
for user_id in unique_user_ids:
    user_index = user_id2index[user_id]
    movie_indexes = np.argsort(-pred_matrix[user_index, :])
    for movie_index in movie_indexes:
        movie_id = unique_movie_ids[movie_index]
        if movie_id not in user_evaluated_movies[user_id]:
            pred_user2items[user_id].append(movie_id)
```

```
                if len(pred_user2items[user_id]) == 10:
                    break
        return RecommendResult(movie_rating_predict.rating_pred, pred_user2items)

    if __name__ == "__main__":
        FMRecommender().run_sample()
```

결과는 다음과 같습니다.

```
RMSE=1.054, Precision@K=0.013, Recall@K=0.040
```

다음으로 아이템의 태그 정보와 사용자의 영화 평균 평갓값을 추가해 상성이 높아지는지 확인해봅시다.

```
recommend_result = recommender.recommend(movielens,
                    use_side_information=True)

RMSE=1.068, Precision@K=0.015, Recall@K=0.050
```

이와 같이 되어 순위 지표의 정확도가 높아집니다. 보조 정보의 유형이나 작업 방법에 따라 정확도가 달라지므로 자사의 데이터에 맞춰 시행착오를 하는 것이 중요합니다.

5.9 자연어 처리 방법에 대한 추천 시스템 응용

토픽 모델(LDA)이나 word2vec 등 자연어 처리 분야에서 제안된 부분을 추천 시스템에 응용하는 방법에 관해 설명하겠습니다. 이는 자연어 처리 분야에서 제안된 것으로 상품 설명문이나 사용자 리뷰를 분석함으로써 콘텐츠 기반 추천으로 비슷한 상품을 찾을 수 있습니다. 또한 이 방법들을 사용자의 행동 이력에 적용함으로써 협조 필터링 기반 추천도 가능해집니다. 이번 절에서는 자연어 처리 방법 자체에 대해 상세히 설명하지 않으며 추천 시스템에 대한 활용 방법을 중심으로 설명합니다. 방법 자체에 관해 자세히 알고 싶은 분은 『トピックモデルによる統計的潜在意味解析(토픽 모델을 활용한 통계적 잠재 의미 분석』(コロナ社, 2015년), 『トピックモデル(토픽 모델)』(講談社, 2015년) 등을 참고하기 바랍니다.

5.9.1 토픽 모델

신문에서 '축구', '야구', '볼', '승리', '콜드 게임' 등의 단어는 스포츠 관련 기사에 자주 사용되고 '선거', '세금', '지지율', '정당' 등의 단어는 정치 기사에 자주 사용됩니다. 이런 단어는 문장 토픽(주제)에 따라 사용되는 빈도가 다릅니다. 또 '축구 월드컵의 입장료를 무료로 하겠다는 공약을 들고 선거에 출마했다'라는 문장에는 스포츠와 정치 토픽이 다 들어 있습니다. 토픽 모델에서 하나의 문장은 여러 토픽으로 구성되며 각 토픽에서 단어가 선택되어 문장이 구성되는 것을 모델화합니다.

토픽 모델 중 실무에서 많이 사용되는 **잠재 디리클레 할당**Latent Dirichlet Allocation(LDA) 모델에 관해 살펴보겠습니다.[15] 토픽 할당에 디리클레 분포를 사전 분포로 가정해 베이즈 추정을 한 모델입니다. 여기서는 모델에 대해 자세히 언급하지 않으며 LDA에 관해 간략하게 설명한 뒤 실무에서의 사용 용도에 관해 설명할 것입니다.

LDA를 문장에 적용할 때는 먼저 MeCab 등의 형태소 분석 라이브러리를 사용해 문장을 분할합니다. 예를 들어 다음 첫 번째 문장은 두 번째 문장처럼 분할됩니다.

원래 문장: '월드컵에서 일본의 축구 팀이 우승했다.'
분할된 문장: '월드컵, 에서, 일본, 의, 축구, 팀, 이, 우승, 했다.'

다음으로 조사나 구두점을 제거하고 명사와 형용사만 남기는 등으로 전처리합니다. 어떤 품사를 남기고 삭제하는가에 관한 판단은 비즈니스 목적에 따라 다릅니다. 여기서는 명사만 남겨서 분석을 진행한다고 가정하겠습니다.

'월드컵, 일본, 축구, 팀, 우승'

마찬가지로 다른 문장에 대해서도 같은 전처리를 수행하면 다음과 같이 됩니다.

'월드컵, 일본, 축구, 팀, 우승'
'여당, 지지율, 침체, 선거'
'야구선수, 선거, 출마, 표명'

이 데이터를 LDA에 입력하면 각 토픽별 단어 분포와 문장 토픽 분포가 계산됩니다. LDA에 데이터를 입력할 때는 토픽 수라는 파라미터를 미리 결정해놓아야 합니다. 예를 들어 토픽 수를

---

15 DavidM. Blei, Andrew Y. Ng, and Michael I. Jordan, "Latent dirichlet allocation," the Journal of machine Learning research 3 (2003): 993–1022.

10으로 설정하고 계산하면 10개의 토픽이 나오며 각 토픽에서 나오기 쉬운 단어를 알 수 있습니다. LDA는 비지도 학습Unsupervised Learning이며 문장에서 자동으로 토픽을 계산하므로 첫 번째 토픽이 실제로 어디에 대응하는지는 해당 토픽에서 나오기 쉬운 단어를 눈으로 보고 '축구나 농구 같은 단어가 나오기 쉬우므로 스포츠 토픽에 대응할 것 같다'와 같이 사람이 직접 확인해야 합니다. 토픽 수는 데이터양에 따라 다르지만 먼저 10~100 중 임의의 수로 시험해본 뒤 줄이거나 늘리면서 정성적으로 납득할 수 있는 결과가 나오는 것으로 정하는 경우가 많습니다.

계산 결과의 각 토픽별 단어 분포란 토픽 1에서는 '축구'라는 단어가 0.3의 확률로 생성되기 쉽고 '선수'라는 단어는 0.001의 확률로 생성되기 쉽다는 등 해당 토픽에서의 단어 분포를 말합니다.

또한 문장의 토픽 분포란 '월드컵, 일본, 축구, 팀, 우승'과 같은 문장이 토픽 1일 확률은 0.9이고 토픽 2일 확률은 0.1이라는 등 각 토픽의 비율을 나타냅니다.

MovieLens의 태그와 장르 정보에 LDA를 적용해서 콘텐츠 기반 추천을 해봅시다.

```python
import gensim
import logging
from gensim.corpora.dictionary import Dictionary

movie_content = movielens.item_content
# tag가 부여되어 있지 않은 영화는 있지만 genre는 모든 영화에 부여되어 있다.
# tag와 genre를 결합한 것을 영화의 콘텐츠 정보로 하여 비슷한 영화를 찾아서 추천한다.
# tag가 없는 영화의 경우 NaN으로 되어 있으므로 빈 리스트로 변환해서 처리한다.
movie_content['tag_genre'] = movie_content['tag'].fillna("").apply(list)
                             + movie_content['genre'].apply(list)
movie_content['tag_genre'] = movie_content['tag_genre'].apply(lambda
                             x:list(map(str, x)))

# tag와 genre 데이터를 사용해 LDA를 학습한다.
tag_genre_data = movie_content.tag_genre.tolist()

logging.basicConfig(format='%(asctime)s : %(levelname)s : %(message)s',
level=logging.INFO)
common_dictionary= Dictionary(tag_genre_data)
common_corpus = [common_dictionary.doc2bow(text) for text in
tag_genre_data]

# LDA 학습
```

```
lda_model = gensim.models.LdaModel(common_corpus,
id2word=common_dictionary, num_topics=50, passes=30)
lda_topics = lda_model[common_corpus]
```

LDA 학습이 완료되면 각 토픽에 나타나기 쉬운 단어를 확인할 수 있습니다. 예를 들어 이 토픽에서는 디즈니나 애니메이션이라는 단어가 많이 나오므로 애니메이션 토픽임을 알 수 있습니다.

```
0.066*"disney"+ 0.059*"animation" + 0.053*"pixar" + 0.036*"Animation" +
0.032*"Children" + 0.021*"fairy tale" + 0.017*"philip seymour hoffman" +
0.014*"talking animals" + 0.014*"disney animated feature" + 0.013*"fun"
```

5.9.2 LDA를 사용한 콘텐츠 기반 추천

다음으로 LDA를 사용해 콘텐츠 기반 추천을 수행하는 방법에 대해 설명하겠습니다. 예를 들어 서적 전자상거래 사이트에서는 서적의 다양한 텍스트 데이터를 사용할 수 있습니다. 줄거리 문장을 LDA에 입력하면 공포, 연애, SF와 같은 주제가 나타나고 각 문장에는 토픽의 벡터가 할당됩니다. 이 벡터를 사용해 코사인 유사도 등의 거리 계산을 함으로써 각 서적 사이의 유사도를 측정할 수 있습니다. 이를 활용해 관련 아이템 추천 시스템을 만들 수 있습니다.

MovieLens 데이터에서는 먼저 각 영화에 대해 가장 큰 점수를 가진 주제를 할당합니다. 토이 스토리는 토픽 1, 타이타닉은 토픽 5와 같은 구조입니다. 다음으로 사용자가 최근 가장 높이 평가한 영화 10개의 토픽을 확인합니다. 그 안에서 가장 많이 나온 토픽을 사용자가 좋아하는 토픽으로 합니다. 그리고 해당 토픽 중에서 아직 보지 않은 10개의 영화를 추천합니다.

```
from util.models import RecommendResult, Dataset
from src.base_recommender import BaseRecommender
from collections import defaultdict
import numpy as np
import gensim
import logging
from gensim.corpora.dictionary import Dictionary
from collections import Counter
np.random.seed(0)
```

```python
class LDAContentRecommender(BaseRecommender):
    def recommend(self, dataset: Dataset, **kwargs) -> RecommendResult:
        # 인자 수
        factors = kwargs.get(«factors», 50)
        # 에폭 수
        n_epochs = kwargs.get(«n_epochs», 30)
        movie_content = dataset.item_content.copy()
        # tag는 부여되지 않은 영화도 있지만 genre는 모든 영화에 부여되어 있다.
        # tag와 genre가 결합된 것을 영화 콘텐츠 정보로 하여 비슷한 영화를 찾아 추천한다.
        # tag가 없는 영화는 NaN으로 되어 있으므로 빈 리스트로 변환하여 처리한다.
        movie_content[«tag_genre»] = movie_content[«tag»].fillna(«»).apply(list) + \
                                movie_content["genre"].apply(list)
        movie_content[«tag_genre»] = movie_content[«tag_genre»].apply(lambda x:
                                list(map(str, x)))
        # tag와 genre 데이터를 사용해 word2vec을 학습한다.
        tag_genre_data = movie_content.tag_genre.tolist()
        logging.basicConfig(format=»%(asctime)s : %(levelname)s :
        %(message)s", level=logging.INFO)
        common_dictionary = Dictionary(tag_genre_data)
        common_corpus = [common_dictionary.doc2bow(text) for text
                        in tag_genre_data]
        lda_model = gensim.models.LdaModel(
            common_corpus, id2word=common_dictionary,
            num_topics=factors, passes=n_epochs
        )
        lda_topics = lda_model[common_corpus]
        movie_topics = []
        movie_topic_scores = []
        for movie_index, lda_topic in enumerate(lda_topics):
            sorted_topic = sorted(lda_topics[movie_index], key=lambda x: -x[1])
            movie_topic, topic_score = sorted_topic[0]
            movie_topics.append(movie_topic)
            movie_topic_scores.append(topic_score)
        movie_content[«topic»] = movie_topics
        movie_content[«topic_score»] = movie_topic_scores
        movielens_train_high_rating = dataset.train[dataset.train.rating >= 4]
        user_evaluated_movies = dataset.train.groupby(«user_id»).agg({
                            "movie_id": list})["movie_id"].to_dict()
        movie_id2index = dict(zip(movie_content.movie_id.tolist(),
                        range(len(movie_content))))
        pred_user2items = defaultdict(list)
        for user_id, data in movielens_train_high_rating.groupby(«user_id»):
            evaluated_movie_ids = user_evaluated_movies[user_id]
            movie_ids = data.sort_values(«timestamp»)[«movie_id»].tolist()[-10:]
```

```
        movie_indexes = [movie_id2index[id] for id in movie_ids]
        topic_counter = Counter([movie_topics[i] for i in movie_indexes])
        frequent_topic = topic_counter.most_common(1)[0][0]
        topic_movies = (
            movie_content[movie_content.topic == frequent_topic]
            .sort_values(«topic_score», ascending=False)
            .movie_id.tolist()
        )
        for movie_id in topic_movies:
            if movie_id not in evaluated_movie_ids:
                pred_user2items[user_id].append(movie_id)
            if len(pred_user2items[user_id]) == 10:
                break
        # LDA에서는 평갓값 예측이 어려우므로 RMSE의 평가는 수행하지 않는다.
        # (편의상 테스트 데이터의 예측값을 그대로 반환한다.)
        return RecommendResult(dataset.test.rating, pred_user2items)


if __name__ == "__main__":
    LDAContentRecommender().run_sample()
```

결과는 다음과 같습니다.

```
Precision@K=0.004, Recall@K=0.012
```

여기서 토픽은 비슷하지만 구입 및 열람하는 사용자층은 같지 않은 경우도 있다는 점을 주의해야 합니다.

태그 정보만 사용하므로 텍스트상으로는 비슷하지만 한쪽은 나이가 적은 사람이 좋아하고 다른 한쪽은 나이가 많은 사람이 좋아하는 등의 경우도 있습니다. 그러므로 LDA를 사용자 행동 이력에 적용해 협조 필터링 기반으로 추천 시스템을 구성하는 방법도 확인하기 바랍니다.

5.9.3 LDA를 사용한 협조 필터링 추천

사용자의 구입 이력이나 열람 이력 등의 행동 이력 데이터는 다음처럼 표현할 수 있습니다.

```
User1:[item1, item41, item23, item4]
User2: [item52, item3, item1, item9]
```

각 아이템을 단어로 보고 사용자가 행동한 아이템의 집합을 문장으로 보면 LDA를 적용할 수 있습니다.

출력된 결과는 각 토픽별 아이템 분포와 각 사용자별 주제가 됩니다. 예를 들어 '토픽 1은 item23이 0.3, item4가 0.2 …' 같은 아이템 분포와 'User1은 토픽 1: 0.8, 토픽 2: 0.1 …' 같은 결과가 나옵니다.

이 벡터를 사용할 경우 User1은 토픽 1의 성분이 강하므로 토픽 1에서 나오기 쉬운 아이템을 추천할 수 있습니다. 또한 아이템에 대해서도 각 토픽에서의 출현 확률을 나열한 벡터를 만들어 코사인 유사도 등을 사용해 유사도를 계산할 수 있으므로 관련 아이템을 추천할 수 있습니다.

MovieLens 데이터로 추천해봅시다. 각 사용자별로 가장 큰 토픽을 추출하고 해당 토픽에서 나오기 쉬우면서도 해당 사용자가 아직 평가하지 않은 영화를 상위부터 10개 추천합니다.

```python
from util.models import RecommendResult, Dataset
from src.base_recommender import BaseRecommender
from collections import defaultdict
import numpy as np
import gensim
import logging
from gensim.corpora.dictionary import Dictionary
np.random.seed(0)


class LDACollaborationRecommender(BaseRecommender):
    def recommend(self, dataset: Dataset, **kwargs) -> RecommendResult:
        # 인자 수
        factors = kwargs.get(«factors», 50)
        # 에폭 수
        n_epochs = kwargs.get(«n_epochs», 30)
        logging.basicConfig(format=»%(asctime)s : %(levelname)s :
                            %(message)s", level=logging.INFO)
        lda_data = []
        movielens_train_high_rating = dataset.train[dataset.train.rating >= 4]
        for user_id, data in movielens_train_high_rating.groupby(«user_id»):
            lda_data.append(data[«movie_id»].apply(str).tolist())
        common_dictionary = Dictionary(lda_data)
        common_corpus = [common_dictionary.doc2bow(text) for text in lda_data]
        lda_model = gensim.models.LdaModel(
            common_corpus, id2word=common_dictionary,
            num_topics=factors, passes=n_epochs
        )
```

```
lda_topics = lda_model[common_corpus]
user_evaluated_movies = dataset.train.groupby(«user_id»).agg({
                        "movie_id": list})["movie_id"].to_dict()
pred_user2items = defaultdict(list)
for i, (user_id, data) in enumerate(
movielens_train_high_rating.groupby(«user_id»)):
    evaluated_movie_ids = user_evaluated_movies[user_id]
    user_topic = sorted(lda_topics[i], key=lambda x: -x[1])[0][0]
    topic_movies = lda_model.get_topic_terms(user_topic,
                    topn=len(dataset.item_content))
    for token_id, score in topic_movies:
        movie_id = int(common_dictionary.id2token[token_id])
        if movie_id not in evaluated_movie_ids:
            pred_user2items[user_id].append(movie_id)
        if len(pred_user2items[user_id]) == 10:
            break
# LDA에서는 평갓값 예측이 어려우므로 RMSE 평가를 수행하지 않는다.
# (편의상 테스트 데이터를 그대로 반환한다.)
return RecommendResult(dataset.test.rating, pred_user2items)

if __name__ == "__main__":
    LDACollaborationRecommender().run_sample()


Precision@K=0.024,Recall@K=0.075
```

이와 같이 되어 다른 알고리즘에 비해 손색이 없는 결과를 얻었습니다.

행동 이력에 LDA를 적용해 얻을 수 있는 장점은 추천 시스템을 만드는 목적 외에도 탐색적 데이터 해석(EDA)으로 사용자나 아이템에 대한 이해도를 높일 수 있습니다. 행동 이력을 기반으로 각 아이템을 모아주기 때문에 상품의 설명문만 언뜻 보면 다른 것처럼 보여도 사실 함께 구입되기 쉬운 아이템임을 알 수 있습니다. 그 밖에도 슈퍼마켓의 구매 이력에 LDA를 적용하면 저렴한 가격을 중시하는 토픽이나 유기농과 같이 건강을 의식한 토픽 등이 나오기도 하므로 마케팅이나 상품 개발에도 도움이 될 수 있습니다.

5.9.4 word2vec

'단어의 의미는 그 주변 단어에 따라 결정된다'라는 가설이 있습니다. 이 가설을 **분포 가설**이라고 합니다. '서점에서 산 ○○를 읽어보니 재미있었다'는 문장에서 ○○에 들어갈 언어로

'책', '만화', '서적' 등이 있습니다. 이 단어들은 같은 문맥에서 나오는 경우가 많고 단어의 의미도 비슷합니다. 이 분포 가설을 기반으로 단어의 의미를 벡터로 표현하는 방법 중 하나가 word2vec입니다.[16] '책', '만화', '서적' 등과 같이 비슷한 단어는 비슷한 벡터를 갖습니다. word2vec은 몇 가지 자연어 처리 태스크에서 좋은 성적을 거두고 있으며 구현도 쉬워 실무에서 빈번하게 사용되고 있습니다.

word2vec을 학습시키면 출력으로 각 단어의 벡터를 얻을 수 있습니다. 그리고 그 단어의 벡터를 사용해 단어의 유사도를 설계할 수 있습니다.

다음에는 LDA와 마찬가지로 word2vec을 사용한 콘텐츠 기반 추천과 협조 필터링 추천에 관해 살펴보겠습니다.

5.9.5 word2vec을 사용한 콘텐츠 기반 추천

온라인 쇼핑 사이트에서 서적을 추천하는 것에 대해 생각해봅시다. 서적의 줄거리에 나오는 단어의 벡터 평균을 해당 서적의 벡터로 간주합니다. 각 서적들의 벡터 간 유사도를 계산함으로써 관련 아이템을 추천할 수 있습니다. 하지만 단어의 평균만 구해서는 '오늘'이나 '나'처럼 자주 나오는 단어와 '우주'나 '은하수'처럼 해당 서적에 특징적인 단어가 동등하게 취급되므로 특징적인 단어의 영향도가 희박한 벡터가 되어 버립니다. 그래서 td-idf와 같은 방법을 사용해 해당 문제에 특징적인 단어만 추출해서 평균 벡터를 얻는 방법, td-idf의 가중치를 사용해 벡터를 계산하는 방법 등을 사용합니다. 이 밖에도 **SWEM**이라는 방법[17]에서는 단어의 평균 벡터가 아니라 각 차원의 최댓값과 최솟값을 추출한 최대 벡터나 최소 벡터를 결합하여 문장의 벡터로 간주합니다.

word2vec을 발전시킨 것으로 **doc2vec**이라는 방법[18]이 있습니다. doc2vec에서는 단어를 벡터화할 뿐 아니라 문장 자체에도 벡터를 부여해줍니다. 그리고 하이퍼파라미터를 적절하게 조정하면 word2vec보다 doc2vec이 여러 태스크에서 높은 성능을 발휘하는 것으로 알려져

16 Tomas Mikolov, et al, "Distributed representations of words and phrases and their compositionality," Advances in neural information processing systems (2013).

17 Dinghan Shen, et al, "Baseline needs more love: On simple word-embedding-based models and associated pooling mechanisms," arXiv preprint arXiv:1805.09843 (2018).

18 Quoc Le, and Tomas Mikolov, "Distributed representations of sentences and documents," International conference on machine learning, PMLR (2014).

있습니다.[19] 그러나 실무에서는 word2vec 쪽이 실시간 추천에서 계산 속도가 빠르고 하이퍼 파라미터 조정이 간편합니다. 그러므로 우선 word2vec을 사용해 추천 결과가 어떤지 확인하는 것을 권장합니다.

MoveLies 데이터를 사용해 추천해봅시다.

```python
import gensim
import logging

# tag는 부여되지 않은 영화도 있지만 genre는 모든 영화에 부여되어 있다.
# tag와 genre가 결합된 것을 영화 콘텐츠 정보로 하여 비슷한 영화를 찾아 추천한다.
# tag가 없는 영화는 NaN으로 되어 있으므로 빈 리스트로 변환하여 처리한다.
movie_content['tag_genre'] = movie_content['tag'].fillna("").apply(list)
                                 + movie_content['genre'].apply(list)
movie_content['tag_genre'] = movie_content['tag_genre'].apply(
                                 lambda x:set(map(str, x)))

# tag와 genre 데이터를 사용해서 word2vec을 학습한다.
tag_genre_data = movie_content.tag_genre.tolist()
model = gensim.models.word2vec.Word2Vec(tag_genre_data, vector_size=100,
window=100, sg=1, hs=0, epochs=50, min_count=5)
```

word2vec 학습이 완료되면 태그를 입력해서 해당 태그와 비슷한 태그를 확인할 수 있습니다. 예를 들어 애니메이션이라는 태그를 입력하면 스튜디오 지브리나 애니메이션에 가까운 의미의 태그가 나오므로 확실히 학습했다는 것을 알 수 있습니다.

```python
#anime 태그와 비슷한 태그를 확인
model.wv.most_similar('anime')

[('studio ghibli', 0.7829612493515015),
 ('zibri studio', 0.7771063446998596),
 ('hayao miyazaki', 0.7442213892936707),
 ('miyazaki', 0.7281008362770081),
 ('pelicula anime', 0.7165544629096985),
 ('japan', 0.6417842507362366),
 ('Animation', 0.5572759509086609),
 ('wilderness', 0.48194125294685364),
```

----

19 Jey Han Lau, and Timothy Baldwin, "An empirical evaluation of doc2vec with practical insights into document embedding generation," arXiv preprint arXiv:1607.05368 (2016).

```
            ('environmental', 0.45938557386398315),
            ('animation', 0.44960111379623413)]
```

이 벡터를 사용해 사용자에게 영화를 추천합니다. 먼저 각 영화에 대해 영화 벡터를 계산합니다. 이것은 영화에 부여된 태그와 장르 벡터의 평균으로 합니다.

다음으로 사용자 벡터는 최근 가장 높게 평가한 영화 5개의 영화 벡터 평균으로 합니다. 그리고 그 사용자의 벡터와 코사인 거리가 가장 가까운 영화를 찾아서 추천합니다.

```python
from util.models import RecommendResult, Dataset
from src.base_recommender import BaseRecommender
import numpy as np
import gensim


np.random.seed(0)

class Word2vecRecommender(BaseRecommender):
    def recommend(self, dataset: Dataset, **kwargs) -> RecommendResult:
        # 인자 수
        factors = kwargs.get(«factors», 100)
        # 에폭 수
        n_epochs = kwargs.get(«n_epochs», 30)
        # window 크기
        window = kwargs.get(«window», 100)
        # 스킵 그램
        use_skip_gram = kwargs.get(«use_skip_gram», 1)
        # 계층적 소프트맥스
        use_hierarchial_softmax = kwargs.get(«use_hierarchial_softmax», 0)
        # 사용한 단어가 출현한 횟수의 임곗값
        min_count = kwargs.get(«min_count», 5)
        movie_content = dataset.item_content.copy()
        # tag는 부여되지 않은 영화도 있지만 genre는 모든 영화에 부여되어 있다.
        # tag와 genre가 결합된 것을 영화 콘텐츠 정보로 하여 비슷한 영화를 찾아 추천한다.
        # tag가 없는 영화의 경우 NaN으로 되어 있으므로 빈 리스트로 변환한 뒤 처리한다.
        movie_content[«tag_genre»] = movie_content[«tag»].fillna(«»).apply(list) + \
                                movie_content["genre"].apply(list)
        movie_content[«tag_genre»] = movie_content[
                                "tag_genre"].apply(lambda x: set(map(str, x)))
        # 태그와 장르 데이터를 사용해 word2vec을 학습한다.
        tag_genre_data = movie_content.tag_genre.tolist()
        model = gensim.models.word2vec.Word2Vec(
            tag_genre_data,
```

```python
        vector_size=factors,
        window=window,
        sg=use_skip_gram,
        hs=use_hierarchial_softmax,
        epochs=n_epochs,
        min_count=min_count,
    )
    # 각 영화의 벡터를 계산한다.
    # 각 영화에 부여된 태그/장르의 벡터 평균을 영화 벡터로 한다.
    movie_vectors = []
    tag_genre_in_model = set(model.wv.key_to_index.keys())
    titles = []
    ids = []
    for i, tag_genre in enumerate(tag_genre_data):
        # word2vec 모델에서 사용할 수 있는 태그 및 장르로 한정한다.
        input_tag_genre = set(tag_genre) & tag_genre_in_model
        if len(input_tag_genre) == 0:
            # word2vec을 기반으로 벡터 계산할 수 없는 영화에는 무작위 벡터를 부여한다.
            vector = np.random.randn(model.vector_size)
        else:
            vector = model.wv[input_tag_genre].mean(axis=0)
        titles.append(movie_content.iloc[i][«title»])
        ids.append(movie_content.iloc[i][«movie_id»])
        movie_vectors.append(vector)
    # 유사도 계산을 쉽게 할 수 있도록 numpy 배열로 저장해둔다.
    movie_vectors = np.array(movie_vectors)
    # 정규화 벡터
    sum_vec = np.sqrt(np.sum(movie_vectors ** 2, axis=1))
    movie_norm_vectors = movie_vectors / sum_vec.reshape((-1, 1))
    def find_similar_items(vec, evaluated_movie_ids, topn=10):
        score_vec = np.dot(movie_norm_vectors, vec)
        similar_indexes = np.argsort(-score_vec)
        similar_items = []
        for similar_index in similar_indexes:
            if ids[similar_index] not in evaluated_movie_ids:
                similar_items.append(ids[similar_index])
            if len(similar_items) == topn:
                break
        return similar_items
    movielens_train_high_rating = dataset.train[dataset.train.rating >= 4]
    user_evaluated_movies = dataset.train.groupby(«user_id»).agg({
                            "movie_id": list})["movie_id"].to_dict()
    id2index = dict(zip(ids, range(len(ids))))
    pred_user2items = dict()
```

```
for user_id, data in movielens_train_high_rating.groupby(«user_id»):
    evaluated_movie_ids = user_evaluated_movies[user_id]
    movie_ids = data.sort_values(«timestamp»)[«movie_id»].tolist()[-5:]
    movie_indexes = [id2index[id] for id in movie_ids]
    user_vector = movie_norm_vectors[movie_indexes].mean(axis=0)
    recommended_items = find_similar_items(user_vector,
                            evaluated_movie_ids, topn=10)
    pred_user2items[user_id] = recommended_items
# Word2vec에서는 평갓값 예측이 어려우므로 RMSE의 평가는 수행하지 않는다.
# (편의상 테스트 데이터의 예측값을 그대로 반환한다.)
return RecommendResult(dataset.test.rating, pred_user2items)

if __name__ == "__main__":
    Word2vecRecommender().run_sample()
```

결과는 다음과 같으며 인기도 추천과 비슷한 정확도를 얻을 수 있습니다.

```
Precision@K=0.010, Recall@K=0.033
```

5.9.6 word2vec을 사용한 협조 필터링 추천(item2vec)

사용자가 열람하거나 구매하는 등의 행동 이력을 word2vec에 적용하는 방법에 관해 설명하겠습니다. 이 방법은 **item2vec**[20] 또는 **prod2vec**[21]이라 불리며 구현이 간단하고 추천 성능이 높아 야후Yahoo[21], 에어비앤비Airbnb[22] 등의 기업에서 사용되고 있습니다.

LDA의 경우와 마찬가지로 사용자의 행동 이력을 단어의 집합으로 간주하고 word2vec을 적용합니다. 이때 사용자가 행동한 순서대로 아이템을 나열하는 것이 중요합니다. word2vec에는 `window_size`라는 파라미터가 있으며 이 액션 순서까지 고려해 학습시킵니다.

20 Oren Barkan, and Noam Koenigstein, "Item2vec: neural item embedding for collaborative filtering," 2016 IEEE 26th International Workshop on Machine Learning for Signal Processing (MLSP), IEEE (2016).

21 Mihajlo Grbovic, et al, "E-commerce in your inbox: Product recommendations at scale," Proceedings of the 21th ACM SIGKDD international conference on knowledge discovery and data mining (2015).

22 Mihajlo Grbovic, and Haibin Cheng, "Real-time personalization using embeddings for search ranking at airbnb," Proceedings of the 24th ACM SIGKDD International Conference on Knowledge Discovery & Data Mining (2018).

```
User1: [item1, item41, item23, item4]
User2: [item52, item3, item1, item9]
```

학습을 완료하면 각 단어에 대한 벡터를 얻을 수 있습니다.

```
item1: [0.3, 0.1, 0.6....]
item2: [0.1, 0.9, 0.2....]
```

이 벡터를 사용하면 아이템 간 유사도를 계산할 수 있으며 관련 아이템 추천을 구현합니다. 그리고 이 아이템의 벡터를 사용하면 사용자에게 간단히 추천할 수 있습니다.

사용자가 이미 item5와 item9를 구입한 경우 해당 사용자의 벡터를 item5와 tiem9의 평균 벡터로 표현하고 해당 벡터와 가까운 아이템을 추천할 수 있습니다. 이때 사용자의 벡터는 몇 가지 방법으로 표현됩니다.

먼저 가장 최근 아이템 몇 개를 사용해 해당 사용자를 표현하는 관점입니다. 예를 들어 패션 전자상거래 사이트에서 사용자가 과거에 열람한 모든 아이템의 벡터 평균을 사용하면 사용자의 선호도가 바뀐 경우 제대로 추천할 수 없습니다. 따라서 최근 몇 년 전에 열람한 의류의 정보는 사용하지 않고 최근 열람한 아이템 정보만 사용하는 편이 예측 정확도를 높일 수 있습니다.

얼마나 오래 전 데이터까지 사용할지는 해당 비즈니스의 사용자 기호 변화 속도에 따라 다릅니다. 변화가 빠른 경우 최근 아이템만 고려하고 변화가 별로 빠르지 않은 경우 이전 아이템도 고려합니다. 또한 과거에 행동한 아이템을 일률적으로 다루지 않고 최근 행동한 아이템에는 큰 가중치를 부여해 벡터를 설계할 수도 있습니다.

이렇게 아이템의 벡터를 유지하기만 하면 사용자의 벡터는 해당 아이템 벡터의 사칙연산으로 순식간에 계산할 수 있어 실시간 온라인 추천 등에서 사용됩니다.

```
from util.models import RecommendResult, Dataset
from src.base_recommender import BaseRecommender
import numpy as np
import gensim

np.random.seed(0)

class Item2vecRecommender(BaseRecommender):
```

```python
def recommend(self, dataset: Dataset, **kwargs) -> RecommendResult:
    # 인자 수
    factors = kwargs.get(«factors», 100)
    # 에폭 수
    n_epochs = kwargs.get(«n_epochs», 30)
    # window 크기
    window = kwargs.get(«window», 100)
    # 스킵 그램
    use_skip_gram = kwargs.get(«use_skip_gram», 1)
    # 계층적 소프트맥스
    use_hierarchial_softmax = kwargs.get(«use_hierarchial_softmax», 0)
    # 사용한 단어가 출현한 횟수의 임곗값
    min_count = kwargs.get(«min_count», 5)
    item2vec_data = []
    movielens_train_high_rating = dataset.train[dataset.train.rating >= 4]
    for user_id, data in movielens_train_high_rating.groupby(«user_id»):
        # 평가된 순으로 나열한다.
        # item2vec에는 window라는 파라미터가 있으며
        # item의 평가 순서도 중요한 요소가 된다.
        item2vec_data.append(data.sort_values(«timestamp»)[«movie_id»].tolist())
    model = gensim.models.word2vec.Word2Vec(
        item2vec_data,
        vector_size=factors,
        window=window,
        sg=use_skip_gram,
        hs=use_hierarchial_softmax,
        epochs=n_epochs,
        min_count=min_count,
    )

    pred_user2items = dict()
    for user_id, data in movielens_train_high_rating.groupby(«user_id»):
        input_data = []
        for item_id in data.sort_values(«timestamp»)[«movie_id»].tolist():
            if item_id in model.wv.key_to_index:
                input_data.append(item_id)
        if len(input_data) == 0:
            # 추천 계산이 안 되는 경우 빈 배열
            pred_user2items[user_id] = []
            continue
        recommended_items = model.wv.most_similar(input_data, topn=10)
        pred_user2items[user_id] = [d[0] for d in recommended_items]
    # Word2vec에서는 평갓값 예측이 어려우므로 RMSE는 평가하지 않는다.
    # (편의상 테스트 데이터의 예측값을 그대로 반환한다.)
```

```
        return RecommendResult(dataset.test.rating, pred_user2items)

    if __name__ == "__main__":
        Item2vecRecommender().run_sample()
```

결과는 다음과 같으며 다른 알고리즘과 비교해도 손색이 없습니다.

```
Precision@K=0.028,Recall@K=0.087
```

하이퍼파라미터는 콘텐츠 기반 추천에서 추출한 것을 튜닝했습니다. word2vec을 텍스트에 적용한 경우와 행동이력을 적용한 경우, 최적의 하이퍼파라미터의 경향이 다른 것으로 알려져 있습니다.[23] 즉, 자연어 처리 논문에 이 하이퍼파라미터를 ○○로 하는 것이 좋다고 기술되어 있어도 행동 이력에 적용한 word2vec에서는 잘 맞지 않는 경우가 있습니다. 자사 데이터로 하이퍼파라미터를 튜닝하는 것이 중요합니다.

아이템을 단어, 사용자의 행동 이력을 문장으로 간주함으로써 자연어 처리 방법을 협조 필터링 형태의 추천으로 적용할 수 있다고 설명했습니다. 이번에 소개한 방법 외에도 Bidirectional Encode Representations from Transformers(BERT)라 불리는 모델[24]을 사용자의 행동 이력에 적용한 사례[25]도 있습니다. BERT는 번역이나 논문 분류, 질문 응답 등의 자연어 처리 태스크에서 2018년 당시 가장 좋은 성적을 거둔 모델입니다. 이후에도 자연어 처리 분야에서 많은 방법이 나왔으나 '그때 이 방법을 사용자의 행동 이력에 적용하면 어떻게 되었을까'라는 관점에서 생각해보면 새로운 추천 시스템 개발로 연결할 수 있을 것입니다.

23 Hugo Caselles-Dupré, Florian Lesaint, and Jimena Royo-Letelier, "Word2vec applied to recommendation: Hyperparameters matter," Proceedings of the 12th ACM Conference on Recommender Systems (2018).

24 Jacob Devlin, et al, "Bert: Pre-training of deep bidirectional transformers for language understanding," arXiv preprint arXiv:1810.04805 (2018).

25 Fei Sun, et al, "BERT4Rec: Sequential recommendation with bidirectional encoder representations from transformer," Proceedings of the 28th ACM international conference on information and knowledge management (2019).

5.10 딥러닝

딥러닝Deep Learning은 2010년대 전반에 컴퓨터 비전이나 자연어 처리 등의 분야에서 기존 방법의 성능을 크게 뛰어넘으며 주목을 받았습니다. 오늘에 이르기까지 산업계와 학계에서 다양한 분야의 딥러닝 연구가 계속되고 있습니다.

딥러닝 추천 시스템의 응용에 대해서는 2015년 정도부터 연구가 늘기 시작했습니다. 2016년에는 추천 시스템 국제 학회인 RecSys에서 'Deep Learning for Recommender System'이라는 워크숍이 처음으로 개최되었습니다.[26]

이번 절에서는 딥러닝을 활용한 추천 시스템에 관해 간략히 살펴보겠습니다. 각 방법에 대한 상세 설명은 생략하며 실무에서의 사용 방침을 중심으로 설명합니다. 또한 알고리즘의 구현에 관해서도 파이토치PyTorch나 텐서플로TensorFlow를 활용한 라이브러리가 공개되어 있지만 딥러닝 라이브러리의 진화 속도가 빠르므로 이 책에서는 개요만 설명합니다. 지금까지 소개한 각 알고리즘을 사용하는 코드를 참조하면 딥러닝의 각 라이브러리에도 즉시 활용할 수 있습니다.

딥러닝 자체가 궁금하다면 『밑바닥부터 시작하는 딥러닝』(한빛미디어, 2017)을 참조하기 바랍니다. 또한 딥러닝을 활용한 추천 시스템에 관해 궁금하다면 「Deep Learning based Recommender System: A Survey and New Perspectives」라는 설문 조사 논문[27]을 참고하기 바랍니다.

5.10.1 딥러닝을 활용한 추천 시스템

실무에서는 주로 다음과 같은 2가지 방법으로 딥러닝을 추천 시스템에 활용합니다.

- 이미지나 문장 등 비구조 데이터의 특징량 추출기로 활용
- 복잡한 사용자 행동과 아이템 특징량 모델링

---

26 Alexandros Karatzoglou, et al, "RecSys' 16 Workshop on Deep Learning for Recommender Systems(DLRS)," Proceedings of the 10th ACM Conference on Recommender Systems (2016).

27 Shuai Zhang, et al, "Deep learning based recommender system: A survey and new perspectives," ACM Computing Surveys (CSUR) 52.1 (2019): 1-38.

5.10.1.1 이미지나 문장 등 비구조 데이터의 특징량 추출기로 활용

딥러닝은 이미지 분석이나 자연어 처리 분야에서 많은 모델이 제안되었고 큰 성과를 남겼습니다.[28][29] 그 모델들은 다층 레이어 구조로 되어 있어 분류 문제 등 태스크를 해결하는 데 필요한 특징이 각 레이어에서 추출됩니다. 즉, 입력 데이터로부터 불필요한 정보를 삭제하고 레이어를 경유해서 태스크를 해결하기 위해 필요한 정보로 압축한다고 생각할 수도 있습니다.

예를 들어 1장의 이미지가 40픽셀×40픽셀×RGB라고 가정하면 $40 \times 40 \times 3 = 4800$차원의 벡터로 표현할 수 있습니다. 학습이 완료된 모델을 사용했으므로 이 이미지를 입력하면 가장 마지막 층 레이어의 수백 차원의 벡터를 얻을 수 있습니다. 원래 이미지의 벡터를 그대로 사용하는 것보다 벡터의 차원이 일반적으로 작게 완료되며 비슷한 이미지에서는 거리가 가까운 벡터가 됩니다. 예를 들어 같은 고양이 이미지라고 해도 그 이미지가 조금이라도 옆으로 어긋나 있거나 회전된 상태면 이미지 벡터는 거리가 멀어진 것이 됩니다. 한편 그 이미지들을 학습 완료 모델에 입력해 가장 마지막 층 레이어의 벡터를 얻으면 거리가 가까운 벡터로 표현됩니다.

이미지와 마찬가지로 자연어도 Bag of Words로 표현하면 '스마호スマホ'와 '스마트폰スマートフォン'이 다른 언어로 표현되지만 학습 완료 모델을 사용하면 거리가 가까운 벡터로 표현됩니다.

이렇게 딥러닝 학습 완료 모델을 사용하면 이미지나 문장의 원시 데이터raw data를 그대로 사용하는 것에 비해 이미지나 문장의 유사성이 유추된 저차원 벡터를 얻을 수 있습니다.

지금까지 콘텐츠 기반 추천 시스템에서는 이미지, 음악, 동영상, 텍스트에 관해 카테고리 정보나 태그 정보를 기반으로 추천을 수행했습니다. 태그 정보나 카테고리 정보는 사람이 직접 입력하는 일이 많고 카테고리나 태그의 정밀도, 커버리지가 적절하지 않아 이를 기반으로 하는 추천 시스템의 정확도가 좋지 않았습니다.

28 Alex Krizhevsky, Ilya Sutskever, and Geoffrey E. Hinton, "Imagenet classification with deep convolutional neural networks, "Advances in neural information processing systems 25 (2012): 1097–1105.

29 Fei Sun, et al, "BERT4Rec: Sequential recommendation with bidirectional encoder representations from transformer," Proceedings of the 28th ACM international conference on information and knowledge management (2019).

그러나 딥러닝을 활용하면 카테고리나 태그 정보가 아닌 아이템 콘텐츠 자체의 유사도를 계산해서 추천할 수 있습니다. 예를 들어 인스타그램[Instagram]에서는 분위기가 비슷한 이미지를 추천[30]하고 스포티파이[Spotify]에서는 곡조가 비슷한 음악을 추천[31]합니다. 딥러닝을 사용하면 콘텐츠 기반 추천 성능이 높아져 콜드 스타트 문제를 해결할 수 있게 됩니다.

5.10.1.2 복잡한 사용자 행동과 아이템 특징량 모델링

추천 시스템에서 딥러닝의 장점으로 다음 2가지를 들 수 있습니다.

- 비선형 데이터 모델링
- 시계열 데이터 모델링

비선형 데이터 모델링

딥러닝은 데이터의 비선형성을 학습할 수 있는데 복잡한 사용자의 행동이나 아이템의 특징량을 학습할 수 있습니다. 여기서는 3가지 딥러닝 방법에 관해 간단히 소개하겠습니다.

이전 절에서 소개한 행렬 분해는 사용자와 아이템을 벡터로 표현하고 그 내적을 사용한다는 점에서 선형 모델링입니다. 하지만 실제 사용자의 행동은 복잡하기 때문에 선형 모델링으로 표현할 수 없는 것도 많습니다. 이때는 딥러닝을 조합해 사용자의 복잡한 행동을 표현할 수 있습니다.

[그림 5-17]은 행렬 분해를 딥러닝화한 **Neural Collaborative Filtering**[32] 개념도입니다. 이 아키텍처는 이제까지의 행렬 분해를 포괄하는 일반화된 프레임워크입니다. 신경망이 여러 층으로 구성되어 있어 사용자와 아이템의 복잡한 데이터를 학습할 수 있으며 기존 행렬 분해보다 높은 예측 정확도를 얻을 수 있습니다.

30 Andrew Zhai, et al. "Visual discovery at pinterest," Proceedings of the 26th International Conference on World Wide Web Companion (2017).

31 Sander Dieleman, "Recommending music on Spotify with deep learning," Sander Dieleman (2014).

32 Xiangnan He, et al, "Neural collaborative filtering," Proceedings of the 26th international conference on world wide web (2017).

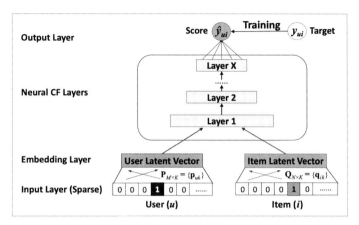

그림 5-17 Neural Collaborative Filtering 개념도(논문[33]에서 인용)

DeepFM은 Factorization Machines를 딥러닝화한 방법입니다. 아이템이나 사용자의 특징량에 대해 특징량 엔지니어링이 필요 없으며 그대로 모델에 입력할 수 있습니다. 모델 안에서는 고차원의 각 특징량 조합도 학습해줍니다.

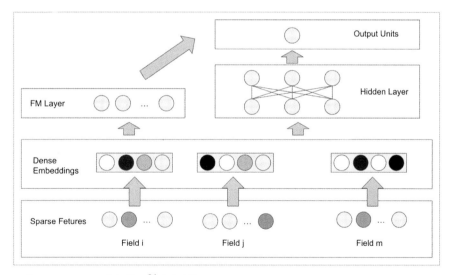

그림 5-18 DeepFM 개념도(논문[34]에서 인용)

33 Xiangnan He, et al, "Neural collaborative filtering," Proceedings of the 26th international conference on world wide web (2017).

34 Huifeng Guo, et al, "DeepFM: a factorization-machine based neural network for CTR prediction," arXiv preprint arXiv:1703.04247 (2017).

마지막으로 구글이 발표한 **Wide and Deep**[35]이라는 방법을 소개합니다. [그림 5-19]와 같이 네트워크가 Wide 부분과 Deep 부분의 2개로 구성되어 있습니다. 그림 왼쪽의 Wide 부분에서는 아이템이나 사용자의 특징량을 입력으로 하여 1층의 선형 모델을 거칩니다. 이 부분에서는 자주 함께 발생하는 특징량의 조합을 학습할 수 있습니다. 한편 오른쪽의 Deep 부분에서는 Embedding층을 내장해 다층으로 함으로써 보다 일반화된 추상적인 표현을 얻을 수 있습니다. 이 2개를 조합하면 예측 정확도를 높이면서도 다양하게 추천할 수 있습니다. 실제로 구글 플레이^{Google Play} 애플리케이션 추천에 구현되었으며 학습 시간이나 예측 속도의 제약을 만족시키면서도 애플리케이션 설치 수가 증가한 것으로 보고되었습니다. 이 알고리즘은 구글의 AI Platform에서 사용할 수 있습니다.

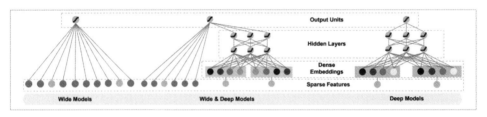

그림 5-19 Wide and Deep 개념도(논문[35]에서 인용)

이와 같이 딥러닝에서는 네트워크를 유연하게 설계함으로써 복잡한 사용자의 행동이나 아이템의 특징을 학습할 수 있습니다.

시계열 데이터 모델링

RNN^{Recurrent Neural Network}[36]이나 **LSTM**^{Long Short-Term Memory}[37]을 시작으로 하는 시계열 정보를 다루는 데 뛰어난 방법들이 제안되었습니다. RNN이나 LSTM은 자연어 처리 분야에서 제안된 방법이며 단어 예를 입력하면 다음에 만들어질 것으로 예상되는 단어를 알려줍니다. 이전 절의 자연어 처리 추천 시스템 응용 부분에서도 소개했지만 사용자가 클릭한 아이템 리스트를 단어 계열로 봄으로써 이 자연어 처리 방법들을 응용할 수 있습니다.

35 Heng-Tze Cheng, et al, 'Wide & deep learning for recommender systems," Proceedings of the 1st workshop on deep learning for recommender systems (2016).

36 DavidE. Rumelhart, Geoffrey E. Hinton, and Ronald J. Williams, "Learning representations by back-propagating errors," nature 323,6088 (1986): 533–536.

37 Sepp Hochreiter, and Jürgen Schmidhuber, "Long short-term memory," Neural computation 9.8 (1997): 1735–1780.

최근에는 유튜브나 스포티파이를 시작으로 사용자 단위가 아닌 세션별로 추천하는 수요가 높아져 이 시계열 정보들에 특화된 딥러닝 방법이 활용되고 있습니다.[38]

[표 5-4]는 각 자연어 처리 방법을 행동 이력 데이터에 적용한 추천 알고리즘입니다.

표 5-4 각 자연어 처리 방법과 그것을 행동 이력 데이터로 적용한 추천 알고리즘

자연어 처리 방법	추천 알고리즘
RNN	Session-based recommendations with recurrent neural networks.[38]
word2vec	item2vec: neural item embedding for collaborative filtering.[39] E-commerce in Your Inbox: Product Recommendations at Scale.[40]
BERT	BERT4Rec: Sequential recommendation with bidirectional encoder representations from transformer.[41]

5.10.2 구현

딥러닝 추천 알고리즘을 구현한 파이썬 라이브러리를 소개합니다. 각 라이브러리별로 학습 데이터 포맷이나 계산 시간, GPU 사용 유무 등이 다르므로 자사의 환경에 맞춰 라이브러리를 선택하기 바랍니다. 각 라이브러리에 따른 학습 데이터 전처리 등은 이전 장의 코드를 참고하기 바랍니다.

표 5-5 딥러닝 추천 알고리즘 라이브러리 목록

라이브러리명	URL	설명
Recommenders	https://github.com/microsoft/recommenders	마이크로소프트 사가 개발한 추천 알고리즘 라이브러리로 MF나 BPR 등 고전적인 방법부터 최신 딥러닝 추천 알고리즘까지 다수 구현되어 있으며 GPU나 스파크를 사용한 모델도 제공한다.

38 Balázs Hidasi, et al. "Session-based recommendations with recurrent neural networks," arXiv preprint arXiv:1511.06939 (2015).

39 Oren Barkan, and Noam Koenigstein, "Item2vec: neural item embedding for collaborative filtering," 2016 IEEE 26th International Workshop on Machine Learning for Signal Processing (MLSP), IEEE (2016).

40 Mihajlo Grbovic, et al, "E-commerce in your inbox: Product recommendations at scale," Proceedings of the 21th ACM SIGKDD international conference on knowledge discovery and data mining (2015).

41 Fei Sun, et al, "BERT4Rec: Sequential recommendation with bidirectional encoder representations from transformer," Proceedings of the 28th ACM international conference on information and knowledge management (2019).

라이브러리명	URL	설명
Spotlight	https://github.com/maciejkula/spotlight	파이토치 기반의 추천 알고리즘 라이브러리로 딥러닝뿐 아니라 얕은(Shallow) 모델도 구축할 수 있어 새로운 추천 알고리즘 프로토타입을 작성하기 용이하다.
RecBole	https://recbole.io/	파이토치 기반의 추천 알고리즘 라이브러리로 70개가 넘는 추천 알고리즘이 구현되어 있다.

5.10.3 실무에서의 딥러닝 활용

'특징량 추출기로 활용'과 '예측 모델로 활용'의 2가지에 방법에 관해 소개합니다.

5.10.3.1 특징량 추출기로 활용

실무에서 사용할 때는 학습 완료 모델을 찾아 이를 자사의 아이템에 적용하고 특징량을 추출합니다. 예를 들어 이미지라면 이미지넷^{ImageNet} 등으로 학습한 모델을 사용합니다. 각 아이템 이미지에 대해 수백 차원의 벡터를 얻을 수 있습니다. 해당 벡터를 그대로 사용해서 비슷한 아이템을 찾아낼 수 있으며 해당 벡터를 아이템의 특징량 중 하나로 사용해 이전 장에서 소개한 회귀 모델을 적용할 수도 있습니다.

문장인 경우 위키피디아^{Wikipedia} 등의 데이터로 학습된 word2vec이나 BERT 모델을 사용할수 있습니다. 이를 사용하면 아이템의 설명문이나 사용자의 댓글 문장을 벡터화할 수 있어 아이템을 추천할 수 있습니다. 학습 완료 모델을 선택할 때 자사의 데이터와 유사한 데이터로 학습한 모델이 있을 경우 그것을 사용하는 것이 좋습니다. 예를 들어 구인 사이트에서 채용 공고를 추천할 때 구인 데이터로 학습한 word2vec이나 BERT 모델이 있다면 그것을 사용하여 채용 공고에서 사용되는 단어를 잘 표현할 수 있습니다. 하지만 그런 학습 완료 모델은 많이 공개되어 있지 않습니다. 그럴 때는 자사의 데이터로 딥러닝을 사용해 처음부터 학습시키거나 학습완료 모델을 세세하게 튜닝해서 대응해야 합니다.

5.10.3.2 예측 모델로 활용

다음에는 예측 모델로서의 딥러닝 구현에서 사용하는 방법에 대해 살펴보겠습니다. 딥러닝은 만능이며 고성능인 것처럼 보일 수 있지만 실무에서 사용할 때는 주의해야 합니다. 2019년 RecSys의 최고 논문인 'Are We Really Making Much Progress? A Worrying Analysis of Recent Neural Recommendation Approaches(우리가 정말로 많은 진척을 이루었는가? 최근의 뉴럴 추천 접근 방식에 관한 우려 분석)'[42]에서는 단순한 k-nearest 추천 시스템을 하이퍼파라미터 튜닝한 것보다 최근 제안된 딥러닝 추천 시스템 대부분의 정확도가 나쁘다는 충격적인 내용을 담고 있습니다. 그 원인으로 전처리나 하이퍼파라미터 튜닝, 실험 설정 등이 적절하지 않았을 가능성을 들고 있습니다. 이처럼 최신 논문에 실린 방법이 실무에서도 같은 성능을 낼 것이라고 단정하지 않고 고전적인 방법을 튜닝하는 쪽이 높은 정확도를 보일 수 있습니다. 최신 논문에 실릴 만한 딥러닝 방법은 구글이나 넷플릭스, 아마존 등과 같이 데이터 양이 충분히 많아야 효과적인 경우가 많습니다.

그러므로 이제부터 추천 시스템을 도입하고자 한다면 먼저 고전적인 방법을 검증한 뒤 딥러닝 사용을 검토하기 바랍니다. 또한 일반적으로 딥러닝으로는 설명하기 어려운 과제들도 있으므로 고전적이고 단순한 방법이 오히려 실무에서 활용하기 좋은 경우가 많습니다.

5.11 슬롯머신 알고리즘(밴딧 알고리즘)

강화 학습 분야에서는 새로운 지식을 늘리기 위해 새로운 행동을 일으키는 것을 탐색이라고 하며 이미 얻은 지식을 사용해 이익을 늘리는 행동을 활용이라고 합니다. 추천 시스템에서도 새로운 아이템이 다른 아이템에 비해 사용자에게 얼마나 유용한가 또는 수익성에 기여하는가를 빠르게 파악해 추천에 활용할지 결정하는 것이 중요합니다. 일반적으로 사용자의 행동량은 한계가 있고 탐색량과 활용량을 맞추는 것에도 제한이 있으므로 이 둘은 트레이드 오프trade off 관계에 있습니다. 탐색과 활용을 어느 정도 효율적으로 수행해야 서비스에서의 이익이 최대화될 것인가라는 주제는 추천 시스템 분야에서 최근 활발하게 논의되고 있으며 그중에서도 다중 슬롯머신 문제(멀티 암드 밴딧multi-armed bandit)라는 프레임 안에서 연구가 진행되고 있습니다. 여기서 '슬롯(팔)'이란 테스트 대상 아이템이나 알고리즘을 가리키며 도박에서 여러 슬롯으로 플레이하며 어떤 머신이 잘 맞는지 파악하는 모습에서 유래되었습니다.

---

42 Maurizio Ferrari Dacrema, Paolo Cremonesi, and Dietmar Jannach, "Are we really making much progress? A worrying analysis of recent neural recommendation approaches.," Proceedings of the 13th ACM Conference on Recommender Systems (2019).

다중 슬롯머신의 목적은 크게 2가지입니다. 첫 번째는 어떤 일정 기간의 **누적 이익 최대화**cumulative reward maximization나 **누적 후회 최소화**cumulative regret minimization를 달성하는 것입니다. 멀티 슬롯머신 문제에서는 이 문제를 나타내는 경우가 많습니다. 두 번째는 효율적이면서도 정확하게 이익이 최대로 나오는 슬롯을 식별하는 것으로 **최적 슬롯 식별**best arm identification이라고 합니다. 이 목적에서는 최적의 슬롯을 찾아내는 데 초점을 맞추며 기본적으로는 누적 이익의 크기를 고려하지 않는 **순수 탐색 문제**pure-exploration problem입니다. 이 프레임 중에서도 잘못된 확률을 일정 이하로 억제하기 위해 필요한 시행 횟수를 최소화하는 문제와 일정 시행 횟수에 대해 잘못될 확률을 최소화하는 문제가 있습니다.

다중 슬롯머신 문제 설정은 A/B 테스트 설정과 비교되는 경우가 많습니다. 가장 큰 차이는 다중 슬롯머신 문제가 이익의 최대화나 가장 좋은 슬롯 발견에 특화되어 있는 데 비해 A/B 테스트(3개 이상의 알고리즘을 평가하기도 함)는 테스트 종료 시 각 슬롯의 좋고 나쁨을 모든 조합에 대해 쉽게 비교할 수 있고 동시에 통계적인 검증을 쉽게 실시할 수 있다는 점입니다. 그렇기 때문에 슬롯머신은 이익 최대화 목적을 달성하기 쉬운 반면 A/B 테스트에서 얻을 가능성이 있는 지식은 얻기 어렵다는 단점을 갖습니다.

다중 슬롯머신 문제에 대해서는 다양한 종류의 알고리즘이 고안되어 있습니다. 그중에서도 대표적인 알고리즘은 다음과 같습니다.

표 5-6 대표적인 다중 슬롯머신 알고리즘

알고리즘명	개요
ε-greedy 알고리즘	어떤 작은 확률 ε으로 탐색 행동을 하고 확률 $1-\varepsilon$으로 활용 행동을 하는 알고리즘
UCB 알고리즘	보수의 신뢰 구간(confidence interval)의 상한선을 최대로 하는 슬롯을 반드시 선택하는 알고리즘. 이 신뢰 구간은 슬롯의 시행 횟수가 적을수록 크므로 탐색의 불확실성을 고려함
톰슨 추출	각 슬롯에서 얻어진 보수의 기댓값 사후 분포를 추론하고 그 사후 분포를 사용해 난수를 만들어 더 큰 값이 얻어지는 슬롯을 반복해서 선택하는 알고리즘

추천 시스템에서 슬롯머신 알고리즘이 유용한 대표적인 경우는 다음과 같습니다.

- 콜드 스타트 문제 대응
- 개인화
- 광고 추천

개인화는 뉴스 애플리케이션에서 각 사용자의 콘텍스트에 맞춘 슬롯머신 알고리즘을 활용한 사례가 알려져 있습니다.[43] 광고 추천은 각 광고 아이템을 나누는 방법을 개선함으로써 이익을 최대로 올리고자 하는 추천 분야입니다.

슬롯머신 문제에 대한 알고리즘은 최근 기술 기업에서 특히 그 활용 사례가 증가하고 있습니다. 슬롯머신 알고리즘을 그대로 서비스의 프러덕션 환경에 포함하지 않더라도 슬롯머신 알고리즘의 배경에 있는 사상은 탐색과 활용의 딜레마를 안고 있는 서비스에서 사용자 경험이나 이익 이니셔티브를 고려할 때 참고할 수 있습니다.

슬롯머신 알고리즘에 관해 더 자세히 알고 싶다면 『バンディット問題の理論とアルゴリズム (슬롯머신 문제의 이론과 알고리즘)』(講談社, 2016)이나 『머신러닝을 활용한 웹 최적화』(한빛미디어, 2021)나 설문 논문[44]을 참조하기 바랍니다.

5.12 정리

이번 장에서는 구체적으로 여러 알고리즘의 구현 방법에 관해 설명했습니다. 각 알고리즘의 예측 정확도는 데이터셋에 의존하는 경우가 많고 최고의 알고리즘은 데이터셋에 따라 달라집니다. 그렇기 때문에 각 알고리즘의 장점과 단점을 파악한 뒤 자사의 데이터에 적용하는 것이 중요합니다. 특히 예측 계산 방법은 다양하며 모든 아이템과 모든 사용자의 조합으로 계산이 필요한 알고리즘이나, 모든 아이템의 벡터만 준비하면 유연하게 사용자에 대한 아이템 리스트를 만들 수 있는 알고리즘 등이 있으므로 용도에 따라 나누어 사용해야 합니다. 다음 장에서는 이 알고리즘들을 실제 시스템에 조합하는 방법에 관해 알아보겠습니다.

---

43 L.Li, W. Chu, J. Langford, and Schapire, R. E, "A contextual-bandit approach to personalized news article recommendation," In Proceedings of the 19th international conference on World wide web.

44 A Survey on Contextual Multi-armed Bandit, https://arxiv.org/abs/1508.03326

## CHAPTER 6

실제 시스템과의 조합

4장과 5장에서는 추천 알고리즘에 관해 소개했습니다. 이 추천 알고리즘들을 실제 서비스에 삽입하기 위해서는 데이터베이스, API를 포함한 설계가 필요합니다. 이번 장에서는 다음 항목에 관해 추천 시스템을 구축하는 데 필요한 사고 방식 및 설계 패턴을 소개합니다.

- 배치 추천/실시간 추천
- 추천 시스템 설계 패턴
- 다단계 추천이나 근사 최근접 탐색을 통한 노력
- 로그 설계
- 뉴스 서비스에서의 실제 사례

6.1 시스템 개요

6.1.1 배치 추천과 실시간 추천

머신러닝 모델을 추천 시스템과 조합할 때는 모델 학습, 특징량 추출 및 업데이트, 예측을 어떤 빈도와 시점에서 수행할 것인가가 중요합니다.

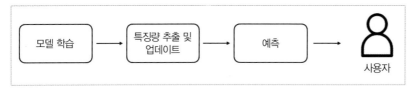

그림 6-1 머신러닝 모델을 사용한 처리의 흐름

이번 장에서는 **배치 추천**과 **실시간 추천** 두 가지를 다음과 같이 정의합니다.

표 6-1 배치 추천과 실시간 추천 모델

	모델 학습	특징량 추출 및 업데이트	예측
배치 추천	배치	배치	배치
실시간 추천	배치 또는 실시간	실시간	실시간

배치 추천은 모델 학습부터 예측까지의 처리를 정해진 시각에 일괄적으로 수행하는 것을 의미합니다. 한편 실시간 추천은 사용자의 클릭 등을 트리거로 하여 특징량 추출 및 업데이트를 실시간으로 수행하고 예측도 사용자 요청 시 실시간으로 수행하는 방식으로 추천하는 것을 의미합니다.

표 6-2 배치 추천과 실시간 추천의 구분

업데이트 요구 수준	적절한 추천 방식
일 단위/시간 단위 수준	배치 추천
분 단위/초 단위 수준	실시간 추천

배치 추천과 실시간 추천은 서비스에서의 아이템, 사용자 정보 업데이트 요구refreshness request 수준에 따라 구분합니다. 업데이트 요구란 새로운 아이템, 사용자 정보, 사용자 행동 데이터 등을 사용할 수 있게 된 시점(예를 들어 데이터베이스에 처음 저장된 시점)부터 실제로 추천에 활용되기까지의 시간차가 얼마나 짧게 요구되는가를 의미합니다.

아이템이나 사용자의 신규 추가 및 업데이트 빈도가 적고 업데이트 요구 수준이 비교적 낮을 때는 배치 추천이 적합합니다. 배치 추천이 사용되는 대표적인 경우로는 아이템으로 아이템을 추천하고 푸시 알림이나 다이렉트 메일을 전송하는 경우 등이 있습니다.

한편 아이템이나 사용자의 신규 추가 및 업데이트가 많고 업데이트 요구 수준이 높은 서비스에는 실시간 추천이 적합합니다. 실시간 추천이 활용되는 대표적인 경우는 뉴스나 음악 등 도메인에서 사용자에 대해 개인화하는 경우입니다. 실시간 추천에서는 미리 결정된 시간에 결정된 처리를 수행하는 배치 추천과 달리 사용자의 요청에 따라 실시간으로 사용자의 흥미에 맞춰 추천하는 것을 목표로 합니다. 예를 들어 실시간 추천을 사용하면 사용자가 음악 서비스에서 곡을 건너뛰었을 때 그 피드백을 추천 모델에 실시간 반영함으로써 다음 추천 시 건너뛴 곡과 유사도가 먼 곡을 추천할 수 있습니다.

6.1.2 대표적인 추천 시스템 개요

다음에는 개요 추천, 연관 아이템 추천, 개인화 추천의 대표적이고 간단한 설계 패턴을 살펴보겠습니다.

개요 추천

개요 추천은 신규순이나 인기순으로 아이템을 표시하는 것입니다. 가장 단순한 신규순의 추천 설계는 데이터베이스(DB)에 접근해 신규순으로 아이템을 정렬하는 쿼리를 실행하는 방법입니다. 데이터베이스에 직접 접근하기 때문에 실시간성을 고려해 추천할 수 있습니다.

그림 6-2 추천 개요(신규순)

인기순으로 설계할 때는 일반적으로 배치형 시스템 구성을 선택합니다. 몇 시간에 1번 또는 하루에 1번 등의 빈도로 인기도 집계를 수행하고 그 결과를 데이터베이스에 저장합니다. 애플리케이션 측에서는 데이터베이스를 통해 그 결과를 얻어 화면에 표시합니다.

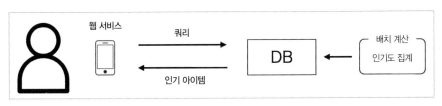

그림 6-3 개요 추천(인기순)

카테고리나 사용자 속성별로 인기도를 계산하고 결과를 데이터베이스에 저장해둠으로써 인기 순 개요 추천 중에서도 높은 정밀도로 추천을 수행할 수 있습니다.

연관 아이템 추천

연관 아이템 추천 방법 중 하나는 사전에 유사도를 계산하고 비슷한 아이템군을 데이터베이스에 저장해 결과를 반환하는 것입니다. 유사 아이템 계산의 경우 이전 장에서 소개한 것처럼 행동 로그나 아이템의 콘텐츠 특징량 등을 사용할 수 있습니다.

그림 6-4 배치 계산을 활용한 연관 아이템 추천

[그림 6-4]의 예에서 웹 애플리케이션은 아이템을 고유하게 식별하는 `item_id`가 포함된 쿼리를 데이터베이스로 보내고 사전에 계산되어 있던 유사 아이템을 웹 애플리케이션에 반환합니다.

웹 애플리케이션과 데이터베이스 사이에 추천 API를 경유하는 방법도 있습니다. 특정 사용자에게 보여서는 안되는 아이템을 제외하는 등의 처리를 하고 싶을 때는 이 추천 API 안에 제외할 처리를 조합하면 쉽습니다. 또한 추천 API에 사용자를 유일하게 식별하는 `user_id`를 전달해 사용자에 따라 유사도 산출 알고리즘을 바꾸는 A/B 테스트도 실행할 수 있습니다. A/B 테스트에서는 웹 애플리케이션 측 코드를 변경하지 않고 새로운 유사도 산출 알고리즘을 시험할 수 있다는 것이 장점입니다.

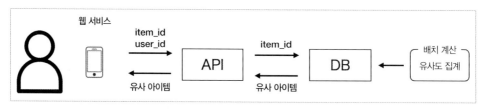

그림 6-5 API를 통한 연관 아이템 추천

개인화 추천

배치 유형의 개인화 추천에서는 각 사용자별로 추천하는 아이템을 미리 계산해서 데이터베이스에 저장합니다. 이전에 설명한 것처럼 개인화 설계는 사용자의 프로필을 활용하거나 열람, 구입과 같이 행동 로그를 사용하는 등 다양한 방법이 있습니다. 이 설계에서는 각 개인화 알고리즘의 결과를 별도로 유지해두고 개인화 결과를 조합해 사용자에게 제시할 수 있습니다.

그림 6-6 배치 계산을 통한 개인화

웹 애플리케이션과 데이터베이스 사이에 추천 API를 끼워 넣을 수도 있습니다. 연관 아이템 설계와 마찬가지로 이 방법은 아이템의 제외 로직 등을 조합하거나 A/B 테스트를 쉽게 수행할 수 있다는 것이 장점입니다.

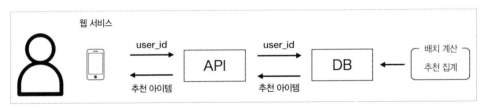

그림 6-7 API를 통한 개인화

벡터 기반 개인화는 최근 많이 활용되는 방법입니다. 이 설계에서는 머신러닝 방법을 활용해 아이템과 사용자의 특징을 벡터화해서 데이터베이스에 저장합니다. 추천 API는 애플리케이션으로부터 user_id를 파라미터로 하여 요청을 받고 아이템과 사용자 벡터의 유사도를 기반으로 추천 아이템을 반환합니다.

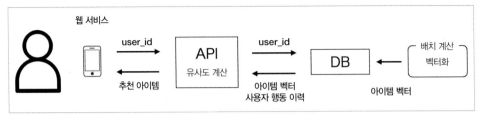

그림 6-8 벡터 기반의 실시간 개인화

아이템 벡터화에는 사용자 행동을 item2vec을 통해 벡터화하는 방법, 제목 등의 콘텐츠 정보를 딥러닝 모델에 입력해 벡터화하는 방법 등을 생각할 수 있습니다. 가장 간단한 사용자 벡터화 방법은 사용자가 과거에 클릭한 각 아이템의 벡터 평균을 사용자의 벡터로 하는 것입니다. 최근에는 사용자가 과거에 클릭한 아이템의 벡터를 시계열에 따라 RNN 모델에 입력해 벡터화하기도 합니다.

지금까지 서비스에 추천 시스템을 조합할 때 활용하는 대표적이고도 간단한 설계 몇 가지를 살펴봤습니다. 아이템이나 사용자 수가 많을 때는 부하 관점에서 시스템에 별도의 노력을 기울여야 할 수 있습니다. 다음에는 여러 기업에서 활용하고 있는 다단계 추천과 근사 최근접 탐색을 소개합니다.

6.1.3 다단계 추천

많은 상품, 많은 사용자를 포함한 서비스에서 추천할 때는 반드시 시스템 부하를 고려해 설계해야 합니다. 시스템 부하를 낮게 유지하면서 정밀도가 높은 추천을 수행하기 위해 '후보 선택', '스코어링scoring', '재순위reranking' 같은 다단계로 처리를 구분하는 방법(**다단계 추천**)이 활용됩니다.[1]

그리고 '후보 선택'과 '스코어링/재순위'의 2가지를 나눠 **2단계 추천**two-stage recommendation이라고 부르기도 합니다.[2]

다단계 처리에서는 먼저 대략적으로 아이템 후보를 필터링한 뒤 아이템 후보 수가 줄어든 단계

---

1 https://developers.google.com/machine-learning/recommendation/overview/types

2 J. Ma, Z. Zhao, X. Yi, J. Yang, M. Chen, J. Tang, L. Hong, and E. H. Chi, "Off-policy learning in two-stage recommender systems," In Proceedings of The Web Conference (2020).

에서 사용자나 상황에 더 적합한 아이템을 높은 정확도의 모델로 엄선합니다. [그림 6-9]는 후보 선택, 스코어링, 재순위로 처리하는 흐름과 각 처리에서의 아이템 수 및 그 기준을 나타냅니다. 다음에는 각 구성 요소에 관해 알아보겠습니다.

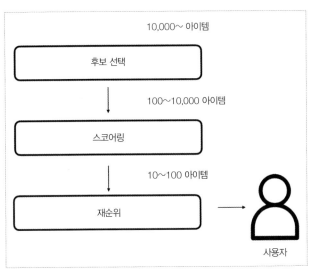

그림 6-9 다단계 추천

후보 선택

첫 번째 단계인 후보 선택에서는 막대한 아이템으로부터 추천 후보가 될 아이템을 추출합니다. 예를 들어 동영상 공유 서비스인 유튜브에서는 이 단계에서 십 수억 개에 이르는 추천 아이템 후보를 100~10,000개로 줄입니다. 이 후보 선택 처리는 각 사용자 요청에 대해 고속으로 아이템을 반환하기 위한 전처리에 해당합니다. 후보 선택 처리는 막대한 아이템에 대해 실행되어야 하므로 처리가 가벼워야 합니다. 후보 선택 로직은 한 가지일 필요가 없으므로 여러 후보 선택 로직을 조합해 다양한 관점에서 후보 아이템을 추출할 수 있습니다.

스코어링

두 번째 단계인 스코어링은 실제로 사용자에게 제시할 아이템을 선택하기 위해 아이템에 점수를 부여합니다. 이 스코어링 처리의 경우 후보 선택을 통해 스코어링 대상이 충분히 줄어 있으므로 부하가 높은 모델 특히 머신러닝 모델에 의한 높은 정확도의 추론을 활용하는 경우가 많습니다. 예를 들어 인스타그램의 추천에서는 후보 아이템을 추출한 뒤 여러 스코어링 처리를 수행해서 최종적인 추천 리스트를 만듭니다.[3] 여러 스코어링 처리에서는 500개의 후보가 있었을 때 대략적인 모델부터 정교한 모델을 다단계 순서로 적용해 100개, 50개, 25개로 후보를 필터링합니다.

재순위

마지막 재순위 처리에서는 스코어링에서 선택된 아이템을 나열하도록 처리합니다. 여기서는 순위 정체의 균형을 고려해 비슷한 아이템만 나열되지 않도록 하거나 아이템 밀집도를 고려해 나열하도록 처리합니다. 이렇게 재순위는 다양성, 밀집도, 콘텐츠 특유의 정보를 활용해 사용자 경험이나 비즈니스 로직이 고려된 추천을 실현하기 위해 수행됩니다.

6.1.4 근사 최근접 탐색

이전 장에서는 추천 시스템 알고리즘을 살펴봤습니다. 이 다양한 알고리즘은 공통적으로 사용자와 아이템을 벡터로 표현하고 해당 벡터의 유사도를 기반으로 추천을 수행합니다. 사용자의 특징 벡터가 주어졌을 때 해당 벡터에 가장 가까운 k개의 아이템을 추출하는 문제를 생각해봅시다. 이 문제는 최근접 탐색 문제라 불리는 유명한 문제입니다. 최근접 탐색에서 사용자와 모든 아이템 벡터의 유사도를 단순히 계산하면 아이템이 최대가 되는 경우 아이템 수에 따라 응답에 시간이 걸려 사용자 만족도를 저하시키는 문제가 발생합니다.

최근접 탐색에서 계산 속도를 높이는 방법 중 하나로 근사 최근접 탐색이 있습니다. '근사'라는 용어에서 알 수 있듯이 일부 정확성을 특성으로 하여 입력된 벡터에 가까운 벡터를 빠르게 찾아내는 방법입니다. 사용자에 대해 아이템을 추천하는 개인화가 아니라 아이템으로부터 비슷한 아이템을 추출하는 연관 아이템 추천에서도 마찬가지로 이 근사 최근접 탐색을 사용할 수 있습니다. 이번 절에서는 실무에서 이용할 때의 주의점을 알아보면서 근사 최근접 탐색에 대해 살펴보겠습니다.

근사 최근접 탐색을 사용한 추천은 주로 다음 2가지 단계로 이루어집니다.

 1 아이템(사용자)의 벡터에 인덱스를 붙인다.
 2 해당 인덱스를 사용해 사용자에게 추천 아이템을 추천한다.

---

3 https://instagram-engineering.com/powered-by-ai-instagrams-explore-recommender-system-7ca901d2a882

먼저 벡터에 인덱스를 붙이는 사전 계산을 수행합니다. 직관적인 그림으로 나타내면 [그림 6-10]과 같이 벡터 공간을 여러 영역으로 분할하고 각각의 아이템이 어느 영역에 속하는지 기록합니다. 각 색상이 인덱스 번호에 대응하며 벡터 사이의 거리가 가까운 벡터끼리는 같은 인덱스를 갖습니다. 사용자에게 아이템을 추천할 때는 먼저 사용자의 벡터가 어느 영역에 속하는지 계산하고 해당 영역 안의 아이템만 대상으로 유사도를 계산해 추천 아이템을 추출합니다. 이렇게 모든 아이템에 대해 유사도 계산을 수행하는 것이 아니라 영역 안의 아이템만 가지고 유사도를 계산하기 때문에 빨리 계산할 수 있습니다. 그러나 영역 밖 아이템의 유사도가 영역 안 아이템보다 높은 경우도 있어 일부 정확성이 손실됩니다.

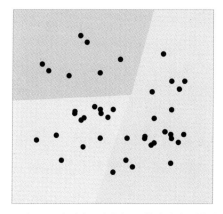

그림 6-10 각 벡터를 영역별로 분할해 인덱스화한다.

이어서 벡터 생성이나 업데이트 시점에 맞춰 근사 최근접 탐색을 활용하는 방법에 대해 설명하겠습니다.

아이템과 사용자 벡터 모두를 일 단위로 생성하는 경우

행렬 분해나 item2vec 등의 추천 알고리즘을 동작시켜 아이템과 사용자의 벡터를 매일 새롭게 생성하는 경우를 생각해봅시다. 이때 주의해야 할 점은 알고리즘을 재학습시키면 어제 계산된 벡터와 오늘 계산된 벡터의 각 차원의 의미가 달라진다는 점입니다. 예를 들어 행렬 분해에서는 같은 데이터를 사용한 경우라도 목적 함수의 최적화에 무작위성이 있다면 같은 벡터를 얻는다고 보장할 수 없습니다. 따라서 아이템과 사용자 벡터 모두를 일 단위로 새롭게 생성하는 경우에는 근사 최근접 탐색에서 인덱스도 다음과 같이 일 단위로 붙여야 합니다.

1 아이템과 사용자의 벡터를 생성한다.

2 아이템 벡터에 인덱스를 붙인다.

3 인덱스를 사용해 사용자에게 추천 아이템을 추천한다.

사용자 벡터만 일 단위로 생성하는 경우

아이템과 사용자 벡터 모두를 처음부터 생성하는 것이 계산 속도나 서버 비용 관점에서 어려울 때는 사용자 벡터만 일 단위로 업데이트하는 방법을 생각할 수 있습니다. 사용자 벡터만 일 단위로 생성하는 경우 근사 최근접 탐색은 다음과 같이 활용할 수 있습니다.

주 단위로 다음을 처리한다.

1 아이템 벡터를 생성한다.
2 아이템 벡터에 인덱스를 붙인다.

일 단위로 다음을 처리한다.

1 사용자 벡터를 생성한다.
2 인덱스를 사용해 사용자에게 추천 아이템을 추천한다.

일 단위 계산에서는 사용자 벡터 생성과 추천 계산만 실행하므로 시스템 부하가 낮아질 것이라고 기대할 수 있습니다. 한편 아이템 벡터는 주 1회만 생성하므로 새로운 아이템은 다음번 처리 때까지 추천할 수 없다는 점이 문제가 됩니다.

이 문제를 해결하는 방법으로 다음과 같은 처리 방법도 생각할 수 있습니다.

모델을 유지하고 일 단위로 벡터를 생성하는 경우

새로 사용할 수 있게 된 아이템과 사용자 벡터를 새롭게 생성해 추천에 활용하는 것을 생각해 봅시다.

가장 먼저 다음을 처리한다.

1 아이템과 사용자 벡터를 생성하고 이때의 모델을 저장해둔다.
2 아이템 벡터에 인덱스를 붙인다

일 단위로 다음을 처리한다.

1 저장한 모델을 사용해 아이템과 사용자의 벡터를 생성한다.
3 신규 아이템 벡터에 인덱스를 붙인다.
4 그 인덱스를 사용해 사용자에게 추천 아이템을 추천한다.

이 방법의 장점은 전체 인덱스를 붙이는 작업이 한번에 완료되며 그 후에는 새로운 아이템의 인덱스만 붙이면 된다는 것입니다. 한편 기존 아이템에는 계속 같은 인덱스가 붙으므로 추천 정확도가 떨어질 우려가 있습니다. 그래서 추천 시스템에는 앞의 2가지 방법을 많이 사용합니다. 마지막 방법은 협조 필터링 기반 추천 시스템이 아니라 유사 이미지 검색이나 콘텐츠 기반 추천 시스템에서 많이 사용됩니다. 예를 들어 유사 이미지 검색에서는 학습을 완료한 딥 러닝 모델을 사용하는데 처음에는 모든 이미지를 사용해 인덱스를 붙이고 일 단위로는 신규 추가된 이미지에만 인덱스를 붙여 처리를 효율화합니다. 이렇게 실무에서 근사 최근접 탐색을 사용할 때는 인덱스를 어떤 시점에 붙이는 것이 좋을지 검토한 후 전체 설계를 진행할 것을 권장합니다.

구체적인 근사 최근접 탐색 방법으로는 LSH, NMSLIB, Faiss, Annoy가 있으며 무엇을 사용할지는 자사의 데이터 크기나 서버 성능에 따라 적합한 방법을 선택합니다. 방법을 선택할 때는 [그림 6-11]의 순서도를 참고하기 바랍니다.

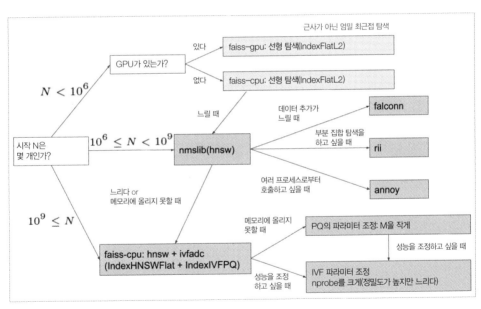

그림 6-11 근사 최근접 탐색의 선택 방법 순서도[4]

---

4 https://speakerdeck.com/matsui_528/jin-si-zui-jin-bang-tan-suo-falsezui-qian-xian

각 근사 최근접 탐색을 실험한 [그림 6-12]의 벤치 마크 결과도 방법을 선택할 때 참고할 수 있습니다. 가로 축이 정확성(Recall), 세로 축이 속도(Query per second)입니다. 정확한 최근접 결과를 얻으려면 속도가 느려지고 속도를 높이면 정확성이 떨어진다는 것을 알 수 있습니다.

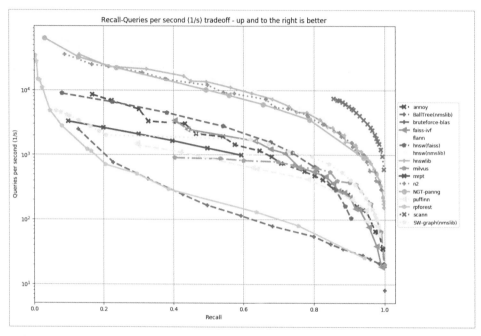

그림 6-12 Annoy 제작자가 만든 각 근사 최근접 탐색 성능 비교(참고: https://github.com/spotify/annoy)

6.2 로그 설계

이번 절에서는 로그와 관련된 주제에 관해 살펴보겠습니다. 또한 여기서는 '로그로서 무엇을 남겨야 하는가?', '로그를 어떻게 활용할 수 있는가?'에 초점을 맞춰 설명하겠습니다.

추천 시스템에도 일반적인 애플리케이션과 마찬가지로 사용자가 직접 서비스에 접속하는 클라이언트 사이드의 로그와 응답 데이터를 생성하는 서버 사이드에서 얻을 수 있는 로그가 있습니다.[5]

---

5 『A/Bテスト実践ガイド: 真のデータドリブンへ至る信用できる実験とは(A/B 테스트 실전 가이드: 진짜 데이터 주도에 이르는 믿을 수 있는 실험이란)』(KADOKAWA, 2021년)

6.2.1 클라이언트 사이드 로그

클라이언트 사이드 로그는 사용자가 어떤 아이템을 열람하고 어떤 아이템을 클릭했는가처럼 사용자 행동에 이르기까지의 경과나 결과를 기록하는 것이 주 목적입니다. 다음은 대표적인 클라이언트 사이드 로그입니다.

사용자 행동

클라이언트 사이드 로그에서 대표적인 것이 행동 로그입니다. 행동 로그는 사용자가 서비스에서 한 행동을 기록한 로그를 말합니다. 구체적으로는 어떤 화면에서 어떤 아이템이 몇 초 동안 사용자에게 표시되었는가, 어디까지 스크롤했는가 등입니다. 이 행동 로그는 모델의 학습 용도 외에도 서비스 제공자 측이 의도한 행동을 사용자가 올바르게 수행했는지 확인하는 데 활용됩니다.

성능

성능은 사용자가 요청한 페이지가 실제로 완전히 표시될 때까지 걸리는 시간 또는 조작이 가능해질 때까지의 시간을 나타냅니다. 아무리 정밀도가 좋은 추천 모델을 구축했더라도 이 성능이 나쁘면 사용자의 서비스 이탈은 피할 수 없습니다.

에러와 크래시

웹 브라우저, 애플리케이션에서 발생한 에러나 크래시 로그도 중요합니다. 특정 브라우저 또는 스마트폰 OS 버전별로 에러나 크래시가 급격하게 증가하는 현상은 빈번하게 일어납니다. 예를 들어 특정 OS의 특정 버전에서는 푸시 알림을 송신할 수 없는 현상 등이 서비스에서 발생합니다. 그러므로 필요에 따라 에러 수에 관한 경고를 설정하는 것이 좋습니다. iOS나 안드로이드 애플리케이션에서는 공식 애플리케이션 관리 대시보드에서도 크래시 수를 손쉽게 확인할 수 있습니다.

6.2.2 서버 사이드 로그

서버 사이드 로그는 클라이언트 뒤쪽의 시스템 동작을 기록한 로그입니다.

성능

서버 사이드의 성능과 관련된 로그는 클라이언트로부터의 요청에 응답하는 데 걸리는 시간을 기록합니다.

시스템 응답

클라이언트로부터의 요청 수나 응답 수 또는 정상 응답 비율을 기록합니다. 예를 들어 연관 아이템 요청에 대해 반환하는 연관 아이템이 존재하지 않는 경우 로그를 남김으로써 추천 범위를 나타내는 지표인 커버리지를 측정할 수 있습니다.

시스템 처리 정보

캐시의 히트 비율, CPU 부하, 메모리 사용률, 발생한 에러나 예외 수 등 시스템 처리 경과나 상황을 기록합니다. 시스템 처리 정보를 기록해두면 예를 들어 실시간 추천 응답 속도가 늦어졌을 때 캐시에 히트하지 않은 것인지 혹은 CPU의 처리 능력이 부족한 것인지 등과 같이 원인을 분석하는 데 도움이 됩니다.

6.2.3 사용자 행동 로그의 구체적인 예

다음으로 추천 모델 학습과 분석에서 가장 중요한 추천 순위에 대한 행동 로그의 예를 전자상거래 서비스라고 가정하고 살펴보겠습니다. [표 6-3]은 전자상거래 서비스에서의 행동 로그 예시입니다.

표 6-3 사용자 행동 로그 예

user_id	item_id	position	location	logic	action	date
user_id1	item_id2	1	당신에게 추천	model_1	클릭	2021-05-30 08:30:01
user_id2	item_id3	10	이 상품을 구입한 고객들은 이 상품도 구입했습니다	test_model_1	열람	2021-05-30 08:32:28
user_id2	item_id3	10	이 상품을 구입한 고객들은 이 상품도 구입했습니다	test_model_1	클릭	2021-05-30 08:32:35
user_id3	item_id4	2	이전에 구입한 상품 목록	model_2	열람	2021-05-30 08:33:49
user_id2	item_id3	10	이 상품을 구입한 고객들은 이 상품도 구입했습니다	test_model_1	구매	2021-05-30 08:34:51

[표 6-3] 각 열의 의미는 다음과 같습니다.

- user_id: 사용자를 고유하게 식별하는 ID
- item_id: 아이템을 고유하게 식별하는 ID
- position: 추천한 아이템이 순위에서 차지하는 위치
- location: 서비스에서 추천 축의 이름
- logic: 추천에 사용한 로직의 이름
- action: 클릭, 시청, 열람(impression), 구독 등의 행동
- date: 사용자가 아이템에 접촉한 시각

position은 일반적으로 추천 시스템의 출력 결과가 순위 형식으로 표시되므로 순위상 어느 위치에서 아이템에 행동이 일어났는지 기록함으로써 모델 구축이나 분석에 활용할 수 있습니다.

location은 사용자가 아이템에 행동을 발생시킨 서비스의 추천 축 정보입니다. 추천 축이란 예를 들어 상품을 구입한 뒤 추천을 수행하는 '이 상품을 구입한 고객들은 이 상품도 구입하고 있습니다'의 추천 축, 웹 서비스를 열자마자 표시되는 경우가 많은 '당신에게 추천하는 상품'의 추천 축 등이 있습니다.

logic은 추천에 사용한 로직명을 식별하기 위한 열이며 이 열에 익숙하지 않은 분도 많을 것입니다. 추천 시스템은 실제로 사용자에게 아이템이 도달할 때까지 많은 처리를 거치기 때문에 최종적으로 어떤 로직으로 아이템을 추천했는지 확인함으로써 오류를 발견하는 데 도움이 됩니다. 또 A/B 테스트에서 로그로 logic 열에 테스트 대상의 명칭을 넣음으로써 테스트 대상 사용자에게 의도한 로직이 적절하게 할당되었는지 확인하는 데도 도움이 됩니다.

> **TIP**
>
> 다양한 자사 서비스를 운영하는 기업에서는 사용자가 다른 서비스에서 한 행동을 하나로 연결해 분석이나 모델 학습을 수행하고 싶다는 요청이 있기도 합니다. 다른 서비스가 아니라도 웹 브라우저와 모바일 애플리케이션상에서의 행동을 연결하고 싶다는 요청도 있습니다. 이런 요청에 대해서는 각 서비스에서 공통된 로그인 기능을 미리 마련해두고 로그인을 거침으로써 다른 환경하에서 동일한 사용자를 연결하는 등의 대응을 생각할 수 있습니다.

로그에 남겨둔 사용자의 행동 정보가 많을수록 모델 구축에 활용할 수 있는 가능성이 높습니다. 따라서 기본적으로 남길 수 있는 로그는 남기는 것이 좋습니다. 하지만 예산 등의 제약으로

모든 것을 남길 수 없는 상황이 있습니다. 예를 들어 아이템 표시(impression)에 관한 로그는 사용자 수가 많은 서비스인 경우 매일 막대한 양이 축적되므로 모든 로그를 남기면 큰 비용이 듭니다. 비즈니스 관점에서 가장 우선적으로 남겨야 할 행동에는 구매가 있습니다. 일반적인 서비스에서는 표시 〉클릭 〉구매 순으로 사용자 행동량이 많습니다.

일단 로그 수집을 시작한 뒤 나중에 로그 형식을 변경하면 개발 비용이 높아질 수 있습니다. 그러므로 로그를 구현하는 개발자나 로그를 사용하는 사용자는 가능한 한 원하는 바를 명확한 사양으로 일찍 조정하는 것이 좋습니다.

6.3 실제 시스템 예

계속해서 배치 추천과 실시간 추천으로 나눠 실제 시스템 구성을 소개하겠습니다. 이번 절에서는 먼저 배치 추천의 예로 뉴스 서비스에서 대규모 푸시 알림을 수행하는 시스템을 살펴보고 다음에는 실시간 추천의 예로 뉴스 서비스에서 기사 추천을 수행하는 시스템을 알아보겠습니다.

6.3.1 배치 추천

배치 추천의 일례로 대규모 뉴스 서비스에서 푸시 알림을 수행하는 실제 사례를 소개합니다. 전체 구성은 [그림 6-13]과 같습니다. 후보 기사 선택에서는 행동 로그를 사용해 클릭률이 높은 기사를 미리 데이터베이스에 저장합니다. 모델링 처리에서는 사용자의 과거 행동에서 사용자 선호도를 학습합니다. 스코어링 처리에서는 학습이 완료된 모델을 사용해 기사의 점수를 부여하고 점수가 높은 기사를 데이터베이스에 저장합니다. 마지막으로 추천 기사를 사용자에게 전송하는 처리를 푸시 전송 기능이 담당합니다. 이어서 각 처리에 관해 자세히 살펴보겠습니다.

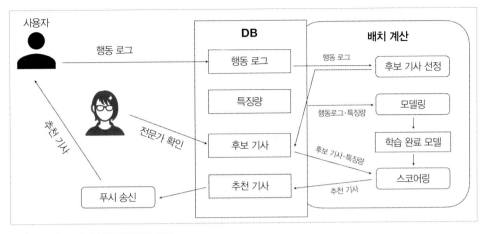

그림 6-13 뉴스 서비스의 푸시 알림 과정

후보 기사 선정

후보 기사 선정 처리에서는 추천 후보가 되는 기사를 선택합니다. 뉴스 서비스에서는 기사의 최신성이 중요하므로 기사가 투고된 후 N일 이내의 기사만 후보 기사로 필터링합니다. 그리고 한 번이라도 과거에 푸시로 전송된 적이 있는 기사는 후보 기사에서 제외합니다. 푸시 기사 전송은 사용자가 쉽게 접할 수 있는 기능이며 서비스에 미치는 영향도 크기 때문에 어떤 기사를 실제로 전송할 것인가는 신중하게 판단해야 합니다. 따라서 사내 전문가를 통해 불쾌한 기사나 명확하게 해가 될 것으로 판단되는 기사는 후보에서 제외합니다. 그리고 푸시 행동 로그를 이용해 기사의 클릭률(클릭 수/열람 수)이 높은 순서대로 상위 K건을 전송 후보 기사로 합니다. 이 후보 기사 선정 처리는 30분마다 정기적으로 실시합니다.

모델링

모델링 처리에서는 사용자 특징과 기사 특징을 활용해 사용자가 푸시 기사를 열지, 안 열지 예측하는 모델을 구축합니다. 모델 학습은 1일 1회, 기사의 신규 전송 수가 적은 야간에 수행하고 학습한 모델을 저장해둡니다.

스코어링

스코어링 처리에서는 학습이 완료된 모델에 사용자 특징량과 기사 특징량을 입력하고 각 사용자의 각 후보 기사에 대한 점수를 계산한 후 이 점수를 데이터베이스에 저장합니다. 스코어링 처리는 사용자에게 푸시 알림을 전송하는 시각까지 여유 있게 완료해둡니다.

푸시 전송

푸시 전송 처리에서는 각 사용자에게 추천 기사를 전송합니다. 사용자가 설정한 시각에 맞춰 전송 처리를 수행합니다.

지금까지 뉴스 서비스의 푸시 알림을 배치 처리로 수행하는 예를 살펴보았습니다.

6.3.2 실시간 추천

다음에는 사용자 요청에 따라 실시간으로 사용자의 흥미에 맞춰 추천을 수행하는 뉴스 전송 시스템의 예를 소개합니다. 전체 구성은 다음과 같습니다.

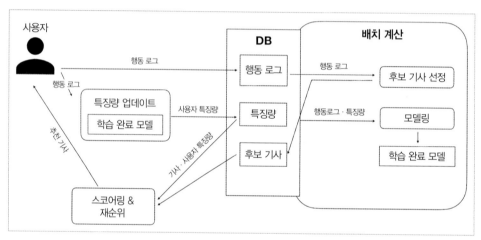

그림 6-14 뉴스 서비스의 실시간 추천 과정

후보 기사 선정에서는 행동 로그나 기사 정보를 사용해 클릭률이 높은 기사를 미리 데이터베이스에 저장합니다. 모델링 처리에서는 사용자의 과거 행동에서 사용자의 선호도를 학습합니다. 스코어링과 재순위 처리에서는 기사 특징량과 사용자 특징량의 유사도를 계산하고 사용자에게 기사를 전송합니다. 이 사용자 특징량은 사용자가 기사를 클릭할 때마다 특징량을 업데이트합니다. 다음에는 각각의 처리를 자세히 살펴보겠습니다. 후보 기사 선정과 모델링은 푸시 알림 시스템과 동일하므로 설명을 생략합니다.

스코어링과 재순위

스코어링에서는 사용자 특징량과 기사 특징량을 데이터베이스에서 읽은 후 요청한 사용자에 대한 후보 기사의 점수를 산출합니다. 여기서는 사용자 만족도를 손상시키지 않도록 응답 시간에 주의하여 처리 성능을 튜닝해야 합니다.

스코어링은 사용자에 대해 각 아티클에서 독립적으로 계산할 수 있으므로 간단히 병렬로 계산함으로써 빠른 처리를 기대할 수 있습니다. 그래도 응답 시간을 서비스 요구 수준까지 줄이지 못했다면 근사 최근접 탐색을 도입합니다.

캐시를 도입하는 것도 응답 시간을 줄이는 데 도움이 됩니다. 특히 데이터베이스의 접근 결과를 캐시함으로써 데이터베이스로의 접근이 줄고 응답 시간 개선에 큰 효과가 있을 것이라고 기대할 수 있습니다. 기사 정보는 그대로 일정 기간 캐시하는 데 문제가 없지만 사용자 특징량의 캐시 기간에는 주의해야 합니다. 예를 들어 사용자 정보의 캐시 기간이 너무 길면 업데이트한 사용자의 특징량이 추천에 활용되지 않고 반대로 너무 짧으면 캐시 효과가 떨어집니다.

재순위 처리는 사용자가 과거에 명시적으로 수행한 피드백(예를 들어 어떤 단어를 포함한 기사는 표시하지 않는다는 의사 표시)과 입고 시간에 대한 기사의 최신성을 고려해 기사를 나열합니다.

특징량 업데이트

뉴스 추천에서는 사용자의 흥미나 관심이 단기간에 크게 변하기도 하므로 사용자의 행동이 나타날 때 그 결과를 사용자의 흥미(사용자 특징량)로 반영하는 것이 좋습니다. 그러므로 사용자 특징량 업데이트는 사용자가 기사를 클릭한 시점에 수시로 수행합니다. 특징량 업데이트를 위한 입력은 사용자가 과거에 클릭한 기사의 특징량과 새로 클릭한 기사의 특징량입니다. 이 입력들을 학습 완료 모델을 통해 사용자의 특성으로 치환하고 데이터베이스에 저장합니다.

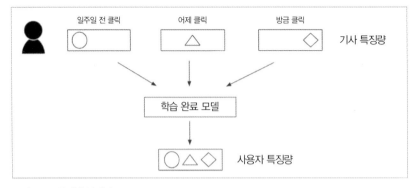

그림 6-15 특징량 업데이트

지금까지 뉴스 서비스에서 실시간으로 추천하는 예를 살펴봤습니다.

6.4 정리

이번 장에서는 먼저 배치 추천/실시간 추천에 관해 설명했습니다. 그 후 대표적인 추천 시스템 설계 패턴, 다단계 추천이나 근사 최근접 탐색을 활용하는 부분에 대해 소개했고 추천 시스템을 구축 및 운용할 때 사용하는 로그에 대해 행동 로그를 중심으로 설명했습니다. 그리고 마지막으로 실제 서비스를 가정하여 시스템 예를 소개했습니다.

추천 시스템은 만들었다고 끝이 아니라 지속적으로 사용자에게 가치를 제공해야 합니다. 단순한 설계에서 시작해 의도했던 처리가 사용자에게 도달했는지 성능에 영향은 없는지 로그를 통해 확인하면서 안정적인 시스템 도입이나 개선을 도모해야 합니다.

## CHAPTER 7

추천 시스템 평가

추천 시스템을 활용해 서비스가 성장하려면 반드시 평가가 실행되어야 합니다. 추천 시스템 평가에는 크게 온라인 평가와 오프라인 평가, 사용자 스터디가 있습니다. 각각 장단점이 존재하며 모든 평가 방법이 나름대로 중요한 역할을 합니다. 이번 장에서는 각 추천 시스템 평가에 대해 깊이 이해하고 사용자에게 가치를 전달하기 위해 올바른 의사 결정을 수행하는 것을 목표로 합니다.

7.1 3가지 평가 방법

오프라인 평가

오프라인 평가로 실제 서비스상에서의 열람, 구매 등 사용자 행동 이력에서 얻은 과거의 로그(서비스 로그)를 사용해 모델의 예측 정밀도 등을 평가합니다. 서비스 로그를 사용하는 온라인 평가의 장점은 평가 비용이 낮고 데이터양이 풍부하기 때문에 평가 결과의 분산이 적다는 것입니다. 한편 오프라인에서 성능이 좋았던 추천 모델을 실제로 배포해봐도 비즈니스 목표인 사용자 만족도나 매출에 기여하지 않는 경우도 있습니다. 그러므로 오프라인 평가에서는 비즈니스 목적의 대체 지표인 오프라인 평가 지표를 적절히 설정해야 합니다. 이번 장에서 평가 지표란 학습한 모델의 성능이나 예측값의 좋고 나쁨을 측정하는 지표를 나타냅니다.

온라인 평가

온라인 평가는 새로운 테스트 대상의 추천 모델이나 새로운 사용자 인터페이스를 일부 사용자에게 실제로 표시함으로써 평가를 수행합니다. 따라서 매출 등 비즈니스 목표에 얼마나 기여했는지 직접 알 수 있어 오프라인 평가보다 정확한 평가를 수행하기 쉽습니다. 한편 출시까지 수행하는 구현 비용이 높고 아직 신규 추천 모델의 성능이 좋지 않은 경우 사용자 만족도를 떨어뜨릴 위험이 있습니다.

사용자 스터디

사용자 스터디에 의한 평가는 사용자에게 인터뷰나 설문을 하는 것으로 추천 모델이나 사용자 인터페이스의 정성적인 성질을 조사합니다. 추천 모델의 예측 정도뿐 아니라 아이템 제공 방법이나 사용성 등 사용자 경험에 관한 피드백을 직접 얻을 수 있어 서비스 로그만으로는 알 수 없는 개선점을 발견할 수 있습니다. 최근에는 아마존의 미케니컬 터크^{Mechanical Turk} 등 크라우드 소싱^{crowd sourcing}을 통한 사용자 스터디가 활발하게 이루어지고 있습니다. 하지만 설문이나 인터뷰 조사로 얻은 대답은 주관에 기반한 경우가 많으므로 개인 취향에 따른 대답의 분산이 크고 데이터의 양을 충분히 얻기 어려워 재현성이 떨어진다는 문제도 있습니다.

[그림 7-1]과 [표 7-1]에 평가 방법의 분류와 평가 방법의 장단점을 정리했습니다. 다음 절부터는 각 평가 방법을 자세히 살펴보겠습니다.

그림 7-1 추천 시스템의 3가지 평가 방법

표 7-1 3가지 평가 방법의 장점과 단점

	장점	단점
오프라인 평가	구현 비용이 낮다.	비즈니스 지표와의 정합성이 없는 경우가 있다.
온라인 평가	비즈니스 지표를 직접 평가할 수 있다.	구현 비용이 높다. 사용자 만족도를 떨어뜨릴 위험이 있다.
사용자 스터디	사용자 만족도를 직접 조사할 수 있다.	조사 결과의 재현성을 보장하기 어렵다.

7.2 오프라인 평가

추천 모델의 정밀도 평가에 필요한 모델 밸리데이션, 파라미터 튜닝, 평가 지표에 관해 알아보 겠습니다.

7.2.1 모델 정밀도 평가

추천 시스템에서 모델의 주요 목적은 과거의 사용자 행동을 학습하고 미지의 사용자 행동에 대 해 높은 정밀도로 예측을 수행하는 것입니다. 미지의 데이터에 대한 예측 능력은 모델의 일반 화 성능이라고도 불립니다.

7.2.2 모델 밸리데이션

웹에 공개된 추천 시스템의 서비스 로그는 사용자의 행동 로그 1개만 부여한 경우와 미리 학습 데이터셋과 테스트 데이터셋을 별도로 부여한 경우가 있습니다. 실제로 가동하고 있는 서비스 의 미가공 로그는 행동 로그만 부여되는 경우에 해당합니다. 이처럼 학습 데이터와 테스트 데 이터로 나눠지지 않은 데이터셋은 우선 데이터를 학습 데이터와 테스트 데이터로 나눕니다.

추천 시스템의 서비스 형태에 따라서는 아이템 소비에 관한 시계열 정보가 추천 정밀도에 크게 기여하기도 합니다. 예를 들어 뉴스 서비스나 SNS 등의 서비스에서는 시간에 관한 정보가 학 습에 중요합니다. 그런 경우 실제 서비스를 운영할 때는 모델 학습 시 얻을 수 없는 미래 정보 를 사용하는 학습(데이터 누수)을 피해야 합니다. 구체적으로는 어떤 시점을 정해서 어떤 시 점 이전의 데이터로 이뤄진 학습 데이터셋과 해당 시점 이후의 데이터로 이뤄진 테스트 데이터 로 분할하는 등 적절한 데이터셋을 구축해야 합니다.

[그림 7-2]는 시계열을 고려한 평가 데이터 분할 예입니다. train은 학습에 사용할 데이터, valid는 학습 데이터에 대한 정밀도 검증 데이터를 나타냅니다. 데이터의 양에 맞춰 train : valid : test = 6 : 2 : 2나 train : valid : test = 8 : 1 : 1 정도의 비율로 데이터셋을 분할하는 경우가 많습니다.

그림 7-2 평가 데이터 분할 예

미지의 데이터에 대한 일반화 성능을 검증하는 것을 **밸리데이션**^{validation}이라고 합니다. 밸리데이션 방법은 여기서 소개한 시계열 고려 방법 외에도 다양하며 『데이터가 뛰어노는 AI 놀이터, 캐글』(한빛미디어, 2021)에 자세히 소개되어 있습니다.

7.2.3 모델 튜닝

모델 튜닝이란 예측 성능이 높아지도록 모델이 가진 파라미터를 조정하는 것입니다. 이 튜닝은 학습 데이터 안의 밸리데이션(valid) 데이터에 대한 밸리데이션을 통해 수행하며 테스트 데이터만 가지고 수행하지 않도록 주의해야 합니다. 테스트 데이터로 튜닝을 수행하면 원래 목적인 '미지의 데이터에 대한' 일반화 성능을 평가할 수 없게 되기 때문입니다.

파라미터 튜닝은 수동, 그리드 서치, 베이즈 최적화를 통해 수행할 수 있습니다. 수동으로 수행하는 방법은 모델 작성자가 파라미터를 직접 조정하면서 튜닝하는 방법입니다. 그리드 서치는 각 파라미터의 후보를 미리 작성하고 각 파라미터의 모든 조합에 대해 평가를 수행하는 방법입니다. 베이즈 최적화는 파라미터 튜닝 정도에 따라 이전 검증 결과를 사용해 이후의 파라미터를 베이즈 확률 프레임에서 선택하는 방법입니다. 베이즈 최적화를 사용한 파라미터 튜닝은 Optuna나 Hyperopt라는 라이브러리를 사용해 쉽게 수행할 수 있습니다.

7.2.4 평가 지표

평가 대상의 데이터셋을 설계하고 모델 학습이 완료된 뒤에는 평가 지표를 사용해 추천 모델을 평가합니다. 평가 지표란 학습한 모델의 성능이나 예측값의 좋고 나쁨을 측정하는 지표입니다. [표 7-2]는 추천 시스템의 대표적인 평가 지표들이며 이후 각 지표에 관해 자세히 살펴보겠습니다.

표 7-2 대표적인 평가 지표

지표 분류	사용 목적	대표적인 지표
예측 오차 지표	학습 모델이 얼마나 테스트 데이터 평갓값에 가깝게 예측할 수 있는지 측정한다.	– MAE – MSE, RMSE
집합 평가 지표	모델이 출력한 높은 점수의 아이템 집합 k개에 관한 추출 능력을 측정한다. 클릭이나 구매 유무 등 이진 분류의 정밀도 평가나 추천 범위를 측정하기 위해 사용한다.	– Precision – Recall – F1-measure
순위 평가 지표	아이템 순서를 고려한 순위 평가에 사용한다. 모델이 출력한 높은 점수의 아이템 k개가 얼마나 올바르게 나열되었는지 측정한다.	– nDCG – MAP – MRR
기타 평가 지표	클릭 유무와 같은 예측 정밀도 외에 사용자 만족도를 직접 측정한다.	– 커버리지 – 다양성 – 신규성 – 흥미로움(세렌디피티)

7.2.4.1 예측 오차 지표

사용자가 아이템에 부여한 평갓값과 시스템이 예측한 평갓값의 오차를 평가하는 것을 예로 들어 예측 오차 지표를 살펴보겠습니다. 이후에는 다음 표기법을 사용합니다.

- r_i: 실제 평갓값
- $\hat{r}_i$: 예측한 평갓값
- n: 아이템 수

파이썬 구현 예에서는 다음 값을 사용합니다.

```
r = [0, 1, 2, 3, 4]
r_hat = [0.1, 1.1, 2.1, 3.1, 4.1]
```

MAE

$$\text{MAE} = \frac{1}{n} \sum_{i=1}^{n} |r_i - \hat{r}_i|$$

MAE$^{\text{Mean Absolute Error}}$(평균 절댓값 오차)는 예측값과 실측값 차이의 절댓값 평균을 나타내는 지표입니다.

```
from sklearn.metrics import mean_absolute_error

print(mean_absolute_error(r, r_hat))
# 0.09999999999999998
```

MSE

$$\text{MSE} = \frac{1}{n} \sum_{i=1}^{n} (r_i - \hat{r}_i)^2$$

MSE$^{\text{Mean Squared Error}}$(평균 제곱 오차)는 예측값과 실측값 차이의 제곱 평균을 나타내는 지표입니다. 제곱을 함으로써 차이의 음수 부호를 없애며 예측값과 실측값의 차이가 크면 더 커지고 차이가 작으면 더 작아지는 값을 나타냅니다.

```
from sklearn.metrics import mean_squared_error

print(mean_squared_error(r, r_hat))
# 0.009999999999999995
```

RMSE

$$\text{RMSE} = \sqrt{\frac{1}{n} \sum_{i=1}^{n} (r_i - \hat{r}_i)^2}$$

RMSE$^{\text{Root Mean Squared Error}}$(평균 제곱근 오차)는 MSE의 제곱근을 구해 예측값과 실측값의 차원을 맞춘 지표입니다.

```
from sklearn.metrics import mean_squared_error
import numpy as np

mean_squared_error(r, r_hat)
print(np.sqrt(mean_squared_error(r, r_hat)))
# 0.09999999999999998
```

이상이 대표적인 예측 오차 지표입니다.

추천 시스템의 발전은 평갓값 같은 명시적인 피드백을 대상으로 시작되었습니다. 하지만 최근의 웹 서비스는 다양한 측면에 걸쳐 있으며 반드시 평갓값을 얻을 수 있는 서비스만 있는 것이 아닙니다. 그래서 사용자의 클릭 정보 등 암묵적인 피드백을 대상으로 평가를 수행하는 것이 현재 주류가 되고 있습니다.

7.2.4.2 집합 평가 지표

다음으로 모델이 사용자에게 클릭된다고 예측한 아이템 집합(예측 아이템 집합)과 사용자가 실제로 클릭한 아이템 집합(적합 아이템 집합)을 입력으로 하는 Precision, Recall, F1-measure 지표를 소개합니다. 여기서는 어떤 사용자에 대해서만 값을 계산하는 예를 소개하지만 일반적으로 추천 시스템 평가에서는 각 사용자에 대해 지표를 계산하고 평가 대상 전체 사용자에 대한 평균을 구해 평가합니다.

파이썬 구현 예에서는 사용자가 클릭할 것이라고 예측한 아이템 집합을 pred_items, 사용자가 실제로 클릭한 아이템 집합을 true_items로 하여 입력으로 제공합니다. 다음 설명에서는 사용자가 실제로 클릭한 아이템을 적합 아이템, 클릭한 아이템의 집합을 적합 아이템 집합이라고 부르겠습니다. pred_items는 예측 점수가 높은 순서대로 정렬되어 있다고 가정합니다.

```
# 예측 아이템 집합. 예측 점수가 높은 순으로 배열한다.
pred_items= [1, 2, 3, 4, 5]
# 적합 아이템 집합
true_items = [2, 4, 6, 8]
```

Precision

$$\text{Precision@}K = \frac{|\mathcal{C} \cap \mathcal{R}_K|}{K}$$

여기서 $\mathcal{C}$는 적합 아이템 집합, K는 순위의 길이, $\mathcal{R}_K$는 예측 아이템 집합의 K번째 이내 아이템을 나타냅니다.

Precision(적합률)은 예측 아이템 집합 안에 존재하는 적합 아이템의 비율입니다. 순위의 길이가 K일 때 Precision@K로 표현합니다. 예를 들어 입력 예에 대한 Precision@3은 예측 아이템 집합 상위 3개 중 1개의 아이템이 적합하므로 Precision@3 = 1/3이 됩니다.

```python
def precision_at_k(true_items: List[int], pred_items: List[int],
                   k: int) -> float:
    if k == 0:
        return 0.0

    p_at_k = (len(set(true_items) & set(pred_items[:k]))) / k
    return p_at_k

print(precision_at_k(true_items, pred_items, 3))
# 0.3333333333333333
```

Recall

$$\text{Recall@}K = \frac{|\mathcal{C} \cap \mathcal{R}_K|}{|\mathcal{C}|}$$

여기서 $\mathcal{C}$는 적합 아이템 집합, K는 순위의 길이, $\mathcal{R}_K$는 예측 아이템 집합의 K번째 이내 아이템을 나타냅니다.

Recall(재현율)은 예측 아이템 집합의 요소가 얼마나 적합 아이템 집합의 요소를 커버할 수 있는가의 비율입니다. 예를 들어 사용자에 대한 Recall@3은 적합 아이템이 4개 있으며 예측 아이템 집합의 상위 3개 안에서는 아이템 B의 하나가 적합 아이템이므로 Recall@3 = 1/4이 됩니다.

```python
def recall_at_k(true_items: List[int], pred_items: List[int],
                k: int) -> float
```

```
        if len(true_items) == 0 or k == 0:
            return 0.0

        r_at_k = (len(set(true_items) & set(pred_items[:k]))) /
                    len(true_items)
        return r_at_k

    print(recall_at_k(true_items, pred_items, 3))
    # 0.25
```

또한 이번 장의 구현 예에서는 적합 아이템 집합 요소가 하나도 없을 경우 예외로 0을 반환합니다.

Precision과 Recall은 한쪽 값이 올라가면 다른 값이 내려가는 트레이드오프 관계로 잘 알려져 있습니다. 예를 들어 Recall@K의 K 값을 늘리면 예측 아이템 집합에 포함된 적합 아이템이 늘어나므로 Recall이 향상됩니다. 한편 사용자에게 적합하지 않은 아이템의 비율도 증가하기 때문에 Precision은 낮아집니다.

그래서 Precision과 Recall 양쪽을 고려해 평가하는 지표로 F1-measure가 있습니다.

F1-measure

$$F1 = \frac{2 \cdot \text{Recall} \cdot \text{Precision}}{\text{Recall} + \text{Precision}}$$

F1-measure(F1값)는 Precision과 Recall의 조화 평균으로 표현됩니다. 예를 들어 사용자의 F1@3은 Precision@3이 1/3이고 Recall@3이 1/4이므로 $F1 \approx 0.286$이 됩니다.

$$F1 = \frac{2 \cdot \frac{1}{3} \cdot \frac{1}{4}}{\frac{1}{3} + \frac{1}{4}} \approx 0.286$$

```
def f1_at_k(true_items: List[int], pred_items: List[int],
            k: int) -> float:
    precision = precision_at_k(true_items, pred_items, k)
    recall = recall_at_k(true_items, pred_items, k)

    if precision + recall == 0.0:
        return 0.0
```

```
    return 2*precision*recall / (precision + recall)
```

```
print(f1_at_k(l, 3))
# 0.28571428571428575
```

7.2.4.3 순위 평가 지표

추천 시스템은 일반적으로 추천 대상 아이템에 점수를 부여하여 그 점수가 높은 순으로 아이템
을 정렬한 순위를 만듭니다. 이 순위에 대해 각 아이템의 배열을 고려하여 좋고 나쁨을 평가하
는 지표가 순위 평가 지표입니다.

PR 곡선

Top@K를 Top@1, Top@2, …, Top@N으로 바꾸면 대응하는 Recall과 Precision의 여러
조합을 얻을 수 있습니다. 이 점들에 대해 Recall을 가로 축, Precision을 세로 축으로 플롯해
서 각 점을 연결하는 것이 PR 곡선입니다.

Top@K의 임곗값을 바꿔 (Recall, Precision)의 점을 플롯

Top@K	순위	클릭 유무		Recall	Precision
				0.0	1.0
1	아이템 A	1	→	1/4=0.25	1/1=1.0
2	아이템 B	1	→	2/4=0.5	2/2=1.0
3	아이템 C	0	→	2/4=0.5	2/3=0.66
4	아이템 D	1	→	3/4=0.75	3/4=0.75
5	아이템 E	1	→	4/4=1.0	4/5=0.8
6	아이템 F	0	→	4/4=1.0	4/6=0.66
7	아이템 G	0	→	4/4=1.0	4/7=0.57
8	아이템 H	0	→	4/4=1.0	4/8=0.5

그림 7-3 Precision과 Recall의 플롯 ①

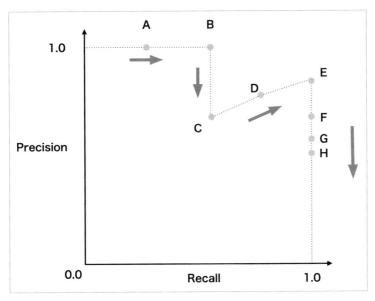

그림 7-4 Precision과 Recall의 플롯 ②

이 예에서는 곡선 같은 플롯이 아니지만 데이터 수를 늘리면 곡선과 같은 플롯을 그릴 수 있습니다. 여기서는 관례적으로 Recall 0.0, Precision 1.0을 시작점으로 합니다. Precision, Recall 모두 높은 영역은 플롯의 오른쪽 위에 위치하므로 이 곡선이 오른쪽 위로 위치할수록 정밀도가 높은 추천이라고 할 수 있습니다. 이 PR 곡선과 Recall, Precision의 각 축으로 둘러싸인 면적이 PR 곡선의 **AUC**^Area Under Curve입니다. AUC는 0부터 1 사이의 값을 가지며 1에 가까울수록 정밀도가 높다고 할 수 있습니다.

그리고 비슷한 플롯으로 ROC 곡선의 AUC가 있습니다. 일반적으로 ROC 곡선의 AUC는 음의 예와 양의 예가 같은 비율로 존재하는 데이터 평가에 적합한 것으로 알려져 있습니다. 한편 추천 시스템의 데이터셋과 같이 음의 예가 양의 예보다 많을 경우 PR 곡선의 AUC를 보는 편이 적절하다고 생각할 수 있습니다.

MRR@K

$$\text{MRR}@K = \frac{1}{|\mathcal{U}|} \sum_{u \in \mathcal{U}} \frac{1}{k_u}$$

여기서 $\mathcal{U}$는 사용자 전체의 집합, k_u는 순위 K번째 안의 최초 적합 위치를 나타냅니다.

MRR^Mean Reciprocal Rank^은 사용자 순위에 대해 최초의 적합 아이템이 순위에서 얼마나 상위에 위치하는지 평가하는 지표입니다. 예를 들어 사용자 u에게 제시한 순위에서 최초의 적합 아이템 위치가 2번째인 경우 $k_u = 2$가 됩니다.

MRR은 모든 사용자에 대해 순위에서 적합 위치의 역수를 합산해 사용자 수로 나눈 값으로 정의됩니다. MRR은 순위에서 위치의 역수를 사용하므로 순위 상위 결과가 지표에 큰 영향을 미칩니다. 예를 들어 순위의 12번째에서 적합한 것보다 2번째에서 적합한 것이 평가 지표에 더 크게 기여합니다.

```python
def rr_at_k(user_relevances: List[int], k: int) -> float:
    nonzero_indices = np.asarray(user_relevances).nonzero()[0]
    if nonzero_indices.size > 0 and nonzero_indices[0] + 1 <= k:
        return 1.0 / (nonzero_indices[0] + 1.0)
    return 0.0
print(rr_at_k([0, 1, 0], 2))
# 0.5

def mrr_at_k(users_relevances: List[List[int]], k: int) -> float:
    return float(
        np.mean(
            [rr_at_k(user_relevances, k) for user_relevances in
            users_relevances]
        )
    )

print(mrr_at_k([[1,0, 0], [0, 1, 0], [0, 0, 1]], 2))
# 0.5
```

AP@K

AP@K(평균 정밀도^Average Precision^)는 순위의 K번째까지에 대해 각 적합 아이템까지의 Precision을 평균한 값입니다

$$AP(u)@K = \frac{1}{\sum_{k=1}^{K} c_{u,k}} \sum_{k=1}^{K} c_{u,k} \cdot \text{Precision}@K$$

여기서 식의 각 부분이 나타내는 바는 다음과 같습니다.

- K는 순위의 길이

- $c_{u,k} = \begin{cases} 1 : \text{사용자 } u\text{의 } k\text{번째 아이템이 적합} \\ 0 : \text{그 외} \end{cases}$

예를 들어 사용자 u에 대한 순위의 5번째 이내 아이템에서 2번째 아이템과 4번째 아이템 2개가 적합한 경우 다음과 같이 계산됩니다.

$$\begin{aligned} AP(u)@5 &= \tfrac{1}{2}(\text{Precision@2} + \text{Precision@4}) \\ &= \tfrac{1}{2}(\tfrac{1}{2} + \tfrac{2}{4}) \\ &= 0.5 \end{aligned}$$

```python
def ap_at_k(user_relevances: List[int], k: int) -> float:
    if sum(user_relevances[:k]) == 0:
        return 0.0
    nonzero_indices = np.asarray(user_relevances[:k]).nonzero()[0]
    return sum(
        [sum(user_relevances[: idx + 1]) / (idx + 1) for idx in
         nonzero_indices]
    ) / sum(user_relevances[:k])

print(ap_at_k([0, 1, 0, 1, 0], 5))
# 0.5
```

MAP@K

$$\text{MAP@}K = \frac{1}{|\mathcal{U}|} \sum_{u \in \mathcal{U}} \text{AP}(u)@K$$

MAP^Mean Average Precision (중앙 평균 정밀도)는 AP를 각 사용자에 대해 평균한 값입니다.

```python
def map_at_k(users_relevances: List[List[int]], k: int) -> float:
    return float(
        np.mean(
            [ap_at_k(user_relevances, k) for user_relevances in
             users_relevances]
        )
    )

print(map_at_k([[1, 0, 0], [0, 1, 0], [0, 0, 1]], 3))
# 0.611111111111111
```

MAP와 MRR은 식의 형태가 다르지만 다음 형식으로 일반화할 수 있습니다(「検索評価ツールキットNTCIREVALを用いた様々な情報アクセス技術の評価方法(검색 평가 툴킷 NTCIREVAL을 사용한 다양한 정보 접근 기술의 평가 방법)」[1], 『情報アクセス評価方法論(정보 접근 평가 방법론)』(コロナ社, 2015) 참조).

$$M(u)@K = \frac{1}{|\mathcal{U}|} \sum_{u \in \mathcal{U}} \sum_{k=1}^{K} P_u(k) G_u(k)$$

여기서 $P_u(k)$는 사용자가 위치 k에서 정지할 확률, $G_u(k)$는 위치 k에서 얻을 수 있는 이익, K는 순위의 길이를 나타냅니다.

사용자가 위치 k에서 정지한다는 것은 사용자가 순위의 위치 k에서 아이템 열람을 마치고 순위에서 이탈하는 것을 의미합니다. 이 식은 확률과 이득의 곱이 되므로 MAP, MRR은 이득의 기댓값이라고 해석할 수 있습니다. MAP, MRR에서는 확률과 이익의 정의가 각각 다릅니다.

일반화된 식에서는 사용자에 대해 다음과 같이 가정합니다.

- **선형 횡단**: 횡단 사용자는 최상위부터 순서대로 1건씩 아이템을 열람한다.
- **횡단 정지**: 사용자는 확률적 또는 결정적으로 어떤 아이템을 클릭한 후 만족하고 정지한다.
- **이익 획득**: 사용자는 행동 의도에 맞춰 클릭한 아이템으로부터 적합도에 따른 이익을 얻는다.

MAP와 MRR에서 사용자의 행동은 다음과 같이 가정합니다.

표 7-3 MAP와 MRR에서의 사용자 행동 가정

	MAP	MRR
횡단 정지	모든 적합 아이템에 대해 확률적으로 균일하게 정지	최상위 적합 아이템에서 정지
이익 획득	위치 r에서 정지할 때 상위 r 이내 순위의 Precision과 동일한 이익을 얻음	위치 k에서 정지할 때 상위 r 이내 순위의 Precision과 같은 이익을 얻음

nDCG

지금까지 소개한 순위 지표는 클릭 유무와 같은 두 값에 대한 지표였습니다. 서비스에 따라서는 각 아이템이 클릭된 후의 구매 유무 등 클릭 이외의 행동까지 합쳐서 가중치를 붙여 여러 값을 평가하고 싶은 상황도 있을 것입니다.

---

[1] https://www.slideshare.net/kt.mako/ntcireval

이때 사용할 수 있는 것이 nDCG입니다.

$$\mathrm{nDCG}@K = \frac{\mathrm{DCG}@K}{\mathrm{DCG}_{\mathrm{ideal}}@K}$$

nDCG[normalized Discounted Cumulative Gain]는 DCG[Discounted Cumulative Gain]라고 불리는 값을 순위가 이상적으로 나열됐을 때의 DCG로 나누는 것(normalization: 정규화)이라고 정의합니다. DCG는 순위 위치에 대한 이익[gain]을 분모로 하는 log 항에 따라 할인[discount]합니다.

$$\mathrm{DCG}@K = r_1 + \sum_{i=2}^{K} \frac{r_i}{\log_2 i}$$

여기서 r 은 순위의 각 아이템의 이익을 나타냅니다.

그러므로 순위 상위에서 정답을 얻으면 DCG에 대한 기여가 커지고 순위 하위에서 정답을 얻으면 DCG에 대한 기여가 작아집니다. nDCG에서는 사용자에 대해 다음과 같이 가정합니다.

- **이익 획득**: 사용자는 클릭한 아이템으로부터 적합성에 대해 이익을 얻는다. 그 이익은 누적된다.
- **이익 감쇠**: 이익은 그때까지 사용자가 순위상에서 열람한 아이템 수에 따라 감쇠한다.

구체적인 계산 예를 들기 위해 사용자가 아이템을 클릭했을 때의 이익을 1, 구입했을 때의 이익을 2, 클릭하지 않았을 경우를 0이라고 하겠습니다.

표 7-4 nDCG 입력 순위

입력 순위	이익(not click=0, click=1, conversion=2)
아이템 A	0
아이템 B	2
아이템 C	0
아이템 D	1
아이템 E	0

표 7-5 nDCG의 이상적인 순위

이상적인 순위	이익(not click=0, click=1, conversion=2)
아이템 B	2
아이템 D	1
아이템 A	0
아이템 C	0
아이템 D	0

이때 nDCG@5는 다음과 같습니다.

$$DCG = 0 + \frac{2}{\log_2 2} + \frac{0}{\log_2 3} + \frac{1}{\log_2 4} + \frac{0}{\log_2 5} = 2.5$$

$$DCG_{ideal} = 2 + \frac{1}{\log_2 2} + \frac{0}{\log_2 3} + \frac{0}{\log_2 4} + \frac{0}{\log_2 5} = 3.0$$

$$nDCG = \frac{DCG}{DCG_{ideal}} = \frac{2.5}{3.0} = 0.833$$

```python
def dcg_at_k(user_relevances: List[int], k: int) -> float:
    user_relevances = user_relevances[:k]
    if len(user_relevances) == 0:
        return 0.0

    return user_relevances[0] + np.sum(user_relevances[1:] /
    np.log2(np.arange(2, len(user_relevances) + 1))
    )

def ndcg_at_k(user_relevances: List[int], k: int) -> float:
    dcg_max = dcg_at_k(sorted(user_relevances, reverse=True), k)
    if not dcg_max:
        return 0.0
    return dcg_at_k(user_relevances, k) / dcg_max

print(ndcg_at_k([0, 2, 0, 1, 0], 5))
# 0.8333333333333334
```

이상으로 대표적인 순위 평가 지표 소개를 마칩니다.

7.2.4.4 기타 지표

지금까지 소개한 지표는 모두 사용자가 클릭한 아이템을 가급적 상위에 나타내기 위한 추천 시스템 지표였습니다. 하지만 정밀도만 추구하는 것은 비슷한 상품만 추천해버리는 **필터 버블**filter bubble 문제를 비롯해 서비스에서 바람직하지 않은 부작용을 일으킬 위험이 있습니다. 또한 영화나 음악 등 오락에 관한 도메인에서는 사용자가 예측하지 못한 미지의 추천에 따라 얻을 수 있는 만족도가 더 크다고 생각할 수 있습니다.

정밀도 외의 측정 지표로는 커버리지, 신규성, 다양성, 흥미로움 지표가 있습니다. 이 지표들에는 각각 다양한 정의가 있으므로 각 지표에 대해 하나씩 구체적인 정의를 소개합니다.

카탈로그 커버리지

$$\text{Catalogue Coverage} = \frac{|\widehat{\mathcal{I}}|}{|\mathcal{I}|}$$

여기서 $\widehat{\mathcal{I}}$는 실제로 추천된 아이템 집합, $\mathcal{I}$는 모든 아이템 집합을 나타냅니다.

카탈로그 커버리지Catalogue Coverage의 분자는 실제로 추천한 상품의 수이고 분모는 모든 상품의 수입니다. 이처럼 커버리지는 추천 범위(폭)를 측정하는 지표입니다. 이 카탈로그 커버리지를 측정함으로써 인기 상품에 치우친 추천을 검출할 수 있습니다. 최근에는 추천 시스템 내의 사용자 만족도에 더해 추천 시스템에 관한 여러 이해관계자multi−stakeholder를 포함하여 추천 시스템을 개선한다는 대응이 늘어나고 있습니다. 카탈로그 커버리지는 예를 들어 어느 기업에서 제공된 추천 아이템이 실제 어느 정도의 비율로 추천에 사용되었는지 측정하는 데 사용됩니다.

사용자 커버리지

$$\text{User Coverage} = \frac{|\widehat{\mathcal{U}}|}{|\mathcal{U}|}$$

여기서 $\widehat{\mathcal{U}}$는 실제로 추천이 수행된 사용자 집합, $\mathcal{U}$는 모든 사용자 집합을 나타냅니다.

사용자 커버리지User Coverage는 어느 정도의 사용자에게 추천되었는지를 측정하는 지표입니다. 분자는 실제로 추천이 수행된 사용자 수, 분모는 모든 사용자입니다.

사용자 커버리지는 콜드 스타트 문제 검출에 사용할 수 있습니다. 서비스를 이제 막 시작한 초기 사용자로 필터링해 사용자 커버리지를 측정함으로써 초기 사용자에게 어느 정도 추천했는지 측정할 수 있습니다. 이 초기 사용자에 대한 사용자 커버리지가 낮을 경우 초기 사용자에 대해 추천이 수행되지 않는 콜드 스타트 문제가 발생했다는 것을 의미합니다.

커버리지를 일 단위로 측정하는 것은 시스템 이상 검출에도 도움이 됩니다. 예를 들어 커버리지가 어느 날 갑자기 저하된 경우 로그의 결손이나 모델의 업데이트 오류가 발생했다고 생각할 수 있습니다.

신규성

$$\text{Novelty}(\mathcal{R}) = \frac{\sum_{i \in \mathcal{R}} -\log_2 p(i)}{|\mathcal{R}|}$$

여기서 식의 각 부분이 나타내는 바는 다음과 같습니다.

- R은 순위
- $p(i) = \frac{\sum_{u \in \mathcal{U}} \text{imp}(u,i)}{|\mathcal{U}|}$
- $\text{imp}(u,i) = \begin{cases} 1 : \text{사용자 } u\text{에게 아이템 } i\text{가 과거에 추천된 경우} \\ 0 : \text{그 외} \end{cases}$

신규성^{Novelty}은 순위에 대한 추천 아이템이 정말로 새로운지를 나타냅니다. $p(i)$는 모든 사용자에 대해 과거 그 아이템이 추천된 확률을 나타냅니다. 이 정의에 따라 사용자에게 표시되기 어려운 아이템을 폭넓게 표시하면 신규성이 커집니다.

다양성

$$\text{Diversity}(\mathcal{R}) = \frac{\sum_{i \in \mathcal{R}} \sum_{j \in R \setminus i} \text{sim}(i,j)}{|\mathcal{R}|(|\mathcal{R}| - 1)}$$

여기서 $\mathcal{R}$은 순위, $sim(i,j)$는 아이템 i와 아이템 j의 유사도 거리를 나타냅니다.

순위 R에서의 다양성^{Diversity}은 순위의 각 아이템 간 유사도 거리의 평균값에 따라 정의됩니다. 예를 들어 유사도 제곱 오차를 생각할 수 있습니다. 이 정의에 따르면 순위의 각 아이템 간 유사도 거리가 먼 경우(유사도가 낮은 경우) 다양성이 커집니다. 이 정의는 순위에만 존재하는 다양성 지표(individual, intra-list diversity)입니다.

흥미로움

$$\text{Serendipity}(\mathcal{R}, u) = \frac{|\mathcal{R}_{\text{unexp}} \cap \mathcal{R}_{\text{useful}}|}{|\mathcal{R}|}$$

여기서 $\mathcal{R}$은 사용자에 대한 순위, $\mathcal{R}_{\text{unexp}}$는 순위 $\mathcal{R}$에서 의외성이 있는 아이템의 집합, $\mathcal{R}_{\text{useful}}$은 순위 R에서 유용한 아이템 집합을 나타냅니다.

이렇게 흥미로움^{Serendipity}은 순위에 대해 의외성을 가지면서도 유용한 아이템의 비율을 측정합니다.

지금까지 소개한 평가 지표는 기본적으로 서비스 로그로부터 산출할 수 있는 것들이었습니다. 한편 흥미로움의 정의에 포함된 의외성과 유용성은 뒤에서 설명할 사용자 스터디를 활용해 판정하기도 합니다.

7.2.4.5 평가 지표 선정 방법

평가 지표에는 예측 정밀도, 다양성, 신규성 등 몇 가지 관점이 있습니다. 그렇다면 결국 어떤 지표를 사용하는 것이 좋을까요?

적절한 오프라인 평가 지표를 선택하는 방법으로 온라인 평가와 관련된 오프라인 지표를 찾아내는 방법이 있습니다. Precision@K, Recall@K, MAP@K, nDCG@K 등 각 지표에서 가장 좋았던 모델을 실제로 릴리스하고 매출 등의 지표가 높은 모델을 조사합니다. 그렇게 하면 어떤 오프라인 지표가 해당 서비스에서 비즈니스 지표에 적절한지 알 수 있습니다. 또한 온라인 평가와 일치하도록 여러 오프라인 지표를 조합해 새로운 오프라인 지표를 만드는 접근 방법[2] 도 있습니다. 이 연구에서는 뉴스 사이트의 추천 시스템을 분석해 예측 정밀도 평가 지표만 사용하는 것보다 흥미로움이나 커버리지 같은 오프라인 지표를 조합하는 편이 실제 서비스에서 클릭률 높은 추천 모델을 구축할 수 있었다고 보고했습니다.

또 다른 방법으로 사용자의 행동 이력을 가정해 지표를 선택하는 방법이 있습니다. 여기서는 웹 검색에서 사용자의 행동 의도를 다음 3가지로 분류한 Broder의 연구[3]를 참고했습니다.

- **유도형(Navigational)**: 어떤 특정 사이트를 방문하려는 의도
  - 1개의 적합 아이템을 얻고 싶을 때, 예를 들면 열차 시간표를 알기 위해 웹사이트를 검색하는 경우
- **정보 수집형(Informational)**: 1개 이상의 웹 페이지에 기록되어 있다고 생각되는 정보를 얻으려는 의도
  - 1개 이상의 적합 아이템을 얻고 싶을 때, 예를 들면 온난화의 원인을 조사하기 위해 검색하는 경우
- **거래형(Transactional)**: 웹을 매개로 한 액션을 실행하려는 의도
  - 예를 들면 식당을 예약하는 경우

이 분류들은 추천 시스템 평가 시에도 유용합니다. 예를 들어 1개 이상의 적합 아이템을 중요시하여 평가하고 싶을 때는 Average Precision이나 nDCG 등 정보 수집형 의도에 적합한 지표를 사용하고, 1개의 적합 아이템을 평가하고 싶을 때는 Reciprocal Rank나 ERR같이 유도형

---

2 Andrii Maksai, Florent Garcin, and Boi Faltings, "Predicting online performance of news recommender systems through richer evaluation metrics," Proceedings of the 9th ACM Conference on Recommender Systems (2015).

3 Andrei Broder, "A taxonomy of web search," SIGIR Forum 36, vol.36, pp.3–10, ACM (2002).

의도에 적합한 지표를 사용할 수 있습니다. 순위 지표를 행동 의도별로 분류하면 다음과 같습니다.

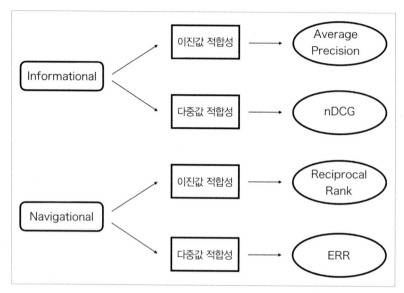

그림 7-5 평가 지표에 대한 행동 의도 분류

그리고 **ERR**Expected Reciprocal Rank은 정보 검색 분야에서 유명한 지표 중 하나입니다. ERR은 주목한 아이템의 순위에 위치를 추가해 해당 아이템보다 위에 있는 아이템으로부터 정의된 정지 확률에 의존하는 지표입니다.[4]

필자가 경험한 바에 따르면 평가 지표를 구현할 때는 버그가 포함되기 쉽습니다. 그러므로 평가에는 많은 사람에게 검증된 구현을 사용하는 것이 좋습니다. 이번 장에서 소개한 평가 구현의 최신 버전은 https://github.com/moseskim/RecommenderSystems에 업로드되어 있으므로 이 책의 내용과 함께 확인하기 바랍니다.

---

4 O. Chapelle, T. Joachims, F. Radlinski, and Y. Yue, "Large-scale validation and analysis of interleaved search evaluation," ACM Transactions on Information Systems(TOIS).

7.3 온라인 평가

오프라인 평가는 실제 서비스 사용자에게 영향을 주지 않고 평가를 수행하는 방법입니다. 하지만 모든 평가를 오프라인에서 정확하게 수행할 수는 없습니다. 예를 들어 전자상거래 사이트에서 상품의 이미지 사이트를 조정하는 것과 같은 테스트를 하고 싶을 때 실제 사용자에게 미치는 영향을 평가하는 것은 오프라인 검증으로 쉽지 않습니다. 이 경우에는 변경을 수행한 UI와 변경을 수행하지 않은 UI를 각각 다른 사용자에게 제시하여 변경 효과를 검증하는 방법을 고려할 수 있습니다.

이렇게 시스템의 변경점을 실제로 사용자에게 제시해 평가하는 방법을 온라인 평가라고 부릅니다.

7.3.1 A/B 테스트

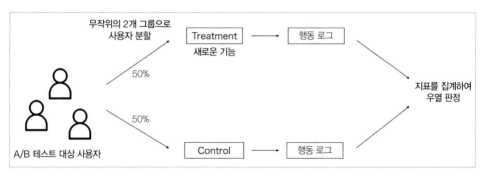

그림 7-6 A/B 테스트 예

대표적인 온라인 검증 방법은 A/B 테스트입니다. A/B 테스트는 무작위 비교 시험Randomized Controlled Trial (RCT)이라고 불리는 평가 방법 중 하나입니다. A/B 테스트는 테스트 대상의 기능에 변경을 추가한 결과를 보여 주는 Treatment 그룹(실험군 또는 experimental group)과 변경하지 않은 결과를 보여주는 Control 그룹(대조군, comparison group)의 2개 그룹으로 사용자를 나눈 후 평가를 수행하는 방법입니다.

7.3.1.1 가설

A/B 테스트를 시작할 때는 테스트 대상의 효과에 대해 가설을 세우는 것이 좋습니다. 예를 들면 다음과 같은 가설 템플릿을 사용할 수 있습니다.

표 7-6 가설 템플릿 예

항목	예
콘텍스트	유행하는 숙소를 쉽게 찾지 못하는 사용자가 있다.
변경점	새로운 추천 알고리즘을 도입한다.
대상	유럽 지역에서 독일어를 쓰는 사용자
지표 목표	숙박 예약률을 1% 향상시킨다.
비즈니스 목표	숙박 예약을 통한 매출을 향상시킨다.

각 항목의 의미는 다음과 같습니다.

- **콘텍스트**: 실험 배경은 무엇인가?
- **변경점**: 무엇을 어떻게 바꾸는가?
- **대상**: 대상 사용자는 누구인가?
- **지표 영향**: 변경점이 지표에 어떤 영향을 미치는가?
- **비즈니스 목표**: 이니셔티브를 통해 달성하고 싶은 최종 비즈니스 목표는 무엇인가?

조직에서 올바른 의사 결정을 하기 위해서는 이런 형태로 가설을 미리 문서로 명확히해두는 것이 중요합니다. 이 템플릿에서는 사전에 지표를 정의하고 비즈니스 목표와의 연결을 명확하게 하도록 합니다. 이 템플릿을 사용하면 가설과 비즈니스 목표의 연결이 명확해지므로 비즈니스 관점에서 이니셔티브의 우선 순위를 결정할 수 있습니다. 또한 실험을 마친 뒤에 목표 수치를 바꾸는 등 잘못된 의사 결정으로 이어지는 행위를 피할 수도 있습니다. 또한 형태를 갖춰 문서로 남김으로써 팀 전체가 이니셔티브의 효과를 확인할 때 커뮤니케이션 부하를 낮추는 효과도 기대할 수 있습니다.

진행 방법

앞에서 설명한 것처럼 가설 템플릿을 결정했다면 구현할 테스트를 실시합니다. Treatment와 Control 사용자 그룹을 나눌 때는 난수를 사용합니다. 예를 들면 사용자 ID를 해시 함수에 넣어서 나온 값에 따라 나누는 방법을 생각할 수 있습니다.

A/B 테스트는 실제로 사용자에게 변경점을 보여주므로 사용자 만족도를 저하시킬 수 있습니다. 그러므로 먼저 적은 수의 사용자에게 실시할 내용이 의도대로 동작하는지 확인하는 것이 좋습니다. 그리고 의도대로 동작하는 것을 확인한 후 정의한 지표를 수집할 수 있도록 사용자 수를 늘려가는 것을 권장합니다.

주의점

A/B 테스트는 사용자 그룹을 나누어 평가하는 방법입니다. 그렇기 때문에 테스트 전부터 그룹에 차이가 있다면 테스트가 올바르게 수행되지 않을 우려가 있습니다. 예를 들어 한쪽 사용자 그룹이 평소에도 극단적으로 클릭을 많이 하는 사용자로만 구성된다면 클릭 수 측정은 A/B 테스트로 올바르게 수행할 수 없습니다. 이런 영향을 **그룹 편향**group bias이라고 합니다. 이 그룹 편향은 A그룹과 B그룹에 대해 같은 이니셔티브를 수행하고 그 평가 지표에 차이가 없음을 확인하는 A/A 테스트로 확인할 수 있습니다.

로그 혼합에도 주의해야 합니다. 학습 모델 A/학습 모델 B를 사용자 그룹 A/사용자 그룹 B에 대해 테스트하는 상황을 생각해봅시다. 이상적으로는 학습 모델 A가 사용자 그룹 A의 행동 로그, 학습 모델 B가 사용자 그룹 B의 행동 로그에 의해서만 학습해야 합니다. 하지만 학습 데이터 부족 등의 원인으로 뒤섞인 행동 로그에 따라 학습해야 할 때도 있을 것입니다. 이런 경우 만약 A/B 테스트에서 모델 A가 모델 B에 이겼다고 해도 모델 A를 모든 사용자에게 적용할 때에 비해 모델 B를 적용하는 편이 실제로 효과가 좋을 때도 있습니다. 예를 들어 모델 A는 모델 B에 의해 발생한 행동 로그가 없는 경우, 효과가 나빠지는 경우 등입니다. 구체적으로는 모델 A가 5장에서 소개한 슬롯머신 알고리즘의 콘텍스트에서 설명한 활용만 수행하는 모델, 모델 B가 탐색과 활용 양쪽으로 수행하는 모델일 때 이런 문제가 발생하기 쉽습니다.

집계 기간에도 주의해야 합니다. 예를 들어 사용자는 새로운 변화에 과도하게 반응하는 경우가 있는데 이런 경우 단기간 테스트했을 때와 장기간 테스트했을 때 그 결과가 달라지기도 합니다. 또한 특정 요율이나 계절 조건에서만 효과가 크게 달라지는 대상이 테스트에 포함되면 단기간 집계했을 때 잘못된 결과가 나올 위험이 있으므로 주의해야 합니다.

7.3.1.2 지표의 역할

A/B 테스트 평가에서는 어떤 지표를 사용하는 것이 좋을까요? 여기서는 테스트 성공/실패를 최종적으로 판단하는 OEC 지표와 테스트 시 대상 사용자에게 나쁜 영향을 미치지 않았는가를

측정하는 가드레일 지표에 관해 살펴보겠습니다. 그리고 주체적인 지표를 설계하는 지침에 관해서도 알아보겠습니다.

OEC 지표

A/B 테스트의 성공과 실패를 최종적으로 판단하는 지표를 OEC^Overall Evaluation Criteria 지표라고 합니다. OEC 지표는 서비스/비즈니스의 성공을 위해 시스템을 움직이는 것을 돕기 위하여 정의된 지표입니다. OEC 지표는 장기적인 서비스 KPI와 연관되어야 하며 동시에 단기간에는 팀이 행동할 때 충분히 공감해야 합니다. 또한 팀 단위뿐 아니라 조직 전체가 OEC 지표에 대해 합의하는 것이 바람직합니다.

OEC 지표는 사용자에게 초점을 맞춰 설계합니다. 이것은 'Focus on the user and all else will follow'라는 구글의 철학 중 하나와 일치합니다. 사용자가 서비스나 상품을 통해 무엇을 달성하고 싶고 무엇을 경험하고 싶은가에 초점을 맞춘 OEC 지표를 개선하는 것이 기업의 장기적인 성공으로 이어진다고 생각할 수 있습니다.

사용자 만족도를 측정하는 지표를 설계하는 관점으로 다음을 생각할 수 있습니다.

- **Happiness**: 서비스에 대한 사용자의 감각입니다. 만족도, 시각적 매력, 쉬운 사용성 등 사용자의 주관적인 측면과 관계 있습니다. 또한 행동 로그로 추정하기 어려운 경우 사용자 설문을 추가해 실시할 수도 있습니다.
- **Engagement**: 상품에 대한 사용자의 관여 수준입니다. 예를 들어 어떤 기간 동안의 서비스 실행 빈도나 인터랙션의 깊이 등입니다.
- **Adoption**: 어떤 기간에 새로 상품을 사용하기 시작한 신규 사용자입니다.
- **Retention**: 어떤 기간의 사용자 중 몇 명이 그 뒤의 기간까지 여전히 서비스 사용을 지속하고 있는가와 관련됩니다.
- **Task success**: 효율성(태스크 종료까지의 기간 등), 유효성(태스크 완료율 등), 에러율 등 기존 사용자 만족도와 관련됩니다.

이 관점들은 각 관점의 알파벳의 머리글자를 딴 HEART라는 프레임워크로 알려져 있습니다.

가드레일 지표

OEC 지표는 개선하고자 하는 지표에 관한 것이었습니다. 한편 가드레일^guardrail 지표는 저하되어서는 안 되는 제약을 표시합니다. 가드레일 지표는 페이지 열람 수, 서비스 기동률, 응답 속도, 주간 액티브 사용자 수, 수익금 등이 있습니다. 특히 응답 속도는 매우 중요합니다. 예를 들어 마이크로소프트 사의 bing 검색에서는 100ms의 차이가 0.6%의 수익금 차이로 이어진다는 보고도 있습니다.

사용자 행동에는 다양한 트레이드오프가 존재한다는 데 주의해야 합니다. 예를 들어 서비스 내 개인화 모듈의 클릭 정밀도가 향상된 결과로 연관 아이템 모듈의 클릭 수가 감소하는 일 등은 자주 발생합니다. 그러므로 A/B 테스트에서는 최종적인 어떤 이니셔티브의 효용을 OEC 지표로 측정하면서 서비스 전체의 트레이드오프를 고려해 가드레일 지표를 설계하는 것이 중요합니다.

7.3.1.3 지표 설계 방침

다양한 OEC 지표와 가드레일 지표를 고려할 수 있는 경우 어떤 지표를 선택해야 할까요?

'온라인으로 통제되는 실험 결과 평가에 관한 어려움, 모범 사례 및 위험(Challenges, Best Practices and Pitfalls in Evaluating Results of Online Controlled Experiments)'[5]에서는 5가지 특성(STEDI)을 기준으로 좋은 지표에 관해 설명합니다.

감도(Sensitivity)

지표는 감도가 좋아야 합니다. 감도는 2개의 요소로 이루어지는데 첫 번째는 업데이트에 대해 지표가 얼마나 빈번하게 변동하는가를 나타내는 **이동 확률**Movement Probability입니다. 좋은 지표는 크게 변화할 확률이 적고 안정적으로 측정할 수 있습니다. 두 번째는 효과에 변동이 있을 때 그것을 얼마나 정확하게 특정할 수 있는가를 나타내는 **통계력**Statistical Power입니다. 이 통계력은 검출력이라고도 불리며 업계에서는 A/B 테스트의 검출력을 최소 80%로 요구합니다.

신뢰성(Trustworthiness)

지표는 신뢰성이 높아야 합니다. 지표값을 얻기는 쉽지만 신뢰할 수 있는 지표를 얻는 것은 녹록지 않습니다. 예를 들어 서버 문제 등으로 수치가 결손되는 경우도 빈번합니다. 또한 로그 사양과 실측값에 괴리가 있는 경우도 종종 있습니다. 이러한 상황에서 측정한 지표의 신뢰성은 낮다고 할 수 있습니다.

---

5 https://sites.google.com/view/kdd2019-exp-evaluation/

웹 서비스에서 검색 엔진인 크롤러 등의 봇^{Bot} 접근은 이니셔티브 평가에 있어 불필요한 데이터 이므로 이를 제거하고 측정해야 합니다. '흥미로우며 차이가 명확한 데이터는 대부분 오류다'라 는 트위만의 법칙$^{Twyman's Law}$과 같이 구체적으로 강한 결과가 나타났을 때는 먼저 어떤 외적 원 인이나 측정 실수를 의심하고 그 신뢰성을 확인해야 합니다. 유감스럽게도 이미 다양한 이니셔 티브가 구현된 웹 서비스에서 명확하게 좋은 이니셔티브를 도출하는 것은 쉽지 않습니다.

효율성(Efficiency)

지표는 효율이 좋은 의사 결정으로 연결되어야 합니다. 성숙한 조직이고 실험 체제가 정리되어 있으면 수행하는 테스트 수도 점점 증가합니다. 성숙한 조직에서 평가 효율은 중요합니다. 효 율에는 시간, 복잡성, 비용의 3가지가 있습니다. 로니 코하비$^{Ronny Kohavi}$는 "An approximate answer today is worth much more than a (presumed) better answer three months out"이라고 기술했습니다. 즉, 3개월 후에 얻게 될 정확한 답보다 오늘 얻을 수 있는 대략적인 답이 훨씬 가치가 있다는 것입니다.

넷플릭스는 재생 시간을 1개월 지속할 확률의 대리 변수로 사용하고 있으며 코세라^{coursera}는 과 정 자료의 인터랙션과 퀴즈 사용률을 과정 완주율의 대리 지표로 사용하고 있습니다. 이처럼 대략적으로 보다 빠르게 결과를 얻을 수 있는 변수를 찾는 것이 중요합니다. 또한 복잡한 지표 도 효율성을 떨어뜨리는데 예를 들어 아웃 랭킹$^{out ranking}$이나 설문을 사용해 측정하는 인지적 지 표는 규모를 확장하기 어렵습니다. 그리고 데이터를 얻는 비용도 중요합니다. 메일의 스팸 판 정이나 광고의 적합성 판정을 사람 손으로 수행하는 것 역시 규모를 확장하기 어렵고 비용 또 한 높아집니다.

디버깅 가능성(Debuggability)과 액션 가능성(Actionability)

디버그와 관련된 지표도 준비합니다. 테스트에 이상이 있을 때 그 이상의 원인을 추적해 수정 하는 것과 연결되는 지표도 준비해야 합니다. 온라인 실험을 수행할 때 어쩔 수 없이 버그가 발 생하는 경우가 있습니다. 특히 사용자별로 나누거나 특정 조건에서만 발생하는 이니셔티브의 경우 이를 검지하기가 어렵습니다. 따라서 버그나 크래시를 감지할 수 있는 구조를 지표로 설 계해두어야 합니다. 앞에서 설명한 것처럼 숫자가 크게 변동했을 때는 버그일 가능성이 있습 니다.

해석 가능성(Interpretability)과 방향성(Directionality)

지표는 쉽게 해석할 수 있어야 합니다. 예를 들어 사용자의 불만을 집계하고 싶은 경우 만족도를 5단계로 평가했을 때 5단계 평가의 평균을 구하는 행위는 해석이 어렵습니다. 이 경우 불만이 있다고 대답한 사용자의 비율을 집계하는 편이 해석하기 쉽습니다.

방향성은 해당 변수가 개선되었을 때 비즈니스 목표가 달성되는가를 나타냅니다. 예를 들어 뉴스 애플리케이션에서 사용자 참여user engagement 향상을 목적으로 하는 기능을 테스트할 때 어떤 한 기능의 클릭률이 향상돼도 전체 클릭률이 저하된다면 목적을 달성했다고 할 수 없습니다.

지금까지 대표적인 개념에 관해 설명했으며 A/B 테스트에 관해 더 자세히 알고 싶다면 『A/B テスト実践ガイド(A/B 테스트 실전 가이드)』(KADOKAWA, 2021)를 참고하기 바랍니다.

7.3.2 인터리빙

온라인 평가의 또 다른 방법으로 **인터리빙**interleaving이 있습니다. A/B 테스트에서는 테스트 대상의 수만큼 사용자 그룹을 나눠야 합니다. 결국 테스트 대상이 늘어남에 따라 테스트 사용자 수도 선형적으로 늘어나 평가 효율이 문제될 수 있습니다.

인터리빙은 순위 평가에서 A/B 테스트보다 10배~100배 더 효율적인 방법으로 알려져 있습니다. 인터리빙은 평가 시 A/B 테스트처럼 사용자 그룹을 나누지 않습니다. 그 대신 평가 대상의 각 순위를 하나의 순위로 섞어 사용자에게 제시합니다. 뒤섞인 순위에 대한 클릭으로 원래 순위끼리 평가합니다.[6][7]

2개의 순위를 섞어 평가하는 방법을 인터리빙이라고 하고 3개 이상의 순위를 섞어 평가하는 방법을 **멀티리빙**multileaving이라고 합니다. 멀티리빙은 많은 모델이나 파라미터를 동시에 테스트하고 싶을 때 A/B 테스트 실시 전 테스트 대상의 필터링에 사용되기도 합니다.

---

[6] O. Chapelle, T. Joachims, F. Radlinski, and Y. Yue, "Large-scale validation and analysis of interleaved search evaluation," ACM Transactions on Information Systems(TOIS).

[7] A. Schuth, F. Sietsma, S. Whiteson, D. Lefortier, and M. de Rijke, "Multileaved comparisons for fast online evaluation," In Proceedings of the 23rd ACM International Conference on Conference on Information and Knowledge Management.

인터리빙의 각 방법은 순위를 섞는 방법과 사용자의 클릭을 집계하는 종류에 따라 다양합니다.
대표적인 인터리빙(멀티리빙) 방법의 특징은 다음과 같습니다.[8]

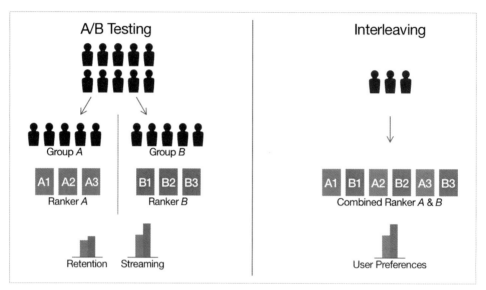

그림 7-7 A/B 테스트와 인터리빙(출처: netflixtechblog.com)

Team Draft Multileaving(TDM)

2개의 검토 결과를 선택할 때마다 선공/후공을 무작위로 결정하면서 양 순위에서 하나씩 아직
사용되지 않은 검색 결과를 상위부터 순서대로 선택합니다.

Probabilistic Multileaving(PM)

가능한 한 각 순위 안의 검토 결과 순서를 유지하면서 상대적으로 낮은 확률로 임의의 순서에
서 검토 결과를 선택하도록 허용합니다.

Optimized Multileaving(OM)

먼저 출력 후보가 되는 순위를 다수 준비합니다. 그리고 최적화 문제를 풀어냄으로써 출력 후
보의 순위 출력 확률을 조정합니다.

----

8 https://qiita.com/mpkato/items/99bd55cc17387844fd62(일본어)

Pairwise Preference Multileaving(PPM)

속도가 빠르면서도 Considerateness, Fidelity라는 이론적 보증이 가능한 방법입니다. Considerateness는 '섞어서 만든 순위는 원래의 입력 순위보다 품질이 나쁘지 않다'는 성질을 말하는데 이를 바꿔 말하면 Considerateness는 테스트 시 입력 순위 이상으로는 사용자 만족도를 저하시키지 않는다는 것을 보증한다는 의미입니다. Fidelity는 '무작위로 클릭을 부여한 경우 모든 순위 점수의 기댓값이 같아지고' 동시에 '보다 우수한 순위 점수의 기댓값은 더 높아진다'는 성질을 나타냅니다. Considerateness, Fidelity 관점에서 각 방법을 비교하면 다음과 같습니다.

표 7-7 대표적인 인터리빙 방법의 장단점

	Considerateness	Fidelity	구현 용이성
TDM	○		○
PM		○	○
OM	○		
PPM	○	○	

PPM은 속도가 빠르면서도 이론적으로 보증하는 한편 구현이나 집계가 상당히 복잡하므로 먼저 인터리빙을 시험할 때는 TDM부터 도입하는 것을 권장합니다. TDM은 구현과 집계가 용이합니다. 인터리빙의 각 방법을 구현한 예에 대해 참고할 수 있는 깃 저장소가 있습니다.[9]

인터리빙은 평가가 효율적이지만 UI 등은 평가할 수 없습니다. 또한 A/B 테스트에 비해 구현 비용이 상당히 높습니다. A/B 테스트와 인터리빙의 장단점은 다음과 같습니다.

표 7-8 A/B 테스트와 인터리빙의 장단점

	A/B 테스트	인터리빙
평가 대상	추천 모델, UI 포함	추천 모델을 사용해 생성한 순위
평가 효율	많은 사용자가 필요	적은 사용자로 평가 가능
구현 비용	낮음	높음

이렇게 인터리빙에도 장점과 단점이 있으므로 구현할 테스트의 내용에 따라 사용을 검토해야 합니다.

---

9 https://github.com/mpkato/interleaving/

7.4 사용자 스터디를 통한 평가

지금까지 오프라인과 온라인에서의 추천 시스템 평가 방법에 관해 소개했습니다. 그러나 이 지표들은 사용자 만족도에 관해 '실제로 사용자가 추천 시스템을 어떻게 느끼고 있는가'와 같이 서비스에 있어서 중요한 관점이 부족합니다. 그래서 사용자에게 직접 인터뷰나 설문 조사를 실시하는 사용자 스터디를 통해 추천 시스템이 사용자에게 어떤 느낌을 주는지에 관한 정성적인 시사점을 얻을 수 있습니다.

7.4.1 조사 설계

여기서는 사용자 스터디를 설계할 때의 포인트가 무엇인지 알아보겠습니다.[10]

참가자 선정

사용자 스터디의 대상은 기본적으로 가급적 실제 사용자에 가까운 사람을 선택하는 것이 좋습니다. 예를 들어 어떤 전자상거래 사이트 추천 시스템의 사용자 스터디를 할 때는 가능한 한 그 전자상거래 사이트를 이용하고 있는 사용자 또는 다른 전자상거래 사이트를 자주 이용하는 사용자를 대상으로 하는 것이 좋습니다. 일반 사용자가 아닌 개발자를 조사하면 자사 서비스에 부족한 기능이나 화면 개선점 등이 파악되는 경우도 있습니다.

다양한 유형의 사용자를 대상으로 식견을 얻고 싶을 때는 다음과 같은 항목에 따라 대상자를 모아볼 수 있습니다.

- 테스트 대상의 전문 지식 수준(초급, 중급, 상급)
- 서비스 사용 빈도(서비스의 합계 사용 횟수, 특정 기간의 사용 횟수)
- 사용자 속성 정보(성별, 나이, 거주 지역, 가족 구성 등)

사용자 스터디의 중요한 관점 중 하나로 샘플을 통해 얻어진 결과를 모집단에도 적용할 수 있다는 점이 있습니다. 여기서 모집단이란 사용자 스터디를 통해 식견을 얻고자 하는 전체 대상 사용자이며 사용자 스터디에서는 모집단 중 일부 사용자를 무언가의 방법으로 샘플링합니다. 샘플링 방법 또한 다양하며 평가 목적에 따라 적절한 샘플링을 수행해야 합니다. 대표적인 샘플링 방법은 다음과 같습니다.

---

10 『ユーザーエクスペリエンスの測定: UXメトリクスの理論と実践(사용자 경험 측정: UX 지표의 이론과 실전)』(東京電機大学出版局, 2014)

- **단순 무작위 추출법**: 모집단에 포함된 사용자를 무작위로 추출하는 방법. 다시 말해 모집단에 포함된 모든 사용자는 같은 확률로 추출된다.
- **계통적 추출법**: 모집단에 포함된 사용자에게 번호를 붙여 첫 번째 조사 대상 사용자를 무작위로 선택하고, 두 번째 이후의 사용자를 사용자에게 부여한 번호에 대해 일정 간격을 두어 추출하는 방법
- **층화 추출법**: 이미 알고 있는 모집단의 정보(나이, 성별 등)를 사용해 몇 개의 층을 만들고 그 층에 대해 필요한 샘플 수를 얻을 때까지 무작위로 추출하는 방법
- **임의 추출법**: 조사에 참가하고 싶은 사람에게 참가하도록 하는 방법. 예를 들어 대상 사용자를 광고로 모집하거나 과거 테스트 참가자 목록을 사용해 참가하도록 요청한다. 임의로 추출한 사용자가 얼마나 모집단을 반영하고 있는지 이해하고 조사 결과에 어느 정도 편차가 발생하는지 파악해야 한다.

참가자 수

사용자 스터디의 참가자 수는 조사 목적과 오차 허용 정도에 따라 결정됩니다. 예를 들어 사용성^{usuability}에 관한 오류를 발견하는 것이 목적이라면 5명 정도의 사용자가 80% 이상의 문제를 발견할 수 있다는 주장이 있습니다.[11] 한편 시스템의 다양한 측면에 대한 피드백을 얻고자 할 때나 조사 태스크가 매우 많은 경우에는 소수의 의견을 누락시키지 않기 위해 가급적 많은 사람들을 조사해야 합니다. 일반적으로 시스템 초기 단계에서는 소수의 참가자를 모아 비교적 중요한 문제를 발견하고 시스템이 완성에 가까워지면 더 많은 참가자를 모아 남아 있는 작은 문제를 발견하는 것이 이상적인 사용자 스터디 활용 방법입니다.

오차 허용 정도란 얻어진 결과가 얼마나 확실해야 하는가를 나타내는 관점입니다. 얻어진 결과의 오차를 예상하는 방법은 통계량에 대한 신뢰 구간을 그리거나 통계적 검정을 수행하는 것입니다. 그리고 조사 목적에 따라 오차 허용 정도도 자연히 달라집니다.

조사 시점

사용자 스터디를 수행하는 시점은 다양하게 고려할 수 있습니다. 스타트업 등에서 신규 서비스 수요를 미리 예측하는 경우 서비스 기능을 최소한으로 구현한 후 또는 서비스의 전체 기능이 완성된 후 등을 들 수 있습니다. 규모가 큰 기업의 성숙하다고 생각되는 서비스에서 대해서도 1년에 1회 정도는 정성적인 사용자 조사를 수행하는 것이 좋습니다. 이것은 단기적인 개선 이니셔티브를 다양하게 시행한 결과, 눈치채지 못한 사이에 서비스 전체의 사용자 만족도가 낮은 상품으로 바뀌어 버리는 경우가 많기 때문입니다.

----

11 https://www.nngroup.com/articles/why-you-only-need-to-test-with-5-users/

예를 들어 규모가 큰 기업에서는 각 기능별로 팀이 있어 각각의 팀이 독립적으로 부분적인 최적화를 수행한 결과 전체적으로 사용자가 사용하기 어려운 서비스로 바뀌기도 합니다. 또한 시간이 지나면서 사용자의 서비스에 대한 만족도가 바뀌기도 합니다. 이런 현상들을 감지하기 위해 정성적인 설문을 함으로써 전체적으로 사용자 만족도가 좋은 상태를 유지하고 있는지 확인할 수 있습니다.

피험자 내 측정/피험자 간 측정

사용자 스터디 데이터를 모으는 방법으로는 참가자별로 여러 개 얻은 데이터를 비교하는 피험자 내 측정이 있고 특정 참가자의 데이터를 다른 참가자의 데이터와 비교하는 피험자 간 측정이 있습니다.

피험자 내 측정은 참가자 사이의 특성 차이를 고려할 필요가 없어 비교적 소규모 샘플로도 충분한 경우가 많습니다. 그러나 참가자가 여러 평가를 순서대로 수행하기 때문에 평가 과정에서 학습이 진행되거나 피로에 따라 수행 능력 및 감각이 달라지기도 합니다. 이런 효과를 **캐리 오버 효과**carry over effect라고 부릅니다. 이 캐리 오버 효과를 줄이는 방법으로 **카운터 밸런스**counter balance 가 있습니다. 가장 단순한 카운터 밸런스 방법은 각 참가자가 태스크를 수행하기 전에 태스크의 순서를 무작위로 뒤섞는 것입니다. 이를 통해 특정 평가가 항상 특정한 순서로 대답되는 것처럼 순서로 인해 발생하는 영향을 피험자 전체 관점에서 줄일 수 있습니다.

피험자 간 측정은 참가자를 나이 또는 성숙도에 따라 측정하는 방법입니다. 일반적으로 같은 피험자 안의 데이터보다 다른 참가자 사이의 데이터를 비교할 때 분산이 커지므로 큰 크기의 샘플이 필요합니다. 피험자 간 측정은 캐리 오버 효과가 작다는 장점이 있습니다.

7.4.2 설문 조사 예

이번에는 설문 조사를 통해 사용자 중심으로 평가를 수행하는 프레임워크 **ResQue**[12]를 소개합니다. [그림 7-8]은 평가 프레임워크의 전체 이미지를 나타낸 것입니다. 대항목이 4개이며 각각 다음과 같이 분류됩니다.

---

12 PearlPu, Li Chen, and Rong Hu, "A user-centric evaluation framework for recommender systems," In Proceedings of the 5th ACM Conference on Recommender Systems, 157-164 (2011).

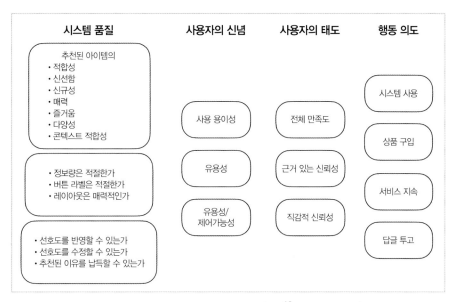

그림 7-8 사용자 중심 평가 프레임워크 ResQue의 전체 이미지(논문[13]을 참조해서 작성)

- **시스템 품질**: 사용자가 시스템 품질을 어떻게 느꼈는가?
- **사용자의 신념**: 사용 용이성 등 시스템 품질의 결과로 얻어진 사용자의 신념
- **사용자의 태도**: 신뢰도나 만족도 같은 사용자의 주관적인 시스템에 대한 태도
- **행동 의도**: 사용자가 일으킨 행동

사용 용이성이나 만족도 등 사용자 경험에 관한 질문이 중심이며 서비스의 로그 데이터에서는 발견하지 못했던 추천 시스템을 포함하여 서비스 전체에 대한 시사점을 얻을 수 있습니다.

설문 조사 답변자는 다음 각 질문 항목별로 1(전혀 찬성하지 않는다)에서 5(강하게 찬성한다)까지의 척도로 대답합니다.

1. 시스템 품질
   a. 적합성
      i. 추천된 아이템에 흥미를 느낀다.
   b. 신선함
      i. 추천된 아이템은 새로우며 흥미롭다.
   c. 다양성
      i. 추천된 아이템에는 다양성이 있다.

13 PearlPu, Li Chen, and Rong Hu, "A user-centric evaluation framework for recommender systems," In Proceedings of the 5th ACM Conference on Recommender Systems, 157–164 (2011).

2. 사용자의 신념

    a. 추천 시스템의 인터페이스 레이아웃은 매력적이며 충분하다.

    b. 추천 시스템은 나에게 이상적인 아이템을 찾는 것을 효과적으로 도왔다.

3. 사용자의 태도

    a. 추천 시스템에 전체적으로 만족한다.

    b. 추천된 아이템은 납득할 수 있다.

    c. 추천된 아이템을 좋아하게 될 것이라 확신한다.

4. 행동 의도

    a. 지속성과 빈도

        i. 추천 시스템을 다시 사용하고 싶다.

    b. 주변에 추천

        i. 이 추천 시스템을 주변에 소개하고 싶다.

보다 세세한 설문 조사 항목을 사용하고 싶을 때는 원래의 논문[14]을 참조하기 바랍니다. 추천 시스템 평가에서는 예측 정밀도에만 집중하는 바람에 추천 시스템을 포함하여 서비스 전체에서 사용자 만족도를 향상시킨다는 관점을 잃기 쉽습니다. 물론 예측 정밀도도 중요하지만 인터페이스에 추천 이유를 표시하는 등 정밀도 외의 요소를 개선하는 쪽이 큰 효과를 가져올 수 있습니다. 이렇게 추천 시스템의 정밀도만으로는 평가할 수 없는 영역 특히 추천 시스템에 관한 사용자 경험 및 추천 시스템과 관련된 주변 사양에 관한 문제를 발견하기 위해 사용자 스터디를 활용합니다.

7.5 정리

이번 장에서는 추천 시스템의 평가와 관련된 주제를 소개했습니다. 오프라인 평가와 온라인 평가, 사용자 스터디는 각각의 역할과 한계를 갖고 있습니다.

'1개의 정확한 측정이 1000명의 전문가 의견보다 가치가 있다(그레이스 호퍼^{Grace Hopper})'라는 말에서도 알 수 있는 것처럼 추천 시스템 개선도 정확한 지표 측정에서 시작됩니다. 평가라고 하면 따분하게 느낄 수도 있지만 추천 시스템의 성숙도에 대해 적절한 평가를 수행하는 것이 서비스의 성장 속도 향상과 건전한 성장으로 이어집니다.

....

14 Pearl Pu, Li Chen, and Rong Hu, "A user-centric evaluation framework for recommender systems," In Proceedings of the 5th ACM Conference on Recommender Systems, 157–164 (2011).

CHAPTER 8

발전적 주제

이번 장에서는 다른 장에서 다루지 않았던 발전적인 주제들을 살펴보겠습니다.

8.1 국제회의

추천 시스템에 관련된 최근의 학술적 노력은 국제회의를 통해 확인할 수 있습니다.

ACM Conference on Recommender Systems(RecSys)는 추천 시스템과 관련된 화제를 다루는 대표적인 국제회의입니다. RecSys에는 조사 결과를 채록하는 연구 발표와 달리 기업 연구자나 개발자가 운용 중인 시스템에 대해 강연하는 인더스트리얼 세션이 있어 기업의 추천 시스템을 다루는 개발자에게도 유익한 정보가 많다는 특징이 있습니다. 또 RecSys에서는 워크숍이라는 형식으로 패션이나 뉴스, 음식 등 각 도메인에 특화된 추천에 관해 연구자나 개발자가 논의하는 장을 제공합니다. 여기서는 이론적인 연구뿐 아니라 실제 서비스에 응용하는 부분에 대해서도 논의가 이루어집니다. 그러므로 자사의 비즈니스 도메인에 가까운 워크숍을 조사하면 해당 도메인에서의 최신 화제를 확인할 수 있습니다.

추천 시스템에 관한 연구는 정보 검색이나 데이터 마이닝과 같은 다른 관련 영역에서 파생된 것이기 때문에 RecSys뿐 아니라 많은 학회에서도 다뤄지고 있습니다. 최근에는 많은 웹 서비스에서 추천 시스템이 활용되므로 추천 관련 주제는 여러 국제 학회에 걸쳐 늘어나는 추세입니다.

정보 검색 분야의 최고 컨퍼런스인 Special Interest Group on Information Retrieval (SIGIR)에서는 특히 추천에 관한 주제의 비율이 커지고 있습니다. 추천에 관한 주제를 다루는 다른 주요 국제 학회로는 데이터 마이닝 관련 Knowledge Discovery and Data Mining (KDD), Web Search and Data Mining(WSDM)이나 다양한 웹 기술에 관한 주제를 다루는 The Web Conference(이전 명칭: WWW) 등이 있습니다. 이 국제 학회들은 구글, 페이스북, 아마존을 시작으로 스포티파이, 넷플릭스 등 세계적인 기술 기업들이 스폰서로 참가하고 있어 업계에서도 크게 주목하고 있습니다.

8.2 편향

여기서는 추천 시스템에서 발생하는 편향bias의 문제점과 그 대응책에 관해 간단히 살펴보겠습니다.

앞에 나온 여러 장에서 소개한 것처럼 추천 시스템은 사용자의 과거 행동 로그를 수집하고 어떤 추천 모델에 따라 추천 아이템을 선정해 사용자에게 제시함으로써 새로운 사용자의 행동이 발생하는 프로세스를 갖습니다. 이 프로세스의 각 단계에서 선택 편향이나 인지도 편향 등 다양한 편향이 발생하는 것으로 알려져 있습니다(그림 8-1).

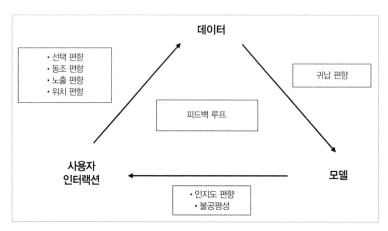

그림 8-1 추천 시스템의 피드백 그룹과 편향[1]

1 J. Chen, H. Dong, X. Wang, F. Feng, M. Wang, and X. He, "Bias and Debias in Recommender System: A Survey and Future Directions," arXiv preprint arXiv:2010.03240.

이 편향들에 적절하게 대처하지 않으면 오프라인 평가와 온라인 평가에 괴리가 발생하여 정밀도가 높은 모델을 프러덕션 환경에 투입할 수 없게 되거나 편향된 추천이 이루어져 사용자의 만족도와 신뢰성을 떨어뜨릴 수 있습니다. 또한 각 편향은 서로 독립된 것이 아니라 영향을 주기 때문에 편향이 계속 증가하게 됩니다.

이번 절에서는 추천 시스템에서 대표적인 편향의 개요와 대응책을 소개합니다.

8.2.1 선택 편향

선택 편향Selection Bias은 사용자가 모든 아이템에 평갓값을 부여하는 것이 아니라 자신의 기호에 따라 평가 대상을 선택하기 때문에 발생하는 편향입니다. 이로 인해 평갓값이 부여된 아이템이 한쪽으로 치우쳐 평갓값 분포가 왜곡됩니다.

다시 말해 많은 평갓값 데이터는 무작위로 선택된 아이템에 대한 평갓값이 아닙니다. 이 무작위 데이터가 결손된 상태를 특히 Missing Not At Random(MNAR)이라고 합니다.

이에 대한 대책은 다음과 같습니다.

- Data imputation: 결손된 사용자의 아이템에 대한 평갓값을 예측해서 채운다.
- 경향 점수 활용: 아이템의 평갓값이 부여될 확률의 경향 점수를 사용해 아이템별 평갓값의 분포 왜곡을 보정한다(무작위로 관측된 상황에 가까워진다).

8.2.2 동조 편향

동조 편향Conformity Bias은 다른 사용자가 부여한 평갓값의 영향을 받아 자신이 부여하는 평갓값이 바뀌는 편향입니다. 그러므로 사용자가 부여한 평갓값이 반드시 본인의 기호를 반영했다고 단정할 수 없습니다.

이에 대한 대책은 다음과 같습니다.

- 아이템의 평갓값을 인기도에 따라 보정한다.
- 학습하거나 예측할 때 사용자의 선호도, 사용자의 평갓값 부여 상황 등 사용자 자신의 특징을 알 수 있는 보조 정보를 사용한다.

8.2.3 노출 편향

노출 편향Exposure Bias은 사용자에게 표시되는 아이템이 추천 후보 아이템 중 일부인 것에 기인한 편향입니다. 사용자가 아이템에 대해 어떤 행동을 보이지 않는다는 것이 그 아이템을 좋아하지 않는다는 것은 아니므로 평가나 학습 모델을 구축할 때 주의해야 합니다.

이에 대한 대책은 다음과 같습니다.

- 평가를 위한 대책: 아이템을 추천하는 확률의 경향 점수를 사용해 평가 지표에 가중치를 부여한다.
- 학습을 위한 대책: 서비스에 대한 도메인 지식 등을 구사해 휴리스틱Heuristic으로 학습 손실에 가중치를 부여한다. 사용자나 아이템의 보조 정보 등을 활용해 휴리스틱으로 다운 샘플링한다.

8.2.4 위치 편향

위치 편향Position Bias은 사용자가 상위 순위의 아이템에 더 많은 행동을 보이는 편향입니다. 그러나 상위 순위의 아이템에 대한 행동만이 사용자에게 적합한 아이템임을 의미하지는 않습니다.

이에 대한 대책은 다음과 같습니다.

- 클릭 모델이라 불리며 정보 검색 분야에서 사용되는 사용자의 클릭에 관한 행동 모델링을 활용한다.
- 순위에서 위치와 관련된 아이템의 표시 확률에 관한 경향 점수를 활용해 보정한다. 이 표시 확률을 산출할 때는 아이템을 사용자에게 무작위로 표출시키는 결과 무작위화Result Randomization가 단순하면서도 효과적인 것으로 알려져 있다(결과 무작위화는 사용자에게 흥미가 없는 아이템을 추천함으로써 만족도를 낮추는 악영향도 있다는 데 주의해야 한다).

8.2.5 인지도 편향

인지도 편향Popularity Bias은 인기 아이템이 다른 아이템에 비해 추천될 기회가 많아지는 편향입니다.

이에 대한 대책은 다음과 같습니다.

- 학습에 인지도 편향에 관한 정규화항을 삽입한다.
- 니치niche한 아이템의 추천 기회를 늘리는 것을 목적으로 하여 학습을 수행한다.

8.2.6 불공평성

불공평성Unfairness은 다른 집단에 비해 특정 개인이나 개인 그룹이 유리해지거나 불리해지도록 부당하게 구분하는 편향입니다. 예를 들어 이제까지 단기간 근무하는 일에 여성이 남성보다 취업을 많이 했다는 이유로 이후에도 구인 관련 추천 시스템에서 여성에게 단기간 근무하는 일을 계속 추천하는 경우를 들 수 있습니다.

이에 대한 대책은 다음과 같습니다.

- 학습 데이터 라벨이나 추천 결과의 다양성에 대한 균형을 조정한다.
- 학습에 공평성의 기준에 관한 항목을 삽입한다.
- 인종이나 성별 등 민감한 속성은 가능한 한 사용하지 않도록 학습한다.

8.2.7 피드백 루프에 의한 편향 증폭

추천 시스템의 각 프로세스에서 편향은 서로 영향을 미치며 편향을 증폭시키기도 합니다.

이에 대한 대책은 다음과 같습니다.

- 추천 대상 아이템의 일부를 무작위로 선택함으로써 편향 루프를 줄인다.
- 강화 학습 프레임워크를 활용해 효율적으로 편향이 없는 아이템 탐색을 사용자에게 수행하도록 함으로써 편향을 줄인다.

이상과 같이 편향은 추천 시스템의 여러 곳에 존재하며 다양한 대책들이 고안되고 있습니다.

8.3 상호 추천 시스템

기존의 일반적인 추천 시스템은 예를 들어 아마존 등 전자상거래 서비스나 넷플릭스 등 동영상 스트리밍 서비스와 같이 상품이나 동영상 같은 아이템을 서비스 사용자에게 일반적으로 추천하는 **Item-to-User** 형식 서비스의 추천 시스템을 가리킵니다. 한편 틴더Tinder나 페어즈Pairs 등의 온라인 데이팅 서비스, 원티들리Wantedly나 링크드인LinkedIn 같은 비즈니스 SNS, 일자리 매칭 서비스와 같이 서비스 내의 사용자를 상호 추천하는 **User-to-User** 형식 서비스에서의 추천 시스템을 **상호 추천 시스템**Reciprocal Recommender Systems이라고 합니다(그림 8-2).

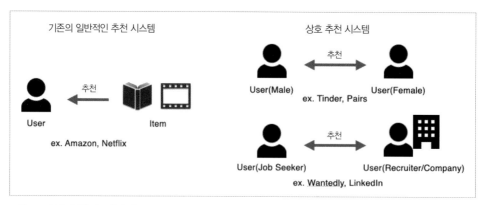

그림 8-2 상호 추천 시스템의 개요

상호 추천 시스템의 가장 큰 특징은 해당 시스템에서의 추천 성공 여부 기준입니다. 기존의 Item-to-User 같은 추천 시스템의 경우 사용자가 서비스상에서 추천된 아이템이 마음에 들어 구입하는 등 액션을 취한 시점에서 해당 추천은 '성공'한 것이 됩니다. 아이템 측이 마음에 들지 않는 사용자에게 구입되는 것을 거부하는 일은 거의 없을 것입니다.

한편 User-to-User 같은 추천 시스템에서는 한쪽 사용자가 서비스상에서 추천받은 상대 사용자를 마음에 들어 해서 '좋아요'를 보내거나 구인 공고에 대해 응모하는 행동을 취한다고 해도 상대 사용자가 해당 사용자를 마음에 들어 해서 '좋아요'를 보내거나 응모에 대해 인터뷰 일정을 조정하는 메시지를 보내는 등의 행동을 하지 않으면 추천받은 사용자는 서비스를 이용한다는 목적을 달성할 수 없습니다. 즉, 추천을 받는 사용자와 추천된 사용자의 기호가 서로 일치해야 비로소 추천이 '성공'한 것으로 된다는 점이 상호 추천 시스템의 가장 큰 특징입니다(그림 8-3).

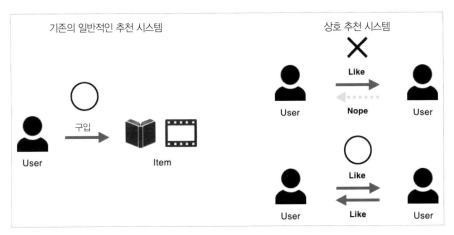

그림 8-3 상호 추천 시스템에서 추천 '성공'의 정의

8.3.1 기존 추천 시스템과 상호 추천 시스템 비교

그 외에도 기존 추천 시스템과 상호 추천 시스템은 몇 가지 흥미로운 차이점을 갖고 있습니다. 루이스 피짜토$^{Luiz Pizzato}$와 동료들은 이 2개의 추천 시스템을 여러 관점에서 비교했습니다.[2] 그 중 몇 가지 주제를 골라 살펴보겠습니다.

서비스 내 사용자의 역할

기존의 추천 시스템 서비스에서는 사용자가 능동적으로 아이템을 찾으며 마음에 드는 것이 있으면 구입하는 등 아이템에 대해 긍정적인 행동 및 호의를 나타냅니다. 아이템이 사용자에게 호의를 전달하거나 할 수는 없습니다. 즉, 사용자는 항상 호의를 보내는 입장이고 아이템은 그 호의를 받는 입장이 됩니다. 하지만 상호 추천 시스템 서비스에서 사용자는 상황에 따라 호의를 주거나 받습니다. 어떤 사용자가 다른 사용자의 추천을 받았을 경우 추천받은 사용자가 자신이 추천한 것을 마음에 들어 할지 고려한 후 해당 사용자에게 흥미가 있을 때 전달할지 말지를 보내는 편에서 결정합니다. 한편 어떤 사용자로부터 호의나 흥미가 있다고 전달 받은 사용자는 받는 입장이 되며 보내는 입장의 사용자가 자신에게 흥미를 갖고 있다는 것을 이미 알고

2 Luiz Pizzato, Tomasz Rej, Joshua Akehurst, Irena Koprinska, Kalina Yacef, and Judy Kay, "Recommending people to people: the nature of reciprocal recommenders with a case study in online dating," User Model User–Adap Inter (2013) 23: 447.

있으므로 단순히 자신의 기호만 고려하여 해당 사용자에게 흥미가 있다고 전달할지 말지를 결정할 수 있습니다.

서비스상의 사용자 프로필이나 선호에 관한 정보

기존의 추천 시스템 서비스에서는 보통 명시적인 사용자 프로필 정보는 필수가 아니며 굳이 자신이 선호하는 아이템에 관해 자세한 정보를 서비스 쪽에 제공하는 사용자가 많지 않습니다. 더욱이 사용자 자신이 무엇을 필요로 하는지, 원하는 것이 무엇인지 모르는 경우도 있습니다. 따라서 사용자가 명시적으로 제공하는 자신의 프로필이나 선호도에 관한 정보만으로는 제대로 추천할 수 없습니다. 또한 정보 제공을 사용자에게 강제하는 것 또한 서비스로서 바람직하지 않습니다.

한편 상호 추천 시스템의 서비스에서는 사용자가 자신의 프로필이나 선호도 등과 같은 사용자 정보를 적극적으로 자세히 제공하는 경향이 있습니다. 단, 사용자는 자신을 더 매력적으로 보이게 하기 위해 스스로 깨닫지 못한 경우를 포함하여 올바르지 않은 정보를 제공할 수 있으므로 이 점에 주의해야 합니다. 자신의 선호도에 관해서도 스스로 깨닫지 못한 경우를 포함하여 실제 선호도를 제공한다고 단정할 수 없습니다. 예를 들어 데이팅 서비스에서 성격이 중요하다고 기입했지만 사실은 용모나 나이를 가장 중요하게 생각하는 경우 등입니다.

사용자가 명시적으로 제공하는 프로필이나 선호도 관련 정보와 사용자의 실제 선호도 사이에 차이가 있음을 이해한 상태에서 시스템을 설계하는 것은 중요합니다. 서비스를 사용하면서 암묵적으로 얻어진 사용자의 선호도에 관한 정보를 활용하면 어느 정도 사용자의 실제 선호도에 관해 추정할 수 있습니다. 그렇게 하여 사용자에게 프로필 정보 정정을 요청하거나 사용자가 스스로 알지 못하는 진짜 선호도에 관해 깨닫게 할 수 있습니다.

성능 평가와 성공 기준

기존 추천 시스템의 성능 평가에서는 서비스상에서 아이템을 추천받은 사용자에게만 주목하여 실제로 사용자가 아이템을 구입한 상황에서의 정답률 등의 척도로 평가하는 경우가 많았습니다. 한편 상호 추천 시스템에서는 성능 평가를 3가지 관점으로 생각할 수 있습니다. 가장 먼저 서비스로부터 다른 사용자를 추천받아 호의를 보내는 측이 되는 사용자에게 주목하면 추천된 다른 사용자 중 호의를 보낸 사용자가 얼마나 되는가 하는 관점에서 성능을 평가할 수 있습니다. 다음으로 보내는 측에서 호의를 전달 받은 사용자에게 주목하면 받은 호의에 대해 얼만

큼의 비율로 호의를 되돌려주었는가 하는 관점에서 생각할 수 있습니다. 마지막으로 서비스 내의 사용자 추천 결과 어느 정도의 사용자가 서로 호의를 보냈고 최종적으로 매칭이 성립되었는가 하는 관점에서도 성능 평가를 고려할 수 있습니다.

추천 정밀도 보완에 관해서도 그 필요성이나 사용자로부터의 기댓값이 기존 추천 시스템과 상호 추천 시스템에서 다릅니다. 전자의 경우 어느 정도 추천 정밀도가 나빠도(물론 나쁜 경험에는 변함이 없지만) 사용자는 서비스상에서 아이템을 구입하지 않겠다고 판단할 뿐입니다. 또 다양하게 좋은 아이템을 추천받고 싶다고 생각하기 때문에 다소 좋지 않은 것이라도 받아들이는(구입하는) 경우가 있습니다. 한편 상호 추천 시스템의 경우 호의를 보내는 측에서는 매력적이지만 받아들이는 측이 매력적이게 느끼지 않는 추천이 많아지면 보내는 측은 몇 번이나 받는 측에 거절당하는 나쁜 경험을 하게 됩니다. 서비스 특성상 사용자는 정말로 자신에게 맞는 소수(또는 단 1명)의 사용자를 찾고 있습니다. 그런 상황에서 낮은 정밀도로 추천하면 사용자가 받아들이지 않을 것입니다.

지금까지 상호 추천 시스템의 개요와 함께 기존 추천 시스템과 비교했을 때의 특징에 대해 간단히 살펴봤습니다. 상호 추천 시스템은 최근 그 주목도가 커지고 있지만 다루는 서비스가 온라인 데이팅 서비스나 구인 서비스 등 비교적 민감한 특성을 가진 것이 많기 때문인지 실제 데이터를 사용해 구현하는 연구나 실제 서비스에서의 응용 사례 등이 공개되어 있지 않은 것 같습니다. 그러나 민감하면서도 사람의 인생에 크게 영향을 미치는 주제이므로 연구나 응용이 적절하게 진행되어 많은 사람이 공평하게 그 이익을 누릴 수 있게 되기를 바랍니다.

8.4 업리프트 모델링

기존 전자상거래 사이트의 많은 추천 모델들은 추천을 경유해 상품이 구입되는 정밀도를 최대화하는 것을 목적으로 했습니다. 하지만 추천 경유로 상품을 구입하는 것을 최대화하는 모델을 작성할 때 '추천하지 않아도 구입하는 상품을 추천하는 것'이 겉으로 보기에 추천 경유의 상품 구매 증가로 이어지는 경우가 있습니다. 예를 들어 생수와 같은 생필품은 사용자가 정기적으로 구입할 것이라고 생각할 수 있으며 생수를 추천하는 것이 겉으로 보기에 추천을 경유하여 구매가 증가한 것으로 보이기도 합니다.

업리프트uplift는 '추천된 후 처음으로 구입이 증가했다'는 상황을 파악하기 위한 개념입니다. 업리프트라는 관점에서 봤을 때 상품 구입 패턴은 다음과 같이 분류할 수 있습니다.[3]

- **True Uplift(TU)** : 추천하면 구입하며 추천하지 않으면 구입하지 않는다.
- **False Uplift(FU)** : 추천 여부에 관계없이 구입한다.
- **True Drop(TD)** : 추천하지 않으면 구입하며 추천하면 구입하지 않는다.
- **False Drop(FD)** : 추천 여부에 관계없이 구입하지 않는다.

업리프트 평가 지표에 대한 기본적인 사고 방식은 다음과 같습니다.

$$\text{Uplift Score} = \text{추천 시 평균 구입 확률} - \text{비추천 시 평균 구입 확률}$$

또한 추천했을 때의 구입 평균 확률이나 추천하지 않았을 때의 구입 평균 확률을 어떤 추천 모델의 출력으로부터 얻어지는 로그로 측정하면 추천 모델 출력의 치우침에 따라 진짜 평균 확률(무작위로 상품을 추천하는 모델에 따라 얻어지는 로그에서 측정한 값)에서 벗어난 값을 얻게 됩니다. 따라서 인과 추론 프레임인 경향 점수(각 사용자에 대해 각 상품이 추천되는 확률)를 사용해 값을 보정하도록 대책을 세울 수 있습니다.

업리프트에서 최종 목표는 UT의 비율을 높이는 것입니다. 하지만 TU, FU, TD, FD는 실제로 관측할 수 없으며 실제 학습 라벨에 무엇을 입력해야 하는지 명확하지 않습니다. 그래서 관측할 수 있는 '추천 수행 여부', '구입 발생 여부'라는 2개의 축으로 각 라벨에 해당하는 값을 다음과 같이 세분화합니다.

- **R-P(Recommend-Purchase)** : 추천해서 구입이 발생한 경우. TU, FU가 존재한다.
- **R-NP(Recommend-Not Purchase)** : 추천했으나 구입이 발생하지 않은 경우. TD, FD가 존재한다.
- **NR-P(Not Recommend-Purchase)** : 추천하지 않았으나 구입이 발생한 경우. FU, TD가 존재한다.
- **NR-NP(NotRecommend-Not Purchase)** : 추천하지 않았고 구입이 발생하지 않은 경우. TU, FD가 존재한다.

R-P, R-NP, NR-P, NR-NP라는 클래스에 맞춰 학습 라벨의 +, -(정부)를 부여합니다. 평소의 구입 확률을 최대화하는 모델에서 + 라벨은 구입이 발생한 R-P와 NR-P를 생각할 수 있습니다. 한편 업리프트를 최대화하는 경우는 TU를 포함한 클래스인 R-P와 NR-NP를 + 라벨로 생각할 수 있습니다. 여기서 NR-NP 데이터는 다른 클래스의 데이터에 비해 매우 많으

---

3 Masahiro Sato, Janmajay Singh, Sho Takemori, Takashi Sonoda, Qian Zhang, and Tomoko Ohkuma, "Uplift-based evaluation and optimization of recommenders," RecSys2019.

므로 학습이 잘 되지 않을 우려가 있습니다. 그래서 NR-NP 데이터로부터 샘플링하는 확률을 줄인 상태에서 학습을 수행하는 방법 등을 생각할 수 있습니다.

추천 시스템 도입 시에는 목적에 맞는 모델 평가와 학습이 중요합니다. 업리프트는 단순히 클릭이나 구입 확률을 최적화하는 기존 사고 방식과 달리 추천 시스템에 의해 처음 발생한 효과를 측정해서 사용자에게 전달하는 방식입니다.

8.5 도메인에 따른 특징과 과제

이번 절에서는 추천 시스템에 있어서 음악이나 패션과 같은 도메인 특유의 특징이나 과제에 관해 살펴보겠습니다.

8.5.1 음악 추천

최근 20년 동안 음악을 듣는 방법 및 새로운 아티스트나 앨범을 찾는 방법이 크게 변했습니다. 현재는 수백만 곡 이상의 음악을 온라인 스트리밍 서비스에서 쉽게 들을 수 있습니다. 예를 들어 스포티파이를 비롯해 구글이나 아마존은 온라인에서 음악을 추천하는 기능을 제공하고 있으며 많은 사용자가 추천 시스템을 통해 음악을 듣고 있습니다.

음악 추천에는 다음과 같은 특징과 과제가 있습니다.[4]

끝없는 재생(Endless Play)

사용자는 하나의 음악을 끝까지 들었을 때 새로운 곡을 재생하고 싶어 합니다. 또 사용자는 몇 곡을 들을지 정해놓는 경우가 적습니다. 따라서 음악 재생은 사용자가 명시적으로 정지할 때까지 연속해서 재생해야 한다는 점이 다른 추천 도메인과 다른 특징입니다.

카탈로그 문제(Catalog Problem)

과거의 클래식 음악부터 최신 팝 음악까지 수천만에 이르는 음악이 추천 대상입니다. 예를 들

----

4 Shlomo Berkovsky, Ivan Cantador, Domonkos Tikk, "Collaborative Recommendations: Algorithms," Practical Challenges and Applications.

어 스포티파이에서는 2018년 3,500만 곡 이상이 추천 대상이었습니다. 그중 특정 장르에서는 최신 음악이 중요합니다. 게다가 추천하는 기업에서 모든 음악 정보를 만들 수는 없으므로 입고된 음악의 메타 데이터에 잘못된 정보나 누락이 포함되었을 수 있습니다. 따라서 데이터 정형에 큰 노력이 필요합니다.

사용자 선호도 반영

사용자가 만족할 수 있도록 음악을 추천하려면 사용자가 서비스를 사용하기 시작할 때 명시적으로 선호도 피드백을 남기면서 사용자의 행동 정보(건너뛰기 등)를 사용해 선호도를 파악하는 것이 중요합니다. 한편 한번 파악한 음악 선호도는 시간이 지나면서 크게 변할 수 있습니다. 특히 유소년기에서 청소년으로 성장할 때는 짧은 간격으로 음악에 대한 선호도가 완전히 달라질 수 있습니다. 그러므로 사용자의 선호도 변화를 빠르고 정확하게 찾아내는 것이 어려운 과제입니다.

반복되는 소비

사용자는 마음에 드는 음악을 몇 번이고 계속 재생하기도 합니다. 이런 현상은 생필품을 계속해서 구입하는 등 온라인 쇼핑에서 자주 발생합니다. 하지만 온라인 쇼핑 상품과 달리 어떤 음악이 언제 여러 차례 소비되는지 특정하는 것은 매우 어려우며 이것은 음악 특유의 과제라고 할 수 있습니다.

니치한 음악에 대한 수요

음악은 다른 추천 도메인의 상품(예를 들면 영화)보다 니치한 경우가 많다고 알려져 있습니다.[5] 따라서 인기곡만 추천하면 사용자 만족도를 떨어뜨릴 수 있습니다.

콘텍스트 의존성

사용자가 어떤 음악을 듣고 싶은지는 사용자의 기분, 날짜와 시간, 혼자 듣는가 혹은 여러 사람이 함께 듣는가와 같은 콘텍스트에 의존합니다. 그러므로 추천 시 사용자의 콘텍스트를 얼마나 파악하고 있는가 하는 부분은 추천한 음악을 사용자가 받아들일지의 여부에 큰 영향을 미칩니다.

---

5 C. Johnson, "Algorithmic Music Discovery at Spotify," https://de.slideshare.net/MrChrisJohnson/algorithmic-music-recommendations-at-spotify, (2014).

사회적 영향

어떤 음악을 듣는가는 사용자의 취미나 기호를 비롯해 사회적 환경에 의해서도 영향을 받습니다. 예를 들어 SNS에서 자신이 듣는 곡을 공유할 때는 다른 사람에게 어떻게 보이고 싶은가 하는 부분이 반영됩니다.

8.5.2 패션 추천

온라인 패션숍은 사용자가 여러 매장에 실제로 방문해 대기 시간 없이 많은 패션 상품을 찾고 구입할 수 있기 때문에 최근 인기를 얻고 있습니다. 그중에서도 특히 패션 상품을 추천하는 시스템은 이 분야의 다양한 문제를 해결하는 데 사용됩니다.

패션 추천에는 다음과 같은 특징과 과제가 있습니다.[6]

인플루언서를 경유하여 구입

예를 들어 최근 인스타그램Instagram 같은 SNS에서 패션 트렌드를 확인한 후 좋아하는 인플루언서와 같은 브랜드의 상품을 구입하는 기회가 늘고 있습니다. 또한 유명한 인플루언서뿐 아니라 수백~수천 명 정도의 팔로워를 가진 마이크로 인플루언서들의 영향을 받기도 합니다. 마이크로 인플루언서의 경우 일반 사용자에 더 가까운 감각을 갖고 있어 참고하기 쉽기 때문입니다. 하지만 사용자가 인플루언서를 통해 상품 구입 의도를 가진 후 실제로 구입에 도달하기까지는 과제가 있습니다. 예를 들면 예산, 체형 등의 이유로 상품을 구입할 수 없는 경우입니다.

유사 상품 구입

사용자가 좋아하는 비슷한 상품군에는 다른 브랜드의 상품을 포함해 수많은 상품이 있습니다. 따라서 상품 구입 이력만으로 얻은 데이터로는 이 수많은 양의 상품에 관해 다음에 구입할 상품과 구입하지 않을 상품을 구별하기 위한 정보가 부족합니다. 그래서 패션 추천에서는 콘텐츠 자체의 데이터를 최대한으로 활용하는 방법이 은밀하게 수행됩니다. 예를 들면 자연어 처리 기술을 활용해 설명문의 내용을 파악하거나 특히 컴퓨터 비전 기술을 사용해 상품 이미지로부터 착용감이나 상품의 분위기를 파악해 상품이나 사용자를 깊이 이해하는 구조입니다. 패션 상품

---

6 Shatha Jaradat, Nima Dokoohaki, Corona Pampin, Humberto Jesus and Reza Shirvany, "Second Workshop on Recommender Systems in Fashion –fashionXrecsys2020".

에 이미지 인식 기술이 적극적으로 활용되는 이유는 패션 상품의 경우 다른 추천 대상 도메인에 비해 상품 이미지 활용이 추천 정밀도에 크게 관여하기 때문이라는 점을 들 수 있습니다. 이런 상황에서 기업이 독자적으로 가진 패션 추천에 관한 데이터셋의 공개 수요가 높아지고 있습니다.

상품 크기나 착용감을 고려하여 상품 선택

사용자는 신발이나 옷을 신거나 입어보지 않고 구매해야 합니다. 게다가 실제로 상품이 배송되어 온라인숍에 착용감 등의 리뷰 및 피드백을 남길 때까지 시간 차가 발생합니다. 따라서 처음으로 온라인 숍을 방문하는 사용자에게는 적절한 크기나 착용감 있는 상품을 추천하기 어렵습니다. 브랜드에 따라 온라인숍에서 크기의 정의를 다르게 하는 경우가 있으며, 크기가 맞는지 아닌지에 대해서는 사용자마다 주관적인 감각이 다르기 때문입니다. 이 과제들로 인해 의류 상품의 1/3 이상이 올바른 크기의 상품을 주문하지 못했다는 보고가 있습니다.

8.5.3 뉴스 추천

최근 웹상에서 얻을 수 있는 정보가 폭발적으로 증가해 웹 사용자는 정보를 취사선택하기가 어려워졌습니다. 이때 뉴스 추천 시스템은 뉴스와 세상의 정보를 연결하는 역할을 합니다. 야후 Yahoo! 뉴스, 스마트뉴스SmartNews, 구노시Gunosy 등은 매일 수집하는 뉴스 중 누구에게나 가치가 있는 뉴스는 물론 사용자 취향에 맞는 뉴스를 포함하여 실시간으로 전달합니다.

뉴스 추천에는 다음과 같은 특징과 과제가 있습니다.[7]

콜드 스타트 문제

뉴스 전송 후보가 되는 기사는 매일 새롭게 누적됩니다. 사용자에게 한 번도 제시되지 않은 새로운 뉴스를 평가해 전송하거나 뉴스 서비스를 처음 방문하는 사용자에게 사용자 취향에 맞는 기사를 전송하기는 어렵습니다. 일반적으로 이 문제들은 콜드 스타트 문제라 불리며 다른 추천 도메인에서도 공통된 과제이지만 뉴스 서비스에서 특히 어려운 과제로 알려져 있습니다.

---

7 Ozlem Ozgobek, Jon Atle Gulla, Riza Cenk Erdur, "A Survey on Challenges and Methods in News Recommendation".

시의성

뉴스의 가치는 시간이 지나면서 달라집니다. 예를 들어 내일 비가 내린다는 뉴스와 과거 이 시즌에 비가 왔다는 뉴스에서 사용자가 느끼는 가치는 전혀 다릅니다. 그러므로 뉴스 서비스에서는 뉴스 정보 가치의 변화를 파악해 사용자에게 전송해야 합니다. 기본적으로는 새로운 뉴스의 가치를 높은 것으로 간주해 전송하는 대응 방식을 취하지만 주제나 사용자의 콘텍스트에 따라 오래된 정보에 가치가 있는 경우도 있으므로 뉴스에 따라 임기응변으로 대응해야 합니다.

구조화되지 않은 문서

콘텐츠의 내용을 깊이 이해할수록 제대로 추천할 수 있습니다. 하지만 뉴스 기사는 작성자에 따라 그 형식이 통일되지 않으며 문서가 의미적으로 종결되어 있지 않기도 합니다.[8]

중복 배제

뉴스 기사는 뉴스 작성자에 따라 기술 방법이 다릅니다. 따라서 추천 시스템은 같은 내용의 뉴스를 다른 뉴스로 파악하기도 합니다. 사용자 입장에서는 같은 내용을 다룬 뉴스를 몇 번이나 볼 필요가 없습니다. 뉴스 추천 시스템은 뉴스의 내용을 이해하고 사용자에게 기사를 전송할 때 내용 중복을 배제해야 합니다.

페이크 뉴스(fake news)나 클릭베이트(clickbait)[9]

뉴스는 사용자의 열람 수에 따라 대가를 받는 경우가 있습니다. 그러므로 사용자의 접촉 수를 늘리기 위해 허위 정보나 과장된 정보를 게재하는 뉴스들이 있습니다. 정보의 진위나 내용을 모두 정확하게 파악하는 것은 쉽지 않지만 뉴스 서비스는 정보의 품질을 담보할 책임을 갖습니다. 관련 용어로 디스인포메이션disinformation은 악의를 갖고 작성된 허위 정보를 의미합니다. 그리고 미스인포메이션misinformation은 확인 부족 등의 원인으로 악의를 갖지 않고 만들어진 정보를 나타냅니다. 클릭베이트는 작성자가 열람자의 주의를 끌기 위해 정보를 과도하게 과장하는 것을 나타내는 용어입니다. 그러므로 사용자가 잘못된 정보를 포함하고 있는 기사나 문제가 있다고 느껴지는 기사를 봤을 때 서비스 측에 신속히 보고함으로써 서비스 측에서도 피드백을 반영할 수 있도록 하는 구조가 필요합니다.

---

8 KG Saranya, G Sudha Sadhasivam, "A personalized online news recommendation system," International Journal of Computer Applications.
9 악의가 있는 정보 조작이나 인위적인 실수

8.5.4 동영상 추천

많은 가정에서 동영상은 엔터테인먼트의 중심적인 존재이며 TV 시청자는 여가의 절반을 TV 앞에서 보낸다는 보고가 있습니다. 동영상을 보는 경험에는 실시간으로 TV 방송을 보는 것 외에도 DVD를 대여해 시리즈나 작품을 시청하는 경우가 있으며 최근에는 온디맨드로 동영상을 볼 수 있는 넷플릭스 등의 동영상 스트리밍 서비스 사용이 늘고 있습니다.

동영상 추천에는 다음과 같은 특징과 과제가 있습니다.[10]

그룹 시청

한 가정에서 TV를 시청하는 사용자는 여러 사람인 경우가 많습니다. 여러 사람에 대한 추천은 얼핏 보기에 공통점이 없는 장르의 동영상이 하나의 TV에서 재생되기 때문에 시청하는 사용자가 1명인 경우에 비해 다음에 무엇을 추천하면 좋을지 특정하기 어려울 수 있습니다. 공통점이 없는 장르의 동영상이 시청되는 경우 특정 시청 패턴을 발견하는 것이 중요합니다. 예를 들어 어떤 가정에서 어떤 날 처음 재생된 동영상 장르는 일관적으로 해당 날짜에 소비되기 쉽다는 점이나 요일에 따라 다른 장르의 동영상이 소비되고 시간대에 따라 시청 장르가 다르다는 등의 패턴이 있습니다. 이런 패턴을 발견하는 것이 현재 TV 앞에 있는 사람들에게 선택받기 쉬운 추천으로 연결됩니다.

설명의 중요성

동영상 시청에는 많은 시간이 걸립니다. 유튜브 등에서 짧은 시간 동안 동영상을 보는 경우를 제외하면 영화는 2~3시간이 걸리는 경우도 많고 여러 시리즈가 연속 드라마로 이루어진 작품들도 있습니다. 시간은 모든 사람에게 공통의 비용이며 돈을 많이 쓴다고 단축할 수 있는 것도 아닙니다. 많은 시간을 할애했는데 좋아하는 작품이 아닌 것을 알게 되면 서비스에 대한 불신이나 후회로 연결될 수 있습니다. 그러므로 사용자가 안심하고 동영상 시청을 시작할 수 있도록 최적의 설명을 제공하는 것이 중요합니다. 대표적인 설명은 '당신에게 추천'입니다. 이 설명에 따라 사용자는 해당 동영상에 대해 자신이 과거에 시청한 동영상과 비슷한 정도를 기대할 수 있습니다. '다른 사람도 보고 있습니다'라는 설명에서 해당 동영상을 보는 것은 다른 사람과 공통의 화제를 갖는 것과 연결된다고 생각할 수 있습니다. 예를 들어 감염병 유행으로 외출이

---

10 ShlomoBerkovsky, Ivan Cantador, Domonkos Tikk, "Collaborative Recommendations: Algorithms," Practical Challenges and Applications.

제한되어 실제 세상과의 접점을 갖기 어려운 상황에서는 많은 사람들이 보는 작품을 시청함으로써 화제를 공유하고 싶다고 생각할 것입니다. 이러한 필요를 가진 사용자에게 '다른 사람도 보고 있습니다'라는 정보는 시청의 계기가 된다고 생각할 수 있습니다.

개인화

[섬네일 이미지]

동영상의 한 장면을 추출한 이미지는 웹 서비스에서 동영상 섬네일 이미지로 사용할 수 있습니다. DVD 등의 패키지는 단일 섬네일로 성별이나 나이를 불문하고 모든 사람에게 접근해 마케팅을 수행해야 하지만 온라인 웹서비스라면 개인에게 맞춘 섬네일을 동적으로 변경할 수 있습니다. 그러므로 각 사용자에게 맞는 섬네일 이미지를 선택하거나 시간이나 계절과 같이 콘텍스트에 맞는 매력적인 섬네일을 만들어 사용자의 시청을 도울 수 있습니다.

[검색]

동영상 스트리밍 플랫폼은 PC나 스마트폰 외에 게임 단말기나 TV의 컨트롤러로 조작할 수 있는 경우가 있습니다. 컨트롤러 조작은 자유도가 비교적 낮고 적은 횟수로 원하는 조작을 실행할 수 있는 것이 좋습니다. 예를 들어 액션 영화 '안나'와 디즈니 작품 '안나와 눈의 여왕'('겨울왕국'의 일본 제목)이 있을 때 '안나'라고 입력하면 액션을 좋아하는 성인인 경우 전자를, 어린이라면 후자를 추천함으로써 적은 횟수의 조작으로 사용자가 동영상을 시청하도록 할 수 있습니다.

8.5.5 음식 추천

영화나 음악처럼 오락에 가까운 장르의 추천에 비해 음식 추천은 사람들의 건강에 직접적인 큰 영향을 미칩니다. 예를 들어 비만이나 당뇨병을 비롯해 음식과 관련된 병이 사망 원인의 60%라고 알려져 있으며 이 병들은 적절한 식사를 선택함으로써 예방할 수 있습니다. 건강이 고려된 음식 추천은 적절한 식사를 선택하도록 돕는 역할로 기대되고 있습니다.

음식 추천에는 다음과 같은 특징과 과제가 있습니다.[11]

----

11 Weiqing Min, Shuqiang Jiang, Ramesh Jain, "Food Recommendation: Framework, Existing Solutions, and Challenges," IEEE Transactions on Multimedia.

생활 환경의 영향

사용자가 먹는 음식은 요일이나 날짜, 시간, 장소 등의 콘텍스트와 함께 문화적인 배경 등 복잡한 요인이 관련되어 있습니다. 예를 들어 알레르기 유무나 비건 또는 채식주의자 같은 라이프 스타일 취향, 종교적 이유, 가족 구성처럼 생활의 근간이 되는 가치관이나 상황에 따라 음식 소비가 강하게 제약되기도 합니다.

사전 준비

음식 추천에는 이미 만들어진 식품을 추천하는 것과 함께 조리 레시피를 추천하는 경우도 있습니다. 이 경우 사전 준비라는 점에서 추천된 식사를 소비할 수 없는 경우도 있습니다. 예를 들어 추천된 메뉴 중에서 식재료가 부족한 경우나 설명된 조리 지식이 부족한 경우, 조리 기구가 부족한 경우에는 추천된 음식을 조리할 수 없습니다.

이미지 활용의 어려움

음식 추천에서는 칼로리, 식재료, 장르 등의 메타 데이터가 중요하지만 SNS에서 공유되는 음식에는 그런 메타 데이터가 결여되어 있을 수 있습니다. 이 경우 음식 이미지에서 메타 데이터를 보완하도록 작업이 수행됩니다. 하지만 음식 이미지 분석은 쉽지 않습니다. 예를 들어 식재료를 음식으로 조리하는 과정에서 물체의 형태가 달라지며 불의 가감이나 조미료 등에 따라 색상 또한 복잡하게 변화하기 때문입니다. 이처럼 이미지에서 구조적인 패턴을 파악하기 어렵다는 특징이 있습니다.

8.5.6 직업 추천

구인자가 직업을 찾거나 반대로 기업이 구직자를 스카우트함으로써 구직자와 직업(업무)의 매칭이 이루어지는 구인 서비스도 최근 널리 사용되고 있습니다. 많은 구직자와 직업을 서비스 내에서 잘 매칭되도록 하기 위해 직업 추천Job Recommendation을 적절하게 수행하는 것은 구인 서비스 운영에 있어서 중요한 요소 중 하나입니다.

직업 추천에는 다음과 같은 특징과 과제가 있습니다.

상호 추천 시스템

직업 추천을 수행하는 시스템이 8.3절에서 소개한 상호 추천 시스템의 프레임이 되는 경우가 많습니다. 그러므로 추천받은 사용자와 추천하는 사용자 양쪽의 기호가 일치해야 비로소 추천이 성공하는 상호 추천 시스템의 가장 큰 특징을 고려해서 설계해야 합니다. 또한 8.3절에서 소개한 그 외의 특징도 고려한 상태에서 설계해야 합니다. 예를 들어 구직자가 어떤 기업으로 꼭 이직하고 싶다고 생각해도 해당 기업에서 원하는 요건에 맞지 않으면 채용되지 못합니다. 또한 기업이 어떤 구직자에게 아무리 입사를 부탁해도 그 구직자가 원하는 업계가 아니거나 요건이 맞지 않는다면 채용에 이르기 어렵습니다.

공평성

직업 추천에서 공평성은 가장 중요한 관점입니다. 예를 들어 구직자의 성별이나 나이, 학력 등만으로 채용 여부가 판정되는 것을 절대로 허용해서는 안됩니다. 따라서 추천 모델을 구현할 때는 일반적으로 그런 민감한 정보를 입력 데이터에서 제거합니다. 그런데 그와 같은 데이터를 직접 입력하지 않아도 다른 데이터를 조합해 간접적으로 민감한 데이터를 표현하게 되어 결과적으로 공평성이 결여된 추천을 수행할 위험성이 늘 존재합니다. 그러므로 추천 시스템의 출력이 성별이나 나이에 따른 치우침이나 지나침이 없는지 별도로 모니터링해야 합니다.

사용자의 기호 데이터 취득

직업 추천이 잘 되었는가 하는 것은 서비스상에서 구직자와 기업이 매칭된 후 실제 해당 직업에 취직했는가(이직했는가)로 판별할 수 있을 것입니다. 하지만 추천 시스템에 따라서는 처음 직업을 추천한 뒤 실제로 취직할 때까지의 기간이 수 개월 정도 걸리는 경우도 많습니다. 또한 1명의 사용자가 시스템을 사용해 이직하는 횟수에는 한계가 있을 것입니다. 획득에 많은 시간이 걸리며 적은 양의 피드백만으로 사용자의 기호 정보를 얻는다면 시스템을 개선하기 어렵습니다. 해당 사용자는 이직에 성공하면 시스템에서 이탈하기 때문에 그 전에 사용자의 기호 정보를 사용하여 시스템을 업데이트해야 합니다. 따라서 실제로 이직하는 것보다 그 전 단계의 행동, 예를 들어 면접을 진행했는가, 구인 응모에 기업이 답변을 했는가, 구인에 응모했는가 등을 바탕으로 추천 성공 여부를 정의하고 사용자의 기호 정보를 얻는 경우가 많습니다. 또한 이런 행동들이 모두 사용자와 시스템의 최종 목적인 이직으로 연결된다고 단정할 수도 없습니다. 기본적으로 기호 데이터의 질과 양은 트레이드오프 관계에 있으므로 서비스 특성 등에 맞춰 적절하게 설계해야 합니다.

이상과 같이 추천 시스템의 개별적인 응용 영역에 따라 그 특징과 과제가 다양합니다. 얼핏 보기에 다른 도메인의 특징이지만 자사 서비스의 추천 개선에 도움이 되기도 하므로 다양한 서비스의 추천 시스템 특징을 파악하여 실제로 다뤄볼 것을 권장합니다.

8.6 정리

이번 장에서는 추천 시스템에 관한 발전적인 주제 몇 가지를 소개했습니다. 이번 장이 추천 시스템 관련 기술을 이해하기 위한 디딤돌 역할을 할 수 있기를 기대합니다.

넷플릭스 프라이즈

넷플릭스는 스마트폰이나 PC만 있으면 언제 어디서든 영화나 드라마를 보고 즐길 수 있습니다. 주말에 넷플릭스를 만끽하는 분도 많을 것입니다. 2022년 1월 시점에 회원 수가 전 세계 2억 2,000만 명을 넘었습니다.[1]

넷플릭스와 관련된 몇 가지 숫자를 살펴보면 아마도 무척 놀랄 것입니다.

- 전 세계 인터넷 통신량(다운스트림)의 15%를 넷플릭스가 점유하고 있으며 유튜브를 뛰어넘는 세계 제일의 동영상 서비스
- 시가 총액 200조 원 초과
- 구독 수입은 월 1조 5,000억 원

이처럼 많은 사용자를 보유하고 있는 넷플릭스의 매력 중 하나가 추천 시스템입니다. 넷플릭스의 홈 화면에는 요즘 화제가 되고 있는 작품이나 사용자에게 개인화된 추천 작품이 나열됩니다.

구글 검색과 달리 넷플릭스에서는 사용자가 작품을 찾지 않더라도 사용자의 시청 이력 등을 사용해 사용자가 좋아할 만한 작품을 알려줍니다. 실제로도 시청되는 작품의 80%는 추천, 20%는 검색을 경유합니다.

부록에서는 넷플릭스의 핵심인 추천 시스템에 관해 넷플릭스의 역사를 짚어가면서 어떻게 개발되었고 어떤 가치를 사용자에게 전달했는지 알아보겠습니다.

---

1 https://japan.cnet.com/article/35182412/

그림 A-1 넷플릭스 홈 화면의 추천 시스템

A.1 넷플릭스 창업

넷플릭스는 1997년 랜돌프와 헤이스팅스가 만들었으며 다음 해 온라인에서 DVD 판매와 대여 서비스를 시작했습니다. 이 무렵 미국에서는 VHS가 주류였고 1997년에 DVD 플레이어가 막 상용화되었을 뿐 1998년에는 아직 DVD가 보급되지 않았습니다. 그래서 랜돌프는 DVD 플레이어 제조사와 함께 목표를 정하고 캠페인을 진행하기 위해 소니, 도시바, 파나소닉에 관련 내용을 제안했습니다. CES라는 가전 콘퍼런스에서 각 기업의 CEO와 교섭했지만 반응은 좋지 않았습니다.

그러나 이후 도시바의 CEO가 연락해왔고 도시바와 공동으로 프로모션 캠페인을 진행하게 되었습니다. 도시바가 판매하는 모든 DVD 플레이어에는 넷플릭스에서 무료로 3편의 DVD를 대여할 수 있는 쿠폰이 제공되었습니다. 도시바가 이제 막 창업한 스타트업 기업과 제휴하는 것은 큰 리스크를 감수하는 것이었지만 그 배경에는 소니에 이어 업계 2위였다는 사정도 있었습니다. 이러한 배경에서 사용자는 점점 증가했습니다.

서비스 개시 후 2개월 정도 지났을 때 아마존의 CEO인 제프 베조스가 연락을 해왔고 천 수백만 달러에 매수를 제안했지만 사업에 잠재력이 있었기 때문에 제안을 거절했습니다. 이후 아마존이 DVD의 온라인 판매에 뛰어들 가능성을 직감한 넷플릭스는 DVD 판매를 멈추고 DVD 대여에 집중했습니다.

하지만 DVD 대여 사업으로는 사용자 정착률을 별로 높이지 못했습니다. 프로모션 캠페인으로 신규 사용자는 늘어났지만 재방문하는 사용자는 많지 않았습니다. 사용자 정착을 목표로 다양한 테스트를 실시한 결과 데이터를 분석하면서 좋은 이니셔티브를 찾았습니다. 랜돌프는 원래 마케팅 일을 했었고 온라인에서 다양한 A/B 테스트를 시도했습니다.

그리고 드디어 사용자가 이탈하지 않는 구조를 만들었습니다. 그것은 '연장 요금 없음', '월 정액 요금', '마음에 드는 리스트의 작품을 자동 발송'하는 것 등이었습니다. 월 정액으로 한 번에 4장의 DVD를 대여할 수 있었으며 1장을 본 후 반납하면 마음에 드는 리스트에 있는 DVD가 자동으로 1장 배송되었습니다. 지금은 구독이라는 형태가 일반적이지만 당시에는 매우 참신해서 구독＝넷플릭스라는 공식이 만들어졌습니다.

그림 A-2 넷플릭스의 DVD를 우편함에 넣는 모습(출처: CNBC, 'What it's like to work at Netflix's dying DVD business", https://www.cnbc.com/2018/01/23/netflix-dvd-business-still-alive-what-is-it-like-to-work-there.html)

A.2 추천 시스템 개발

서비스 개시 후 1년 정도 지났을 무렵 보유한 작품 수는 수천 개가 되었습니다. 처음에는 수동으로 스릴러를 찾는 사람을 위한 Top 10 리스트 등을 만들었지만 작품 수가 많아지면서 한계에 이르렀습니다. 사용자가 사랑하는 영화를 찾도록 돕는 것이 넷플릭스의 본질적인 목표였습니다. 그래서 헤이스팅스는 첫 페이지에 여러 프레임을 표시하고 각 프레임 안에 여러 영화를 표시하는 구조를 제안했고 추천 작품을 자동으로 선택하는 알고리즘을 개발했습니다. 이 표시 형식은 오늘날의 넷플릭스에도 이어지고 있습니다.

추천 작품을 도출하는 데는 또 다른 이유도 있었습니다. 물리적인 DVD를 배송하는 구조였기 때문에 인기 신작 영화의 DVD 재고가 소진되는 상황이 종종 발생했습니다. 그래서 신작은 아니지만 사용자가 좋아하는 영화를 추천함으로써 인기 영화를 대량으로 매입하는 것을 피해 비용을 절감했습니다.

추천 알고리즘은 처음에 영화 장르나 배우, 공개 연도 등 입수할 수 있는 데이터를 사용하는 소위 콘텐츠 기반 추천을 시도했습니다. 하지만 추천 결과에는 수긍할 수 없었습니다. 그도 그럴 것이 장르나 배우가 비슷해도 시청하는 사용자 층이 완전히 다른 경우가 많았기 때문입니다.

그래서 아마존이 사용하던 협조 필터링이라는 방법을 활용해 추천 엔진을 만들었습니다. 아마존에서는 공통된 구매 행동을 기반으로 '이 상품을 구입한 사람들은 이런 상품도 구입하고 있습니다'라는 추천을 도출했습니다.

이 방법을 넷플릭스에 채용하자 문제가 발생했습니다. 2개의 작품을 봤다고 해서 그 작품들을 좋아한다고 판단할 수는 없었습니다. 만약 한 작품은 좋아하지만 다른 작품은 그냥 본 것일 경우 단순히 대여 이력 데이터만 사용해 추천 엔진을 만든다면 한쪽 작품을 본 사람에게 다른 한쪽 작품이 추천되어 버립니다.

그래서 사용자에게 영화를 별 5개로 평가하도록 하고 그 데이터를 기반으로 추천 엔진을 만들었습니다. 사용자는 협력적이었고 추천에 필요한 데이터는 즉시 수집되었습니다.

그리고 2000년에 '시네매치CineMatch'라는 추천 엔진이 완성되었습니다. 사용자의 대여 이력이나 마음에 드는 작품으로부터 그 사람이 좋아할 것 같으면서도 재고가 있는 영화를 추천해주는 추천 엔진이었습니다.

2006년에는 넷플릭스의 사용자 수가 400만 명을 넘었습니다. 그리고 사용자 증가와 함께 리뷰도 증가해 추천 엔진의 성능 또한 향상되었습니다. 넷플릭스 사용자의 예약 리스트에 들어 있는 영화 중 실제로 70%가 시네매치의 추천 작품이었습니다. 흥미로운 점은 CEO인 헤이스팅스 자신도 시네매치 알고리즘을 개선하는 데 힘썼다는 것입니다. 헤이스팅스는 대학에서는 수학을, 대학원에서는 컴퓨터 과학을 공부했으며 인문 행동 수치화에 흥미를 갖고 있었습니다. 헤이스팅스가 알고리즘에 열정을 갖게 된 계기는 다음 에피소드에서도 알 수 있습니다.

헤이스팅스 본인이 나중에 밝힌 바에 따르면 당시에는 알고리즘에 열정을 쏟은 나머지 쉬는 시간이 거의 없었다. 크리스마스 연휴에 가족 여행으로 유타 주에 있는 스키 리조트와 파크 시티를 방문했을 때는 스위스풍의 화려한 호텔에 갇혀 노트북으로 시네매치의 알고리즘과 사투를 벌였다. 아내인 패티는 '아이들을 무시했고 모처럼의 휴가를 망쳤다'고 불평했다.

– 『NETFLIX コンテンツ帝国の野望(넷플릭스, 콘텐츠 제국의 야망)』(新潮社, 2019)에서 인용

A.3 넷플릭스 프라이즈

헤이스팅스는 시네매치 알고리즘을 한 단계 더 향상시키기 위해 우승 상금 100만 달러의 알고리즘 콘테스트를 2006년에 개최하기로 결정했습니다.

알고리즘 콘테스트는 공개된 넷플릭스의 별점 5점 평가 데이터를 사용해 추천 엔진을 만드는 것이었습니다. 시네매치의 추천 정밀도를 10% 향상시키는 팀에게 상금 100만 달러를 부여하기로 했고, 10%가 달성되지 않아도 매년 1위 팀에게는 프로그레시브 상progressive award이라고 불리는 상금 5만 달러를 지급하기로 했습니다.

별 5개의 평가 데이터는 익명화되어 있었고 그 숫자는 1억 건에 이르렀습니다. 각 팀은 1일 1회 결과를 제출할 수 있었으며 득점판에서 점수를 확인할 수 있었습니다. 이는 현재 데이터 분석 경쟁 대회인 캐글Kaggle의 전형이라고도 할 수 있습니다.

콘테스트의 반향은 매우 컸습니다. 뉴욕 타임즈 1면을 장식했으며 해외 정보 기관에도 보고되었습니다. 콘테스트 개시일에만 5,000개 이상의 팀과 개인이 참가 등록을 했습니다. 그리고 개시 후 1주일도 되지 않아 2개 팀이 시네매치의 점수를 뛰어넘는 성적을 달성했습니다. 첫 해의 결과는 10%에 미치지 못했지만 시네매치의 성능을 8.4% 웃도는 성적을 달성한 AT&T 연구자 팀이 프로그레시브 상을 수상했고 상금 5만 달러를 거머쥐었습니다.

두 번째 해에는 정밀도 향상 속도가 다소 떨어져 첫 번째 해에 비해 1% 밖에 향상시키지 못했습니다. 수상한 팀은 첫 번째 해와 마찬가지로 AT&T 연구자 팀이었습니다. 세 번째 해에는 각 팀이 대규모로 연계해서 나름의 방법을 조합해 정밀도를 높였습니다. AT&T 연구자 팀 역시 오스트리아에서 참가한 좋은 팀을 발견해 메일을 보냈고 국제 전화로 소통하면서 합을 맞췄습니다.

2009년 6월 26일 AT&T 연구자들은 10%를 뛰어넘는 최신 버전의 알고리즘을 제출했습니다. 규정에 따라 30일 이내에 이를 상회하는 성적을 제출하면 해당 팀이 우승하게 되었는데 이 30일 사이에 그야말로 한 편의 드라마가 만들어졌습니다.

AT&T 연구자 팀 외에 상위 몇 개 팀이 모여 '앙상블^{ensemble}'이라는 이름으로 팀을 만들었고 각 팀의 알고리즘을 조합해 업데이트한 알고리즘을 제출했는데 결과는 AT&T 팀보다 0.04% 높았습니다. 2009년 7월 25일이었습니다. AT&T 팀은 오스트리아 팀과 협업을 통해 0.1~0.2%라도 점수가 좋아지도록 젖 먹던 힘까지 짜내 콘테스트 종료 시점에 개선판을 제출했습니다.

Leaderboard

Showing Test Score. Click here to show quiz score

Rank	Team Name	Best Test Score	% Improvement	Best Submit Time
Grand Prize - RMSE = 0.8567 - Winning Team: BellKor's Pragmatic Chaos				
1	BellKor's Pragmatic Chaos	0.8567	10.06	2009-07-26 18:18:28
2	The Ensemble	0.8567	10.06	2009-07-26 18:38:22
3	Grand Prize Team	0.8582	9.90	2009-07-10 21:24:40
4	Opera Solutions and Vandelay United	0.8588	9.84	2009-07-10 01:12:31
5	Vandelay Industries !	0.8591	9.81	2009-07-10 00:32:20
6	PragmaticTheory	0.8594	9.77	2009-06-24 12:06:56
7	BellKor in BigChaos	0.8601	9.70	2009-05-13 08:14:09
8	Dace	0.8612	9.59	2009-07-24 17:18:43
9	Feeds2	0.8622	9.48	2009-07-12 13:11:51
10	BigChaos	0.8623	9.47	2009-04-07 12:33:59
11	Opera Solutions	0.8623	9.47	2009-07-24 00:34:07
12	BellKor	0.8624	9.46	2009-07-26 17:19:11

그림 A-3 최종 결과 득점판(출처: Netflix Technology Blog, "Netflix Recommendations: Beyond the 5 stars (Part 1)", https://netflixtechblog.com/netflix–recommendations–beyond–the–5–stars–part–1–55838468f429)

앙상블 팀 또한 종료 시점에 개선판을 제출했습니다. 최종 점수는 AT&T 팀(Belkor's Pragmatic Chaos)과 앙상블 팀이 동점이었습니다. 결국 규정에 따라 20분 먼저 결과를 제출한 AT&T가 우승을 거머쥐었습니다.

A.3.1 넷플릭스 프라이즈의 영향

넷플릭스 프라이즈[Netflix Prize]는 추천 시스템 분야에 큰 영향을 미쳤습니다. 콘테스트에는 최종적으로 전 세계 186개국에서 4만개 이상의 팀이 참가 등록을 했습니다. 넷플릭스 프라이즈에서는 1억 건에 달하는 별점 5개의 평가 데이터가 공개되었고 새로운 추천 방법이 다양하게 생겨났습니다. 그중에서도 AT&T 팀이 제안한 **행렬 분해**[Matrix Factorization][2] 방법은 추천 시스템 분야에서 큰 변화점이 되었습니다. 그날 이후 오늘에 이르기까지 행렬 분해를 기반으로 한 방법이 많이 제안되었고 빅쿼리[BigQuery][3], 스파크[4] 같은 추천 시스템은 행렬 분해를 기반으로 하고 있습니다.

우승한 알고리즘은 100개 이상의 알고리즘이 조합되어 복잡하며 실제 넷플릭스에서는 해당 알고리즘을 사용하지 않습니다. 사용하지 않는 또 다른 이유는 스트리밍 서비스가 등장했기 때문입니다. 넷플릭스에서는 2007년부터 스트리밍으로 영화를 볼 수 있는 서비스를 제공하고 있습니다. 스트리밍 서비스에서는 사용자가 어떤 기기로 언제, 얼마만큼 영화를 보는가와 같이 더 풍부한 데이터를 알 수 있습니다. DVD 온라인 대여의 별점 5점 평가보다 풍부한 데이터를 얻을 수 있게 됨에 따라 그 데이터들을 사용하는 새로운 추천 엔진 개발이 중요해졌습니다. 또한 별점 5점 평가를 예측하는 태스크를 해결하는 것이 아니라 추천한 작품군이 다양해지도록 하는 등 정확성 이외의 지표도 중요해졌습니다. 최근 넷플릭스에서는 별점 5점 평가가 사라졌으며 '좋아요/싫어요'의 2단계로 평가합니다. 작품을 추천할 때는 일치 정도를 나타냅니다.

그림 A-4 넷플릭스 화면에는 일치도가 표시됨

2 https://datajobs.com/data-science-repo/Recommender-Systems-%5BNetflix%5D.pdf
3 https://cloud.google.com/bigquery-ml/docs/bigqueryml-mf-implicit-tutorial
4 https://spark.apache.org/docs/latest/ml-collaborative-filtering.html

다시 넷플릭스 프라이즈 이야기로 돌아가면, 두 번째 콘테스트는 개최를 발표했다가 개인 정보 문제로 인해 취소되었습니다. 텍사스 대학 연구자가 넷플릭스 프라이즈의 데이터 익명화가 취약해 원복 가능함을 지적한 논문[5]을 공개했기 때문입니다.

A.4 넷플릭스의 추천 시스템

넷플릭스에서 사용되는 추천 시스템의 구체적인 예시 몇 가지를 살펴보겠습니다.

홈페이지의 추천

넷플릭스 홈페이지에는 1개의 주제에 맞춰 가로로 긴 프레임이 여러 개 나열되어 있습니다. 프레임에는 '시대물'이나 '지금 뜨는 콘텐츠', '최신 등록 콘텐츠' 등의 제목이 붙어 있습니다.

그림 A-5 넷플릭스의 홈 화면

이 프레임 후보는 수만 개인데 그중 사용자에게 최적인 프레임을 선택하고 그 프레임에서 사용자에게 맞는 작품을 나열해 표시합니다. 프레임이 1개뿐이고 거기에 대량의 작품이 나열된다면 작품을 하나하나 살펴봐야 합니다. 그러나 프레임이 여러 개이고 시청하는 시점에서 흥미로운 프레임에 주목하여 해당 프레임의 작품만 살펴본다면 좋아하는 작품을 신속하게 만날

----

5 https://arxiv.org/abs/cs/0610105

수 있습니다. 이 구조를 달성하기 위해 다양한 머신러닝 기술이 조합되었습니다. 예를 들면 프레임 타이틀 선택 방법, 프레임이나 작품 나열 방법, 각 프레임에서 중복되는 작품이 있을 때 삭제하는 방법, 알고리즘을 업데이트했을 때 평가하는 방법 등입니다(자세한 내용은 Netflix Technology Blog[6]를 참조하기 바랍니다).

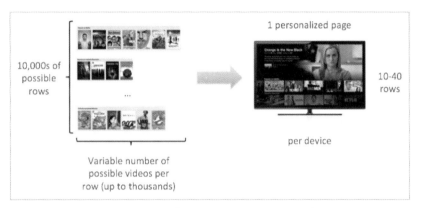

그림 A-6 넷플릭스의 홈 화면 최적화 방법(출처: Netflix Technology Blog, "Learning a Personalized Homepage", https://netflixtechblog.com/learning-a-personalized-homepage-aa8ec670359a)

섬네일 이미지 최적화

섬네일 이미지는 작품의 분위기를 단숨에 사용자에게 전달하므로 중요합니다.

넷플릭스에서는 작품별로 어떤 섬네일 이미지를 보여주면 사용자가 시청할지 A/B 테스트로 검증하고 반응이 좋은 섬네일을 선택합니다.

예를 들어 어린이용 작품이나 액션 작품에서는 악역이 포함된 섬네일의 반응이 좋은 것으로 나타납니다.

---

6 https://netflixtechblog.com/learning-a-personalized-homepage-aa8ec670359a

그림 A-7 넷플릭스의 섬네일 이미지 최적화(출처: Netflix Technology Blog, "Selecting the best artwork for videos through A/B testing", https://netflixtechblog.com/selecting-the-best-artwork-for-videos-through-a-b-testing-f6155c4595f6)

또한 흥미롭게도 국가에 따라 반응이 좋은 섬네일 이미지가 다릅니다.

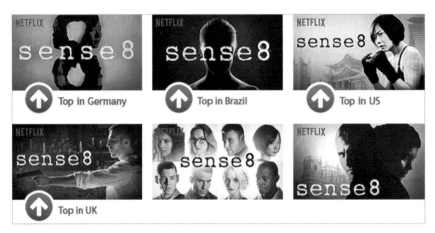

그림 A-8 넷플릭스의 국가별 섬네일 이미지 최적화(출처: Netflix Technology Blog, "Artwork Personalization at Netflix", https://netflixtechblog.com/artwork-personalization-c589f074ad76)

한 걸음 더 나아가 넷플릭스에서는 개인별로 최적화된 섬네일 이미지를 계산하여 제시합니다. 예를 들어 '굿 윌 헌팅Good Will Hunting'이라는 작품을 사용자에게 추천할 때 로맨스 작품을 좋아하는 사용자에게는 주인공 2명이 얼굴을 맞대고 있는 이미지를 보여줍니다. 그리고 코미디 작품을 좋아하는 사용자에게는 유명한 코미디언 연출자를 활용한 이미지를 보여줍니다.

그림 A-9 넷플릭스의 개인별 섬네일 이미지 최적화(출처: Netflix Technology Blog, "Artwork Personalization at Netflix", https://netflixtechblog.com/artwork-personalization-c589f074ad76)

이 개인별 이미지 최적화에는 **contextual bandits**라는 방법을 사용합니다. 사용자가 과거에 어떤 작품을 열람했는가, 어떤 국가에서 어떤 기기를 사용하고 있는가 같은 특징량을 사용해 각 작품별로 존재하는 수십 개의 이미지에서 최적의 이미지를 선택하도록 학습합니다(알고리즘에 관한 상세 내용이나 replay라는 방법을 사용한 오프라인에서의 평가에 관한 상세 내용은 Netflix Technology Blog[7]를 참고하기 바랍니다).

콜드 스타트 문제 해결

콜드 스타트 문제란 사용자나 아이템 정보가 없을 때 최적으로 추천할 수 없는 문제를 나타냅니다. 넷플릭스에서는 회원 등록 시 좋아하는 여러 작품을 선택하도록 유도함으로써 이 문제를 해결하고 있습니다. 이 단계를 건너뛴 사용자에게는 인기 있는 작품을 많이 추천하고 실제 시청 이력 등이 누적되면 해당 데이터를 사용해 개인화합니다.

---

7 https://netflixtechblog.com/artwork-personalization-c589f074ad76

그림 A-10 넷플릭스 회원 등록 직후 화면

A.5 정리

지금까지 넷플릭스 추천 시스템의 역사를 돌아보면서 몇 가지 구체적인 예를 살펴봤습니다. 넷플릭스에서는 CEO가 직접 추천 시스템 알고리즘을 개선하고 100만 달러라는 상금을 건 추천 시스템 알고리즘 콘테스트를 개최하는 등 추천 시스템이 비즈니스의 핵심이라는 것을 확실하게 알 수 있습니다.

사용자-사용자 메모리 기반 방법

부록 B에서는 사용자-사용자 메모리 기반 방법 중 대표적인 **그룹렌즈**GroupLens **방법[1]**을 예로 들어 수식과 함께 알고리즘에 관해 자세히 설명하겠습니다.

표 B-1 사용자 1의 아이템 E, 아이템 F에 대한 평갓값 예측

	아이템 A	아이템 B	아이템 C	아이템 D	아이템 E	아이템 F
사용자 1	5	3	4	4	?	?
사용자 2	4	2	5	3	5	3
사용자 3	3	5	2	2	2	–
사용자 4	4	1	3	4	2	4
사용자 5	2	1	1	2	–	2

[표 B-1]과 같이 평갓값 행렬이 부여된 상태에서 사용자 1은 자신이 미평가한 아이템 E와 아이템 F 중 어느 쪽을 좋아할지 예측하는 문제를 살펴보겠습니다. 즉, 이미 얻어진 사용자 1과 다른 사용자의 평갓값으로부터 사용자 1의 아이템 E와 아이템 F에 대한 예측 평갓값을 계산합니다.

---

1 P. Resnick, N. Iacovou, M. Suchak, P. Bergstrom, and J. Riedl, "GroupLens: An open architecture for collaborative filtering of Netnews," In Proc. of the Conf. on Computer Supported Cooperative Work, pp. 175–186 (1994).

여기서 잠깐 알고리즘 설명에서 사용하는 기호에 관해 짚어보겠습니다. 먼저 시스템 내 모든 사용자의 집합을 X, 모든 아이템의 집합을 Y라고 합니다. [표 B-1]에서 사용자는 사용자 1부터 사용자 5까지 5명이므로 $X = \{1, 2, 3, 4, 5\}$로, 아이템은 아이템 A부터 아이템 F까지 6개이므로 $Y = \{A, B, C, D, E, F\}$로 표현됩니다. 평갓값 행렬은 사용자 $x \in X$의 아이템 $y \in Y$에 대한 평갓값 r_{xy}를 요소로 하는 행렬이 됩니다. 예를 들어 사용자 1의 아이템 B에 대한 평갓값은 3이므로 $r_{1B} = 3$으로 표현됩니다. 또한 이번 예에서는 평갓값이 1부터 5까지인 5단계 평가이므로 r_{xy}의 정의역은 $R = \{1, 2, 3, 4, 5\}$가 됩니다. 사용자 x가 평가 완료한 아이템의 집합은 Y_x로 표기합니다. 그러면 사용자-사용자 메모리 기반 방법의 추천 과정을 다음과 같이 나타낼 수 있습니다.

1 이미 얻어진 평갓값을 사용해 사용자 사이의 유사도를 계산하고 추천받은 사용자와 기호 경향이 비슷한 사용자를 찾는다.

2 기호 경향이 비슷한 사용자의 평갓값으로 추천받은 사용자의 미지의 아이템에 대한 예측 평갓값을 계산한다.

3 예측 평갓값이 높은 아이템을 사용자에게 추천한다.

각 과정을 순서대로 설명합니다.

B.1 추천 과정(1): 사용자와 기호 경향이 비슷한 사용자 찾기

먼저 이미 얻어진 평갓값을 사용해 사용자 사이의 유사도를 계산하여 추천받을 사용자와 기호 경향이 비슷한 사용자를 찾습니다. 여기서 '기호 경향이 비슷한 사용자'란 같은 아이템에 대해 같은 평갓값을 부여하는 사용자를 의미합니다.

앞에서의 평갓값을 사용해 사용자 1과 기호 경향이 비슷한 사용자를 찾아냅니다. 기호 경향이 비슷한 사용자를 찾기 위해 사용자별 아이템에 대한 평갓값을 사용하여 사용자 사이의 유사도를 계산합니다. 유사도를 계산할 때는 다른 사용자에 대해서도 추천 대상인 사용자 1이 평가 완료한 아이템 즉, 여기서는 아이템 A, B, C, D에 대한 평갓값만 사용합니다(표 B-2). 이것은 사용자 1이 평가 완료하지 않은 아이템 즉, 여기서는 아이템 E, F에 대한 평갓값을 사용자 1과의 유사도 계산에 사용할 수 없기 때문입니다.

표 B-2 사용자 1이 평가 완료한 아이템의 평갓값을 사용해 사용자 사이의 유사도 계산

	아이템 A	아이템 B	아이템 C	아이템 D
사용자 1	5	3	4	4
		↕		
사용자 2	4	2	5	3
사용자 3	3	5	2	2
사용자 4	4	1	3	4
사용자 5	2	1	1	2

사용자 사이의 유사도 계산은 평갓값 행렬의 각 행을 벡터로 간주해 각 사용자를 나타내는 벡터로 함으로써 벡터끼리의 유사도 계산으로 구현합니다. 유사도 척도는 매우 다양하며 대표적인 것으로 피어슨 상관 계수나 코사인 유사도, 자카드 계수 등이 있습니다. 여기서는 그룹렌즈에 맞춰 [식 B.1]에 나타난 것처럼 피어슨 상관 계수를 사용자 벡터끼리의 유사도를 계산하는 척도로 사용합니다.

$$\rho_{ax} = \frac{\sum_{y \in Y_{ax}} (r_{ay} - \overline{r}_a)(r_{xy} - \overline{r}_x)}{\sqrt{\sum_{y \in Y_{ax}} (r_{ay} - \overline{r}_a)^2} \sqrt{\sum_{y \in Y_{ax}} (r_{xy} - \overline{r}_x)^2}} \qquad \text{[식 B.1]}$$

이후에는 추천받은 사용자를 첨자 a로 표시하겠습니다. 왼쪽의 ρ_{ax}는 추천받은 사용자 a와 사용자 x의 유사도를 나타냅니다. 사용자 1에게 추천하기 위해 사용자 1과 사용자 2의 유사도를 구할 경우 ρ_{12}를 계산합니다. Y_{ax}는 추천받은 사용자 a와 사용자 x가 공통으로 평가한 아이템의 집합을 나타냅니다. 즉, $Y_{ax} = Y_a \cap Y_x$입니다. 또한 r_x는 사용자 x의 아이템에 대한 평균 평갓값입니다.

그러면 사용자 1과 사용자 2의 유사도 계산을 예로 들어보겠습니다. 먼저 각 사용자의 평균 평갓값 $\overline{r}_1$과 $\overline{r}_2$를 계산합니다. [그림 B-1]과 같이 아이템 A, B, C, D 4개의 아이템에 대한 평갓값의 평균을 계산하면 $\overline{r}_1 = 4.00$, $\overline{r}_2 = 3.50$이 됩니다. 여기서 사용자 2의 평균 평갓값에 대해 사용자 2가 평가한 모든 아이템 $Y_2 = \{A, B, C, D, E, F\}$의 평갓값으로 계산한 평균 평갓값이 아니라 사용자 1과 사용자 2 모두가 평가한 아이템 $Y_{12} = \{A, B, C, D\}$에 대한 평갓값만으로 계산한 평균 평갓값을 사용합니다.

평균 평갓값 $\bar{r}_x$

	아이템 A	아이템 B	아이템 C	아이템 D
사용자 1	5	3	4	4
사용자 2	4	2	5	3

$$\bar{r}_1 = \frac{1}{4}(r_{1A} + r_{1B} + r_{1C} + r_{1D}) = \frac{1}{4}(5 + 3 + 4 + 4) = \mathbf{4.00}$$

사용자 1의 평균 평갓값

$$\bar{r}_2 = \frac{1}{4}(r_{2A} + r_{2B} + r_{2C} + r_{2D}) = \frac{1}{4}(4 + 2 + 5 + 3) = \mathbf{3.50}$$

사용자 2의 평균 평갓값

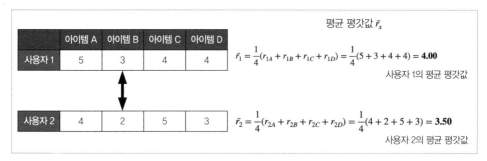

그림 B-1 평균 평갓값 계산

이번 예와 같이 사용자와 아이템의 숫자가 작고 평갓값의 데이터도 적은 경우 어떤 평균 평갓값을 사용하는가에 따라 결과에 차이가 나는 경우도 있지만 실제로 어느 정도 규모가 있는 서비스에서는 어떤 평균 평갓값을 사용해도 차이가 크지 않습니다. 여기서는 설명을 위해 후자의 평균 평갓값을 사용했습니다만 신경이 쓰이는 분들은 전자의 방법으로도 계산해보기 바랍니다.

계속해서 피어슨 상관 계수 [식 B.1]에 나오는 $r_{ay} - \bar{r}_a$와 $r_{xy} - \bar{r}_x$에 주목하기 바랍니다. 아이템 A에 주목했을 때 계산해야 할 식은 $r_{1A} - \bar{r}_1$과 $r_{2A} - \bar{r}_2$의 2개입니다. 이것은 각 사용자의 아이템 A에 대한 평갓값으로부터 앞에서 계산한 각 사용자의 평균 평갓값을 뺀 것입니다. 이것은 사용자 1과 사용자 2의 아이템 A에 대한 평갓값이 각 사용자의 평균 평갓값보다 얼마나 높은가 또는 낮은가를 계산하는 것입니다.

여기서는 사용자 1과 사용자 2의 아이템 A에 대한 평갓값이 각 사용자의 평균 평갓값보다 높습니다. 따라서 이 2명의 사용자는 아이템 A를 비교적 좋아한다고 할 수 있습니다(그림 B–2).

$$r_{1A} - \bar{r}_1 = 5.00 - 4.00 = \mathbf{1.00 > 0}$$

아이템 A에 대한 사용자 1의 평갓값은 사용자 1의 평균 평갓값보다 높다.
→ 아이템 A는 사용자 1이 비교적 선호하는 아이템

$$r_{2A} - \bar{r}_2 = 4.00 - 3.50 = \mathbf{0.50 > 0}$$

아이템 A에 대한 사용자 2의 평갓값은 사용자 2의 평균 평갓값보다 높다.
→ 아이템 A는 사용자 2가 비교적 선호하는 아이템

그림 B-2 아이템의 평갓값이 평균 평갓값에 비해 큰가 작은가

그리고 이 값들을 곱한 것 즉, $r_{1A} - \bar{r}_1$과 $r_{2A} - \bar{r}_2$의 값을 곱한 값은 0보다 커집니다. 이것은 아이템 A에 대한 사용자 1과 사용자 2의 평가 경향이 일치한다는 의미입니다. 즉, 사용자 1과 사용자 2는 아이템 A에 대해 기호가 비슷하다는 것을 나타냅니다(그림 B-3).

$$(r_{1A} - \bar{r}_1)(r_{2A} - \bar{r}_2) = 1.00 \times 0.50 > 0$$

사용자 1과 사용자 2의 아이템 A에 대한 평가 경향 일치
→ **사용자 1과 사용자 2의 기호가 비슷하다고 할 수 있다.**

그림 B-3 사용자 2명의 평가 경향이 일치하는가

[식 B.1]의 분자는 이것을 Y_{ax} 안의 모든 아이템에 대해 계산한 총합입니다. 이 계산에 따라 사용자 1과 사용자 2가 평가한 모든 아이템의 평가 경향 일치 및 불일치 정도를 계산할 수 있으며 사용자 1과 사용자 2의 기호가 얼마나 비슷한가 즉, 사용자 1과 사용자 2의 유사도를 계산할 수 있습니다. [식 B.1]의 분모는 계산한 유사도의 크기가 $-1 \sim 1$ 사이에 들어가도록 하기 위해 정규화를 수행하는 것이라고 생각하기 바랍니다.

다음에는 그저 계산만 하면 됩니다. [그림 B-4]는 사용자 1과 사용자 2의 유사도 ρ_{12}를 계산하기 위한 식에서 분자와 분모의 루트 내용만 꺼낸 계산식과 그 계산 결과입니다.

$$\rho_{12} = \frac{\sum_{y \in Y_{12}} (r_{1y} - \bar{r}_1)(r_{2y} - \bar{r}_2)}{\sqrt{\sum_{y \in Y_{12}} (r_{1y} - \bar{r}_1)^2} \sqrt{\sum_{y \in Y_{12}} (r_{2y} - \bar{r}_2)^2}}$$

(분자) $\sum_{y=A,B,C,D} (r_{1y} - \bar{r}_1)(r_{2y} - \bar{r}_2)$

$= (r_{1A} - \bar{r}_1)(r_{2A} - \bar{r}_2) + (r_{1B} - \bar{r}_1)(r_{2B} - \bar{r}_2) + (r_{1C} - \bar{r}_1)(r_{2C} - \bar{r}_2) + (r_{1D} - \bar{r}_1)(r_{2D} - \bar{r}_2)$

$= 1.00 \times 0.50 + (-1.00) \times (-1.50) + 0.00 \times 1.50 + 0.00 \times (-0.50)$

$= 2.00$

$\sum_{y=A,B,C,D} (r_{1y} - \bar{r}_1)^2$

$= (r_{1A} - \bar{r}_1')^2 + (r_{1B} - \bar{r}_1')^2 + (r_{1C} - \bar{r}_1')^2 + (r_{1D} - \bar{r}_1')^2 = 1.00^2 + (-1.00)^2 + 0.00^2 + 0.00^2$

$= 2.00$

(분모의 근호 내용)

$\sum_{y=A,B,C,D} (r_{2y} - \bar{r}_2)^2$

$= (r_{2A} - \bar{r}_2)^2 + (r_{2B} - \bar{r}_2)^2 + (r_{2C} - \bar{r}_2)^2 + (r_{2D} - \bar{r}_2)^2 = 0.50^2 + (-1.50)^2 + 1.50^2 + (-0.50)^2$

$= 5.00$

그림 B-4 사용자 1과 사용자 2의 유사도 계산

이렇게 얻은 식에서 다음과 같이 계산할 수 있습니다.

$$\rho_{12} = \frac{\sum_{y=A,B,C,D}(r_{1y}-\bar{r}_1)(r_{2y}-\bar{r}_2)}{\sqrt{\sum_{y=A,B,C,D}(r_{1y}-\bar{r}_1)^2}\sqrt{\sum_{y=A,B,C,D}(r_{2y}-\bar{r}_2)^2}} = \frac{2}{\sqrt{2}\sqrt{5}} = 0.632$$

계산 결과 사용자 1과 사용자 2의 유사도를 얻을 수 있습니다. 사용자 1과 사용자 2의 기호는 그럭저럭 비슷한 것으로 보입니다.

마찬가지로 사용자 1과 다른 사용자와의 유사도를 계산하면 $\rho_{13} = -0.58$, $\rho_{14} = 0.87$, $\rho_{15} = 0.71$ 이 됩니다. 사용자 1은 사용자 3과 별로 비슷하지 않으며 사용자 4와는 비슷한 것으로 보입니다.

마지막으로 계산한 유사도들을 기반으로 사용자 1과 선호도가 비슷한 사용자를 선택합니다. 적절한 임곗값을 설정하고 그 이상의 유사도를 가진 사용자를 비슷하다고 보는 방법 또는 유사도가 높은 N명의 사용자를 비슷하다고 보는 방법 등이 있습니다.

여기서는 유사도가 0보다 큰 사용자를 사용자 1과 비슷한 것으로 간주하는 것으로 하겠습니다. 즉, 사용자 2, 3, 4를 사용자 1과 선호도가 비슷한 사용자로 선택합니다.

B.2 추천 과정(2): 예측 평갓값 계산하기

다음에는 선호도가 비슷한 사용자의 평가 이력으로 추천받은 사용자의 미지의 아이템에 대한 예측 평갓값을 계산하는 부분에 대해 살펴보겠습니다.

[그림 B-5]는 가장 처음에 부여한 평갓값 행렬 중 사용자 1과 기호가 비슷하다고 판정된 사용자 2, 3, 4 부분만 추출한 것 그리고 사용자 1과 각 사용자의 유사도입니다. 사용자 1의 미지의 아이템 E, F에 대한 평갓값을 예측하기 위해 유사 사용자들의 아이템 E, F에 대한 평갓값을 사용합니다. 이 경우 몇 가지 방법을 떠올릴 수 있지만 여기서는 3가지 방법을 알아보겠습니다. 단, 처음 2가지 방법은 평갓값 행렬 특성상 그다지 좋아 보이지 않는 예측 평갓값이 얻어집니다. 각각 무엇이 좋은지 또는 좋지 않은지 이해해보고 마지막 방법의 의미를 생각해보기 바랍니다.

	아이템 A	아이템 B	아이템 C	아이템 D	아이템 E	아이템 F	사용자 1의 유사도 ρ_{1x}
사용자 1	5	3	4	4	?	?	1.00
사용자 2	4	2	5	3	5	3	0.63
사용자 4	4	1	3	4	2	4	0.87
사용자 5	2	1	1	2	–	2	0.71

그림 B-5 선호도가 비슷한 사용자의 정보를 기반으로 미지의 아이템에 대한 평갓값 예측

방법 1

먼저 간단한 평갓값 예측 방법으로 유사 사용자에게 얻은 각 아이템에 대한 평갓값의 평균을 사용자 1의 각 아이템에 대한 예측 평갓값으로 하는 방법을 생각할 수 있습니다. 이때 사용자 1의 아이템 E에 대한 예측 평갓값은 사용자 2의 아이템 E에 대한 평갓값 r_{2E}와 사용자 4의 아이템 E에 대한 평갓값 r_{4E}의 평균인 $\hat{r}_{1E} = 3.50$이고, 사용자 1의 아이템 F에 대한 예측 평갓값은 아이템 F에 대한 사용자 2, 사용자 4, 사용자 5의 평갓값의 평균인 $\hat{r}_{1F} = 3.00$이 됩니다 (그림 B-6).

	아이템 A	아이템 B	아이템 C	아이템 D	아이템 E	아이템 F
사용자 1	5	3	4	4	?	?
사용자 2	4	2	5	3	5	3
사용자 4	4	1	3	4	2	4
사용자 5	2	1	1	2	–	2

사용자 1의 아이템 E에 대한 예측 평갓값 $\hat{r}_{1E} = \frac{1}{2}(r_{2E} + r_{4E}) = \frac{1}{2}(5 + 2) = \mathbf{3.50}$

사용자 1의 아이템 F에 대한 예측 평갓값 $\hat{r}_{1F} = \frac{1}{3}(r_{2F} + r_{4F} + r_{5F}) = \frac{1}{3}(3 + 4 + 2) = \mathbf{3.00}$

그림 B-6 방법 1: 평갓값의 평균

여기서 모든 유사 사용자를 같은 가중치로 다뤄야 하는가에 대해 생각해봅시다. 사용자 2, 3, 4는 모두 사용자 1과 기호가 비슷한 사용자이지만 사용자 1과의 유사도는 다릅니다. 사용자 1의 평갓값을 예측할 때 유사도가 0.673인 사용자 2보다 유사도가 0.87인 사용자 4의 평갓값을 더 참고해야 할 것 같습니다. 따라서 유사 사용자의 평갓값으로 사용자 1의 예측 평갓값을 계산할 때 더 비슷한 유사 사용자의 평갓값에 가중치를 붙이는 개선 방법을 생각할 수 있습니다.

방법 2

다음 방법은 사용자 1과 유사 사용자의 유사도를 가중치로 한 평갓값의 가중 평균에 따라 사용자 1의 예측 평갓값을 계산하는 것입니다. 이렇게 하면 단순히 아이템별 평갓값의 평균을 구하는 것보다 유사도가 높은 유사 사용자의 평갓값을 참고하여 사용자 1의 평갓값을 예측할 수 있습니다. 사용자 1의 아이템 E와 아이템 F에 대한 예측 평균값은 각각 $\hat{r}_{1E} = 3.26$, $\hat{r}_{1F} = 3.07$이 됩니다(그림 B-7).

	아이템 A	아이템 B	아이템 C	아이템 D	아이템 E	아이템 F	사용자 1과의 유사도 ρ_{1x}
사용자 1	5	3	4	4	?	?	1.00
사용자 2	4	2	5	3	5	3	0.63
사용자 4	4	1	3	4	2	4	0.87
사용자 5	2	1	1	2	–	2	0.71

아이템 E에 대한 사용자 1의 예측 평갓값 $\hat{r}_{1E} = \dfrac{\rho_{12}r_{2E} + \rho_{14}r_{4E}}{|\rho_{12}| + |\rho_{14}|} = \dfrac{0.63 \times 5 + 0.87 \times 2}{0.63 + 0.87} = \mathbf{3.26}$

아이템 F에 대한 사용자 1의 예측 평갓값 $\hat{r}_{1F} = \dfrac{\rho_{12}r_{2F} + \rho_{14}r_{4F} + \rho_{15}r_{5F}}{|\rho_{12}| + |\rho_{14}| + |\rho_{15}|} = \dfrac{0.63 \times 3 + 0.87 \times 4 + 0.71 \times 2}{0.63 + 0.87 + 0.71} = \mathbf{3.07}$

그림 B-7 방법 2: 유사도에 가중치를 부여한 평갓값의 가중 평균

단순히 평균을 구했던 방법 1과 비교하면 아이템 E에 대한 예측 평균값이 크게 작아졌습니다. 이것은 사용자 1과의 유사도가 비교적 낮은 사용자 2의 아이템 E에 대한 평갓값 $r_{2E} = 5$가 예측에 강하게 영향을 미쳤던 부분이 유사도의 크기를 고려함으로써 보정되었기 때문입니다.

그러나 아직 조금 더 개선할 부분이 있습니다. 사용자에게 얻은 평갓값에는 변동이나 편향이 있다는 점입니다. 사용자 2와 사용자 5의 평갓값 경향을 보면 사용자 5는 낮은 평갓값을 붙이는 경향이 있는 시니컬한 사용자라고 의심할 수 있습니다. 사용자별 평균 평갓값을 비교해보면 사용자 2의 평균 평갓값은 $\bar{r}_2 = 3.5$ 임에 비해 사용자 5의 평균 평갓값은 $\bar{r}_5 = 1.5$ 밖에 되지 않습니다. 그럼에도 불구하고 사용자 2와 사용자 5의 평갓값을 동일하게 다루는 것은 옳지 않아 보입니다. 사용자 2가 3이라는 평갓값을 붙이는 것과 사용자 5가 3이라는 평갓값을 붙이는 것은 그 의미가 완전히 다르기 때문입니다.

방법 3

다음 방법은 아이템에 대한 평갓값의 가중 평균을 구하는 것이 아니라 사용자별 평균 평갓값에서 해당 아이템에 대한 평가가 얼마나 높은지 또는 낮은지와 같이 상대적인 평갓값에 주목해 그 값의 가중 평균을 구하는 것입니다. 이렇게 하면 사용자별 평가 경향에 상관없이 어떤 아이템에 대한 평가가 각각의 사용자에게 높은가 낮은가 하는 부분에 주목하여 평갓값을 예측해 계산할 수 있습니다(그림 B-8).

	아이템 A	아이템 B	아이템 C	아이템 D	아이템 E	아이템 F	사용자 1과의 유사도 ρ_{1x}	평균 평갓값 $\bar{r}'_x$
사용자 1	5	3	4	4	?	?	1.00	4.00
사용자 2	4	2	5	3	5	3	0.63	3.50
사용자 4	4	1	3	4	2	4	0.87	3.00
사용자 5	2	1	1	2	–	2	0.71	1.50

아이템 E에 대한 사용자 1의 예측 평갓값

$$\hat{r}_{1E} = \bar{r}_1 + \frac{\rho_{12}(r_{2E} - \bar{r}_2') + \rho_{14}(r_{4E} - \bar{r}_4')}{|\rho_{12}| + |\rho_{14}|} = 4 + \frac{0.63(5 - 3.5) + 0.87(2 - 3))}{0.63 + 0.87} = \mathbf{4.05}$$

아이템 F에 대한 사용자 1의 예측 평갓값

$$\hat{r}_{1F} = \bar{r}_1 + \frac{\rho_{12}(r_{2F} - \bar{r}_2') + \rho_{14}(r_{4F} - \bar{r}_4') + \rho_{15}(r_{5F} - \bar{r}_5')}{|\rho_{12}| + |\rho_{14}| + |\rho_{15}|} = 4 + \frac{0.63(3 - 3.5) + 0.87(4 - 3) + 0.71(2 - 1.5)}{0.63 + 0.87 + 0.71} = \mathbf{4.41}$$

그림 B-8 방법 3: 유사도에 가중치를 부여한 상대적인 평갓값의 가중 평균

아이템 F에 대한 사용자 1의 예측 평갓값 $\hat{r}_{1F}$를 계산하는 예를 확인해봅시다. 아이템 F에 대한 사용자 2, 3, 4의 평갓값을 사용해 예측 평갓값을 계산합니다. 먼저 아이템 F에 대한 사용자 2의 평갓값은 3입니다. 여기서 사용자 2의 평균 평갓값은 3.5이므로 아이템 F에 대한 사용자 2의 평갓값은 사용자 2의 평균 평갓값보다 0.5 낮습니다. 한편 아이템 F에 대한 사용자 5의 평갓값은 2이지만 사용자 5의 평균 평갓값은 1.5이므로 아이템 F에 대한 사용자 5의 평갓값은 평균 평갓값보다 0.5 높습니다.

평갓값과 평균 평갓값의 차인 상대적 평갓값의 가중 평균을 구함으로써 아이템 F에 대한 사용자 1의 평균값을 예측합니다. 단, 이것은 어디까지나 각 사용자의 평균 평갓값에서 상대적인 평갓값을 나타내므로 사용자 1의 예측 평갓값을 산출하려면 이 가중 평균값에 사용자 1의 평균 평갓값을 더해야 한다는 점에 주의하기 바랍니다.

이 방법으로 계산하면 최종적으로 아이템 E와 아이템 F에 대한 사용자 1의 예측 평갓값은 각각 $\hat{r}_{1E} = 4.05$, $\hat{r}_{1F} = 4.41$이 됩니다. 흥미롭게도 아이템 E와 아이템 F의 예측 평갓값 크기가 지금까지의 아이디어로 예측 계산한 데에서 역전되었습니다. 이는 사용자별 평가 경향을 고려하지 않았던 지금까지의 아이디어에 비해 평균 평갓값이 높은 사용자 2의 아이템 E에 대한 평갓값 5가 예측값에 미치는 영향이 작아졌기 때문입니다. 그리고 평균 평갓값이 낮은 사용자 5의 아이템 F에 대한 평갓값 2가 사용자 5에게는 실제로 높은 평가였다는 부분이 고려되어 아이템 F의 예측 평갓값을 높이는 방향으로 움직였기 때문입니다.

여기서 설명한 예측 평갓값 계산 방법을 일반화하면 [식 B.2]가 됩니다. 단, X_y는 아이템 y에 대한 평갓값이 존재하는 사용자의 집합을 나타냅니다.

$$\widehat{r}_{ay} = \overline{r}_a + \frac{\sum_{x \in X_y} \rho_{ax}(r_{xy} - \overline{r}_x)}{\sum_{x \in X_y} |\rho_{ax}|} \qquad \text{[식 B.2]}$$

B.3 추천 과정(3): 사용자에게 추천하기

마지막으로 예측 평갓값이 높은 아이템을 사용자에게 추천하는 부분입니다. 이는 기본적으로 단순히 예측 평갓값이 높은 순서대로 아이템을 선택하는 처리입니다. 아이템을 1개만 추천하는 경우라면 예측 평갓값이 높은 아이템 F를 사용자 1에게 추천하고 아이템을 여러 개 추천하는 경우라면 아이템 F, 아이템 E의 순서로 추천할 수 있을 것입니다.

이상으로 간단한 예를 통해 사용자-사용자 메모리 기반 방법의 협조 필터링 알고리즘을 살펴봤습니다. 조금 어려워 보이지만 최종적으로 하는 일은 의외로 단순하게 생각할 수도 있습니다. 한편 이처럼 단순한 알고리즘이라도 제대로 도입하면 서비스를 크게 개선할 수 있습니다. 실제로 필자가 업무에서 처음 서비스에 도입한 알고리즘은 여기서 소개한 것과 같이 단순한 사용자-사용자 협조 필터링이었는데 서비스 주요 지표가 크게 개선되는 것을 경험할 수 있었습니다. 또한 앞으로 더 복잡한 알고리즘을 학습한다고 해도 이 부록에서 설명한 내용을 먼저 이해해두는 것이 좋습니다.

마치며

이 책은 일상 업무로 추천 시스템을 개발하는 세 명의 개발자가 집필했습니다. 우리는 2018년 덴마크에서 개최된 추천 국제 학회인 RecSys에서 처음 만났고 저녁 연회에서 술을 마시며 추천 시스템에 관한 이야기로 열을 올렸습니다. 귀국 후에도 추천 시스템에 대한 열정은 식지 않았고 매년 RecSys의 논문 읽기 스터디 모임을 가졌습니다. RecSys 논문 읽기 스터디 모임에 참가하는 사람이 계속 늘어나 100명을 넘는 것을 보고 일본에서 추천 시스템 개발 수요가 늘고 있다는 것을 느낄 수 있었습니다.

그러던 중 여러 참가자들로부터 앞으로 추천 시스템을 개발하고 싶은데 어떤 책을 읽으면 좋을지 알려주면 좋겠다는 이야기를 들었습니다. 또한 직장에서 처음으로 추천 시스템 개발에 참여하는 신입 개발자에게도 같은 이야기를 들었습니다. 그 당시 일본어로 된 추천 시스템 관련 책은 수식으로 가득하거나 오래된 방법만 소개하는 등 앞으로 추천 시스템을 개발하려는 사람들에게 다소 어려운 내용들로 구성되어 있었습니다.

그래서 먼저 추천 시스템 입문 글(https://note.com/masa_kazama/n/n586d0e2d49d2)을 써서 웹에 공개했습니다. 글에 대한 반응은 뜨거웠으며 책으로 읽고 싶다는 요청을 받았습니다. 이런 반응들을 보고 추천 시스템 입문서를 원하는 사람이 많다는 것을 다시 한 번 확인한 후 입문서를 쓰기로 결정했습니다. 단, 추천 시스템에 관한 화제는 그 범위가 넓으므로 혼자가 아니라 추천 시스템 각 영역의 전문들과 함께 쓰고 싶다고 생각했고 RecSys 스터디 모임을 공동으로 열었던 이이즈카 님, 마츠무라 님과 함께 집필 프로젝트를 시작했습니다. 먼저 세 명이 의논을 통해 자신이 신입 사원이었을 때 알고 싶었던 내용을 염두에 두고 장을 결정한 후 자신 있는 영역에 대해 집필하는 형태로 작업을 시작했습니다.

또 집필과 함께 기획서를 작성하여 출판사에 출판이 가능한지 문의했습니다. 운이 좋게도 처음 메일을 보냈던 오라일리 재팬에서 기획에 관해 상세히 듣고 싶다는 답변을 받았습니다. 그래서 이 책을 담당했던 아사미 유리 님을 만나게 되었습니다. 그리고 아사미 님 덕분에 기획이 무사히 통과되어 오라일리에서 출판하게 되었습니다.

이제 집필만 하면 되었는데 이 집필 작업이 원만하게 진행되지 않았습니다. 멤버 전원이 본업을 갖고 있었기 때문에 토요일이나 평일 밤에만 집필할 수 있었고 결국 예정했던 일정대로 진행되지 않았습니다. 그런 상황에서도 담당인 아사미 님이 참을성 있게 대응해주고 원고에 대한 솔직한 피드백도 주었습니다. 이 자리를 빌려 감사의 말씀을 전합니다. 또한 오쿠다 히로키 님, 기쿠타 요헤이 님, 나카노 유우 님은 초기 단계부터 건설적인 의견들을 주었고 그 덕분에 책의 내용을 크게 개선할 수 있었습니다. 또한 오타케 다카키 님, 가토 마코토 선생님, 하마시타 마사카쓰 님, 미하라 히데시 님, 야마구치 다카시 님, 야마다 고헤이 님은 원고에 대해 귀중한 의견을 많이 내주었습니다. 모든 분에게 깊이 감사드립니다. 여러분의 지원을 받아 책을 완성하고 출판하게 되었습니다.

이 책이 앞으로 추천 시스템을 만들 분들에게 조금이나마 도움이 된다면 저자로서 더할 나위 없이 기쁠 것입니다. 그리고 추천 시스템 개발이 활발해지고 많이 개발되어 사람들의 일상에서 보다 나은 의사 결정을 지원하게 되기를 바랍니다.

마지막으로 오랜 기간 건강하고 밝은 모습으로 한결같이 지지해준 아내 유우와 가족들에게 감사를 전합니다.

가자마 마사히로 (저자들을 대표하여)

INDEX

INDEX

INDEX

INDEX

INDEX